四库禁书研究

宁侠 著

2018年·北京

图书在版编目（CIP）数据

四库禁书研究 / 宁侠著. — 北京：商务印书馆，2018
ISBN 978-7-100-15635-6

Ⅰ.①四… Ⅱ.①宁… Ⅲ.①禁书－研究－中国－清代 Ⅳ.①G256.1

中国版本图书馆CIP数据核字（2017）第299007号

权利保留，侵权必究。

四库禁书研究
宁侠 著

商 务 印 书 馆 出 版
（北京王府井大街36号 邮政编码 100710）
商 务 印 书 馆 发 行
三河市尚艺印装有限公司印刷
ISBN 978-7-100-15635-6

2018年9月第1版　　开本 880×1230　1/32
2018年9月第1次印刷　印张 10 7/8

定价：48.00元

2014年度内蒙古自治区高等学校科学研究项目
（项目编号 NJSC 14246）成果

本书出版得到了包头师范学院"专门史科研创新团队"和
"专门史一流学科建设项目"（项目编号 2016YLXK 002）的资助

序 一

2005年，宁侠从内蒙古师范大学考入中国人民大学，跟随我攻读历史文献学博士学位。硕士期间，她的研究方向是明代蒙古汉籍文献，读博后踏入清史领域，在清代学术思想文化方面展开学习。虽然都是历史文献学专业，但研究内容和范围已大不相同，许多地方都需要从头开始。面对新的挑战，宁侠迎难而上，认真学习，刻苦钻研，很快掌握了专业知识和研究门径。或许是受到我在《四库全书》纂修领域研究的影响，她在确定博士论文选题之时，主动提出要将四库禁书的相关问题作为自己的主攻方向。

众所周知，《四库全书》是清代乾隆时期编纂的中国古代历史上最大的一部丛书。自其纂成问世迄今的两百多年间，相关的研究成果层出不穷，取得了令人瞩目的成绩，四库学的研究已不仅是一门专学，而且已然成为一门显学。纂修《四库全书》期间出现的禁书问题，作为四库学研究领域中的重要一环，在清廷覆亡之后，一度曾是研究的热点，前贤时哲均做过探讨，我的《四库全书纂修研究》一书中，也专门列有"禁书与文字狱"一章，予以梳理和分析。可以说，对这一并非新鲜的话题进行研究并欲有所突破，具有相当的难度。但宁侠不懈努力，细致梳理档案文献，翻阅《四库禁毁书丛刊》，把微观的考察与宏观的眼光相结合，力图另辟蹊径，理清修书与禁书过程中的细节，拓展此项研究的视角和空间，以求得出符合历史实际的结论。三年的辛苦付出，换来的是沉甸甸的收获，宁侠不仅顺利完成了论文的写作，而且得到了评阅专家和答辩委员的一致好评。

呈现在读者面前的这部书稿，就是她在博士论文的基础上进一步修订而成的。概括而言，本书具有以下几个特点。

其一，资料丰富，论证严密。作者在学术界已有研究成果的基础上，充分利用档案、奏折、实录、文集等丰富的文献资料，对清代乾隆朝纂修《四库全书》期间的禁书活动与所禁书籍进行了全方位的研究，厘清了四库禁书的历史事实。特别是通过分析乾隆朝纂修《四库全书》期间的上谕，较为严密地论证了乾隆从谕令征集遗书到搜缴禁书这一逻辑发展过程，把征书、修书、禁书的发展阶段和先后变化，按照时间顺序讲述得明明白白，进一步证实了学界以往"寓禁于征"之观点的不切实情。这些分析研究，大多有理有据，不乏创见，反映了作者良好的学术素养和较高的科研能力。

其二，视角新颖，思路清晰。作者采取政治史、学术文化史以及文献学的研究视角，从四库禁书与四库修书的关系、清廷最高统治者与地方各级官僚的互动和矛盾两个层面着眼，将禁书活动分为三个阶段，原原本本地梳理禁书活动的始末，系统还原了禁书活动的真相。由此揭示出统治者禁书活动的目的，即无论修书抑或禁书，都不是单一发生的文化和政治活动，而是与乾隆帝树立统一的价值观、实现对臣民的"教化"，确立符合清朝统治者利益的封建意识形态体系这一终极目标相关。这样的研究视角和思路，相较于以往大多把"禁书"、"文字狱"视为对士林阶层迫害的观点，显然要有所深入和推进。

其三，点面结合，辨析详明。作者将微观考量与宏观探讨、个案研究与整体考察相结合，于乾隆朝纂修《四库全书》期间的禁书活动分阶段解析之后，立足禁书书目及禁书本身，深入考察了四库禁书的基本原则和毁书标准的多样性。同时运用计量史学的方法，汇考各省奏缴板片、书籍，对"禁书"加以分类，进而辨析了"禁书"的概念、范围，得出新的见解。作者还特别对其中的抽毁书做了详晰的考辨，认为此类书籍有其特殊性，应与全毁书区别对待。这些研究，澄清了学界以往的一些模糊认识，对读者正确理解"四库禁书"有所裨益。

《四库禁书研究》对于还原四库禁书的本来面貌，对于了解清代官僚机制的实际运作，对于分析清代统治者的国家治理和文化政策，均具有较高的学术价值和历史意义。它的出版，也必将对"四库学"乃至清代政治思想文化的研究起到积极的推动作用。当然，作为第一部系统研究"四库禁书"的专著，本书也难免存在一些问题，如作者虽然从两个层面、以两条线索来梳理四库禁书始末，但其中"乾隆与官僚层面的互动"方面，在实际叙述中仍显得相对薄弱，有待继续深究。又如，对被禁书籍内容的分析尚需进一步充实，四库禁书书目也有待继续整理和甄别。当然，这是一项浩繁的学术工作，还需要付出艰辛的努力。好在已经有了一个良好的开端，相信作者在日后的研究中，一定会有更多的创获。

在《四库禁书研究》出版之际，宁侠向我索序。作为导师，在内心深感欣慰的同时，更由衷希望宁侠在学术研究的道路上永葆初心，砥砺前行，不断取得新的更大的成就。

黄爱平

2018年6月于中国人民大学

序 二

自秦始皇统一六国至辛亥革命，由民间征集书籍，并在此基础上整理完善国家藏书之盛典，除却战乱时代，几乎代有所闻，而禁书、焚书，兴文字之狱的恶政，亦屡屡不绝于史。然在征书、修书的同时，颁禁书之令，构文字之狱，且规模宏大，影响深远者，则唯有清乾隆朝的《四库全书》修纂及与之平行的禁书运动。在所谓的"乾隆盛世"，一边是空前的文化建设，一边又是同样规模的文化摧残，这奇特现象何以会出现？又是怎样发生和进行？清朝灭亡以来，此上问题成为文化史研究的热点，众说纷纭。

起初，人们倾向于以简单的民族矛盾来解释一切，主流意见是乾隆征书即包藏祸心，"寓禁于征"；禁书的目的是掩盖建州女真对明的臣属关系和明清之际的抗清历史，摧残汉民族的民族意识和反清思想，此皆源于清帝固有的狭隘民族观念。

随着史学发展和研究的深入，20世纪90年代王钟翰先生指出："要透彻认识康乾盛世，就不能不研究这个时期的禁毁图书，……同样，要真正认识禁毁书，不是仅仅了解其内容，也不只是作为一种既成事实，而是把它当作中国封建社会特有的一种文化现象，来探索促成其产生的种种社会因素，又必须对其所处的时代有比较深刻的洞察。"黄爱平教授也指出："由搜访遗书转为查缴禁书，决非乾隆一时心血来潮，而是当时各种因素综合作用的结果。"显示四库禁书的研究，已经从表面的、直观的就事论事，进入深层次探讨的新阶段。然而，在乾隆盛世，是哪些因素促成了禁书运动？熟虑深思有没有起主导作用的因素，而它又如何引导并制约禁书运动的形成和发展？诸多必须回答的问题，却迄未见有分量的研究成果问世。宁侠博士的《四库禁书研究》（以下简称《研究》）在这方面做了成功的、富有启发性的探索。

18世纪60年代开始，随着新疆平定，版图一统，社会安定，经济繁荣的盛世局面形成，乾隆将文化建设，即所谓"文治"提到日程上来，征书、禁书、修书成为文化施政的重要内容之一。此项工作又是在皇帝亲自主持，通过从中央，经由封疆大吏，直至基层，各级封建政权机构的运作来实现，所以它是文化事业，同时也是一个政治事件。《研究》之成功，就在于它明确将四库禁书作为重大政治事件，以政治史的方法，进行了系统探讨。

政治史的治史方法，首先要求对政治全局有准确把握。乾隆皇帝"寓禁于征"说一度被广泛接受，理由止在这里。《研究》从当时的政治全局出发，指出此刻的乾隆正驾驭繁荣昌盛的清王朝朝着"始之以武，终之以文"，"希行事为天下法"的伟大目标前行；他期待所主持纂修的《四库全书》，将"定千载之是非，决百家之疑似"，成为万古不朽的典籍，因而充满自信与自豪。与此同时又自省国家"势当全盛，而朕持盈保泰之心犹有操持未至"，仍保持比较清醒的政治头脑。此时的乾隆，在征书之初不可能预设"寓禁于征"的祸心。在征书过程中发现种种"违碍"、"悖逆"文字，便开始查禁书籍构陷文字狱时，也总是告诫自己和属下，"不为已甚"。当《一柱楼诗》案被自己罗织成罪，告讦风炽，面临扩大化的时候，他又结束了这种政治性的查禁。凡此种种皆显示，充满自信与自豪的乾隆，在摧残优秀文化时，总是力图避免横生事端，自损盛世光辉。而在政治层面的审查告一段落以后,又继续在词曲、剧本等所有文字领域,全方位查禁关乎世道人心的所谓"邪说",维护封建社会的普世价值,扮演"千古纲常名教"极终卫道者的角色。

我国封建社会的专制主义中央集权制度在清代发展到顶峰。对于乾隆来说,如何驾驭庞大而复杂的官僚机构正常高效运作,保持政令畅通,是须臾不敢懈怠的施政核心。《研究》围绕征书和禁书,详尽地搜集、排比、分析皇帝与各省督抚之间往还的上谕和奏折,以丰富生动的细节,揭示了乾隆对地方封疆大吏的揣度、猜疑,以及在驾驭、整饬吏治的种种权术。乾隆三十九年禁书令的出台,同年十月屈大均案的重审,四十二年《字贯》案,四十三年徐树夔《一柱楼诗》案等,无一不是在君臣互动博弈的过程中发生,并借以达到整饬吏治的目的。《研究》正是抓住这一支配全局的主线勾划了从征书到禁书,到运动结束的全过程。

书中许多细节的研讨很生动也很值得深思。乾隆三十九年,在各省所呈数以万计的书籍中,查出种种"违碍"、"悖逆"文字,触发了乾隆内心深处根深蒂固的民族偏见,决定开杀戒禁书、兴文字狱。八月初五日下诏:诋毁本朝"笔墨妄议之事,大率江浙两省居多,其江西、闽粤、湖广亦或不免,岂可不细加查核?高晋、萨载、三宝、钟音、德保皆系满洲大员,而李侍尧、陈辉祖、裴宗锡等亦俱系世臣,若见有诋毁本朝之书,或系稗官私载,或系诗文专集,应无不共知切齿,岂有尚听其潜匿流传,贻惑后世?不知各该督抚等查缴遗书,于此等做何办理者,著即行据实具奏"。下诏切责诸封疆大吏,口气严峻。其实,早在半年以前,三月间闽浙总督钟音陛见,乾隆便当面嘱咐其回任途中向江苏巡抚萨载、两江总督高晋"密传谕旨",对于"稍有忌讳之书""一体留心查办"。正是因为有了半年的准备,八月初五下达谕旨,不过一月有余,江苏巡抚萨载、两江总督高晋便上折禀报办理违碍书籍的成绩。这样既博取了心腹满洲大臣和世臣的感恩，又在广大民众和大小官僚面前营造了上谕下达，立竿见影的效果，推动禁书运动的开展。乾隆权术之高超，可见一斑。

乾隆四十三年徐树夔《一柱楼诗》案的分析也很精彩。事情之起，缘于江苏学政刘墉的发现和上奏。乾隆读后，认为徐树夔所作诗词"语多愤激"，并非"违碍"、"悖逆"。然而该案却由学政偶然发现，负责办理禁书的两江总督、江苏巡抚竟是漏查，引起乾隆不满。随后江苏巡抚杨魁上折回复，按蔡嘉树口吻陈述案情，"徐食田贿嘱县书，捏称自行呈缴"云云，涉及基层吏治腐败，再度触动乾隆敏感神经，遂下诏将徐食田解京严讯。然诏令甫下，旋接萨载奏折，报告徐食田呈送《一柱楼诗》本及板片在先，确系自行呈缴。乾隆发现自己被误导，更加恼羞成怒。《一柱楼诗》案暴露出来的问题是吏治，乾隆判断错误，措置失当也源于吏治。整肃吏治，掩饰自己的失误成为比查清徐树夔一案的真相更迫切、更重要的现实问题。于是将错就错、深文周纳，蓄意构成该案的悖逆性质，甚至《一柱楼诗》的校书者徐首发、沈成濯两个人的名字，也被锻炼成"诋毁本朝薙发之制"的逆党铁证。一旦坐实了徐案之"罪大恶极"，所有涉案大小地方的官吏，东台知县、扬州知府、江苏布政使均革职解京治罪。江苏布政使陶易，从二品高官被定为重点打击的对象，"身任藩门，地方一应事务皆其负责。……该员由道员超擢藩司，受恩至重，乃视此等重大案件全然不以为事，是诚何心！"后又进一步上纲，对于罪大恶极之案"显有袒护消弭情节"！再找出幕宾陆琰代批呈词，"舞文玩法"，最后判处陶易与徐食田、陆琰等一干人犯斩监候。陶易不及行刑，病死狱中，但他是清代文字狱案中，由于办案不力，被实际处以极刑的最高官吏。因办理一件本来只是言词"愤激"的普通文字案件失察，一位二品高官最终丢了性命，官僚集团的震悚，不言而喻！

由准确的宏观把握和大量具体生动的细节构筑起来的政治史研究，使四库禁书运动的一系列问题都得到了符合客观历史的解释，体现了该研究的新进展。

　　对于作者宁侠来说，此书之成功来之不易。宁侠本科毕业于思想政治教育专业，2002年考入内蒙古师范大学，跟随我和邱瑞中教授攻读历史文献学硕士学位，这是跨度不小的专业转换。历史学本科阶段的学习和训练的缺失，给研究生专业学习带来了巨大困难。我们亲见她艰辛的求学历程，从目录学入门，勤奋阅读历史文献，努力弥补历史知识的不足，学习搜集和处理史料的治学方法，练习考据性文字的写作，为史学研究打下比较坚实的基础。毕业后考入中国人民大学，师从黄爱平教授攻读文献学博士学位，学识进一步大幅提高，俨然与科班出身的史学工作者无异。史学研究，特别是政治史研究，面对大量复杂纷繁的历史资料，既要宏观把握广阔的政治全局，又要在微观处细致处理各利益集团之间的博弈，需要较强的逻辑思维能力和理论修养。宁侠的专业转换一旦成功，当初思想政治教育专业所受的理论思维训练也成为她的优势。她的博士学位论文选择从政治史的角度，以政治史的方法研究四库禁书运动的全过程，以及全书贯穿的理论与史料，微观细节与宏观掌控比较妥帖的结合，皆是这种优势的体现。

　　中国传统史学讲究才、学、识。《研究》所体现的学问、见识，以及老洁流畅的文字，证明宁侠已经具有比较完备的成才素质。我们很欣慰，期待她继续兢兢业业，埋头读书，取得更多更好的成绩！

曹永年
2018年6月于呼和浩特

目 录

绪 论

第一节 四库禁书研究述评 / 1

第二节 四库禁书研究之意义 / 15

第一章 四库禁书之缘起

第一节 禁书令在乾隆与地方大吏互动中出台 / 18

第二节 "国家势当全盛"背景下的四库禁书 / 37

小 结 / 49

第二章 要案频发的禁书初期与查缴高潮之形成

第一节 屈大均案开启禁书序幕 / 52

第二节 江西巡抚海成及《字贯》案同促查书高潮 / 77

第三节 徐述夔《一柱楼诗》案再树"悖逆样本" / 95

第四节 从明代编年史类著述看禁书前期的清查重点 / 107

小 结 / 112

第三章　查禁范围扩大的禁书中期

第一节　查禁关乎"风俗"与"世道人心"者 / 114

第二节　欲将违碍彻底禁绝者 / 122

小　结 / 129

第四章　禁书活动的逐步松弛与封建文化样本的完善

第一节　纠偏文字案件 / 130

第二节　完善"读史之指南" / 138

第三节　复审《四库全书》/ 148

第四节　禁书活动不是尾声的尾声 / 157

小　结 / 161

第五章　四库禁书标准与全毁书分析

第一节　禁书基本标准的三次限定 / 163

第二节　严禁"诋触本朝者" / 176

第三节　抽选与禁毁明季奏疏 / 181

第四节　严审明代谈兵、谈边之书 / 189

第五节　以人废言 / 198

第六节　禁毁关涉"党争"之书籍 / 206

小　结 / 213

第六章　各省奏缴板片、书籍汇考及"禁书"辨析

第一节　搜缴禁书的机构与人员 / 215

第二节　各省奏缴板片汇考 / 220

第三节　各省奏缴请毁书籍汇考 / 224

第四节　禁书的分类与辨析 / 251
小　结 / 260

结　语 / 263
附　录 / 266
参考文献 / 314
后　记 / 326

绪 论

清代禁书，历来为学者所关注，而乾隆朝以其禁书时间之长、规模之大、范围之广尤为瞩目，各种通论性的清史及文化著述无不涉及。本书将乾隆朝纂修《四库全书》期间的禁书活动与所禁书籍皆简称为"四库禁书"。

第一节 四库禁书研究述评

（一）禁书书目之汇辑与研究

四库禁书活动中，从中央到地方，都普遍刊行禁书书目，各种钞本、刻本流传。四库禁书研究，即始于对禁书书目的汇辑。

光绪初年，"好传古籍，尤精于声音训诂"[①]的姚觐元将搜集到的几种禁书目录合刊入《咫进斋丛书》第三集，命名为《禁书总目四种》。其内容分为三部分：一是原刊于乾隆四十七年（1782）五月的四库馆奏准"全毁、抽毁书目"；二是原刊于乾隆五十三年（1788）六月的浙江省"禁书总目"；三是原刊于乾隆四十三年（1778）十一月的河南省

---

① （清）姚觐元：《咫进斋丛书·陈沣序》，光绪九年（1883）归安姚氏刊本。

"违碍书目"。上述书目剔除重复，合计 2611 种，这些书目因姚刻而传播开来。对于搜集整理禁书目录的原因与目的，姚觐元自言：

> 方今圣人在上，稽古佑文，百无忌讳，各行省书局宏开，博采旁搜，典籍大备，士生宽大之朝，或亦罔识禁忌，因就其所得，详著于篇，于以见国家功令，所以维持风教者在是，而为目录之学者，于艺文掌故，亦有所考焉。①

不难看出，就乾隆朝的禁书一事，姚觐元当时并不否定，亦未曾有半点批判情绪，反认为其有"维持风教"的效果。当时过境迁，他汇辑禁书书目，一在于使士人识得"禁忌"，二是认为有益于目录之学。当时的军机处奏准全毁书目，每种书名下具载销毁缘由，姚氏本将其全部删掉，虽令人不解，但终究不能否认其保存史料、汇辑禁书书目的开创之功。

到光绪末年，邓实访得《江宁官本违碍书籍目录》残稿 1 册，补姚本所无，一并刊入《国粹丛书》，称：

> 就今所刊，其目已不下三千种，可谓烈矣！而当时官吏妄揣意旨，额外搜诛，小民惧祸，私自焚弃，其所毁当不止此数。盖自秦政以后，实以此次焚禁，为书籍最大厄。②

此时，不仅邓实的态度与姚觐元截然不同，而且禁书的种数进一步扩大，甚至还有研究者相继续补邓刻。③

---

① （清）姚觐元编：《清代禁毁书目·书目总跋》，商务印书馆 1957 年版，第 179—180 页。
② （清）姚觐元编：《清代禁毁书目（补遗）·附邓实跋》，商务印书馆 1957 年版，第 341 页。
③ 李桢编：《邓刻奏缴咨禁书目补》，《磐石杂志》1934 年第 4—6 期；书征编：《补邓刻奏缴咨禁书目补》，《磐石杂志》1934 年第 11 期。

20世纪30年代，陈乃乾博汇诸刻，经过一番删并、校补，编为《索引式的禁书总录》。① 上册为全毁书目，只录书名、作者；下册为抽毁书目，说明抽毁理由；附录有《禁毁书版目》、《禁毁石刻目》、《毋庸销毁书目》、《查办禁书拟折》、《四库馆查办违碍书籍条款》、旧本序跋等有关禁书的历史资料。该书按照书名首字笔画多少排序，查找便利。记载全毁书目2452种，抽毁书目402种，销毁书版目50种，销毁石刻目24种，历来评价较此前诸本完备。对于四库馆、军机处奏准的禁书，陈乃乾均在书名顶端加"○"标识，以示区别，可谓卓识，惜未引起研究者的足够重视。该书出版不久，署名白蕉者即根据自己所得的三种禁书目录对其展开校异与补遗。②

1957年，上海商务印书馆再次补遗姚本，与孙殿起辑《清代禁书知见录》（含外编）合并出版。孙殿起主业访书、贩书，于古书经眼极多，"遇有禁书，辄详记其卷数、著者、籍贯及刊镌年代，以补原书之缺，岁月既久，不觉积有成编"③。《知见录》以陈乃乾《索引式的禁书总录》为底本，加以编辑，每书列书名、卷数、撰者、籍贯及刊刻年代，以"*"号表示全毁及抽毁书，其特色是汇集了当时禁书之有传本者；《外编》补充了不见于禁书目录著录的书籍；两部分合计条例经见书目2000余种。

1960年，吴慰祖校订《各省进呈书目》④ 清单，更名《四库采进书目》⑤，亦对其中的禁书做了标识。20世纪60年代末，台湾学者吴

---

① 陈乃乾编：《索引式的禁书总录》，富晋书社1932年版。
② 白蕉：《索引的禁书总录校异》，《人文月刊》1934年第5卷第1期；《索引的禁书总录校异（续）》，《人文月刊》1934年第5卷第2期；《索引的禁书总录补遗》，《人文月刊》1934年第5卷第3期。
③ 孙殿起：《清代禁书知见录·自序》，商务印书馆1957年版，第2页。
④ 《各省进呈书目》，载《涵芬楼秘籍》第10集，上海商务印书馆1921年版。
⑤ 吴慰祖校订：《四库采进书目》，商务印书馆1960年版。

哲夫出版专著《清代禁毁书目研究》①，根据前人研究，整理了"清代禁毁书目"，数量至3000余种。

乾隆朝的禁毁书目作为四库系列目录的子系列，世人一直相当重视。1980年后，此项编辑成果层出不穷。雷梦辰改变排列与补充禁书书目的模式，以省分界，出版了《清代各省禁书汇考》②。是书将作者所见《禁书目录》中的各省呈缴清单，以奏准年月排比，并附加小考，收录清代禁书2600余种，其中互有重复。1990年，《中国禁书大观》③面世，上起先秦，下迄清末，既叙述了我国的禁书简史，又附录了我国历代禁书目录。1999年，王彬《清代禁书总述》④成编，该书收录禁毁书目3236种，且与《中国禁书大观》中的"清代禁书目录"有着共同的特点，即时间上总括有清一代，内容上含所禁戏曲、小说、弹词唱本等。

值得一提的是，国外学者也有致力于清代禁书书目研究的，日本学者冈本さえ的《清代禁书の研究》⑤，卷末附禁书著者一览表及禁书书名一览表，虽依姚觐元、孙殿起之书，以音序排列而成，但标明了著书者的出生地，并尽可能指出现存版本，且有备考说明。此外，1997年出版的《纂修四库全书档案》，其中的督抚奏折清单，于统计禁书书目可资参考。2000年编纂而成的《四库禁毁书丛刊》⑥，收书634种；后其《补编》收书290种，这些书目反映了大陆现存禁书的状况，是研究四库禁书的重要资料。

需指出的是，在禁书书目的统计、研究中，大都未澄清"禁书"

---

① 吴哲夫：《清代禁毁书目研究》，台北嘉新水泥公司文化基金会研究论文第164种，1969年。
② 雷梦辰：《清代各省禁书汇考》，北京图书馆出版社1997年版。
③ 安平秋、章培恒主编：《中国禁书大观》，上海文化出版社1990年版。
④ 王彬主编：《清代禁书总述》，中国书店1999年版。
⑤ 〔日〕冈本さえ：《清代禁书の研究》，东京大学出版会1996年版。
⑥ 王钟翰主编：《四库禁毁书丛刊》，北京出版社2000年版。

概念，或有力图澄清者，亦未达成共识，导致统计禁书书目时缺乏统一的标准。只有静心辨清各类性质不同的禁书，如地方请毁书籍与中央奏准禁毁书、全毁书与抽毁书等的区别，才有助于理解查禁活动的真相。

已有研究除了对禁书书目的整理汇辑，尚有关注禁书书目本身者。黄爱平教授即在《四库全书纂修研究》一书中，对流传的禁书书目有过清晰的梳理。① 另有一些单篇论文，如蔡世明《有关〈四库全书〉的参考资料》②，曾主陶《四库系列目录述略》③，胡道静、林申清《四库书目家族》④，林申清《〈四库全书〉禁书目录考》⑤，戚培根、罗志欢《〈四库书目家族〉补遗——兼与胡道静、林申清两先生商榷》⑥等涉及四库禁书目录，但大都停留在列举与介绍层面，鲜有能深入分析者。又，陈晓华《〈四库全书总目〉补撰书目源流考》⑦一文，分析了几种重要的禁书书目，但作者将其纳入《总目》补撰书目的提法或有待商榷。

（二）四库禁书活动研究

1933年，赵录绰发表《清高宗之禁毁书籍》，是笔者所见较早研究乾隆禁书的单篇论文。该文从"禁毁之动机"、"搜集之开始"、"搜集之方法"、"禁毁之步骤"、"范围之扩大"、"禁毁书籍之统计"

---

① 黄爱平：《四库全书纂修研究》，中国人民大学出版社1989年版。
② 蔡世明：《有关〈四库全书〉的参考资料》，《华学月刊》1984年第147期。
③ 曾主陶：《四库系列目录述略》，《图书馆》1985年第4期。
④ 胡道静、林申清：《四库书目家族》，《古籍整理研究学刊》1991年第1期。
⑤ 林申清：《〈四库全书〉禁书目录考》，《江苏图书馆学报》1991年第2期。
⑥ 戚培根、罗志欢：《〈四库书目家族〉补遗——兼与胡道静、林申清两先生商榷》，《古籍整理研究学刊》1992年第2期。
⑦ 陈晓华：《〈四库全书总目〉补撰书目源流考》，《江淮论坛》2005年第4期。又见陈晓华：《"四库总目学"史研究》第二章，商务印书馆2008年版。

六个方面展开分析,结论道:

> 高宗惟图餍帝王之私欲,不恤锢蔽文化,统制思想,以保全子孙万世之业,流毒所至,人谈考据,家尚朴学,亭林、黎洲所倡致用实学,与抗夷之民族思想,悉渐灭无遗。影响所及,近百年国运之衰微,与夫士气之消沉,实不能不溯其源于高宗之禁毁书籍,其为祸之烈,宁仅减低《四库全书》文化地位哉!①

尽管该文作者惊叹乾隆下令写成七部《四库全书》的"魄力之巨"和"成功之速",但认为高宗的本意"实以湮灭史迹为主",故《四库全书》"谓为清帝逞凶残之遗迹可也,谓为销毁书籍之残余亦可"。②因此作者认为,乾隆的禁书活动与编纂《四库全书》既有着紧密的联系,其恶劣影响又绵延后世百年有余。

1936年,陈登原《古今典籍聚散考》③,首卷即为"志典籍之受厄于独夫之专断",叙"清代文字狱与典籍聚散"、"四库全书馆与禁书运动"等问题较详。虽是典籍聚散的角度,但通观全书,读者可知书籍因政治受厄,历代均有,只不过激烈程度有所差别罢了。1937年,郭伯恭《四库全书纂修考》出版,第二章以"寓禁于征的实际情形"为题,影响尤巨。④就内容而言,郭著虽囿于材料缺乏,行文简略,但线索明晰,涵盖全面,后人的研究基本未出其构建的框架,现在读来仍深受启发。1949年,徐绪典发表《乾隆禁毁书籍考》,有重点地讨论了禁毁始末、各省奏缴情形、乾隆朝文字狱、禁书统计等问题,

---

① 赵录绰:《清高宗之禁毁书籍》,《国立北平图书馆馆刊》1933年第7卷第5号。
② 赵录绰:《清高宗之禁毁书籍》,《国立北平图书馆馆刊》1933年第7卷第5号。
③ 陈登原:《古今典籍聚散考》,上海书店1983年版。
④ 郭伯恭:《四库全书纂修考》,上海书店1992年版,第15—59页。

细化了此项研究，提供了可资借鉴的内容。①1969年，台湾学者吴哲夫《清代禁毁书目研究》一书，阐述了乾隆朝的禁书活动，首次对遭禁书籍内容进行分类分析，后在其1990年出版的专著《四库全书纂修之研究》②中，得到进一步完善。

1983年，台湾学者丁原基著《清代康雍乾三朝禁书原因之研究》③，以一章篇幅探讨"乾隆朝禁书之原因"，分门别类为：禁毁未避庙讳、谤议国君之著作；禁毁涉及清代前期史事之著作；禁毁反清志士之著作；禁毁眷怀故国、语涉怨望之著作；禁毁有亏臣节者之著作；禁毁幸进大臣之著作；禁毁议论圣贤之著作。从行文上看，并未真正涉及乾隆禁书的深层原因，用力偏重于专案查办者的著述考。

1989年，黄爱平出版《四库全书纂修研究》，第三章题为"禁书与文字狱"④，充分利用第一历史档案馆尚未公开的《纂修四库全书档案》稿本，以平实客观的研究立场，在禁书范围、查缴措施、禁书统计、文字狱及禁书政策对全书编纂的影响等相关问题上，考察精详，清晰梳理，直至今日仍是此项研究的前沿成果。但因该书主题所限，仍有展开论述的余地。再有，陈正宏、谈蓓芳《中国禁书简史》⑤中清代部分，亦是可资参考的研究成果。

国外学者对四库禁书的研究，首推日本学者冈本さえ的《清代禁书の研究》，该书中文摘要指出，"所谓清代禁书，主要是指乾隆晚年时代依据清朝制定的禁书目录而禁毁的书籍与行为"。冈本的研究，前溯明末清初，后及中国的近代化，不仅仅局限于严格意义上

---

① 徐绪典：《乾隆禁毁书籍考》，《协大学报》1949年第1期。
② 吴哲夫：《四库全书纂修之研究》，台北"故宫博物院"1990年版。
③ 丁原基：《清代康雍乾三朝禁书原因之研究》，台北华正书局1983年版。
④ 黄爱平：《四库全书纂修研究》，第38—95页。
⑤ 首见安平秋、章培恒主编：《中国禁书大观》，上海文化出版社1990年版，第102—130页。后单独结集出版，载陈正宏、谈蓓芳：《中国禁书简史》，学林出版社2004年版。

的"四库禁书"时间段。该书着重讨论了以下四个问题,即清代文字狱与乾隆禁书、乾隆禁书的作品内容、禁书的作者、清代社会与乾隆禁书。对禁书作者的细致分析是本书的特色,划分为五派:一实务派、实学派;二儒官、遗臣;三隐逸、文笔家;四汉臣;五集中地成为禁书对象的文人。这为我们转换四库禁书的研究思路提供了新的帮助。美国学者 R. Kent Guy 特别注意乾嘉学者参与《四库全书》编纂的心态,在其著作《帝国的〈四库全书〉——乾隆时代的学者与国家》(*The Emperor's Four Treasuries—Scholars and The State in The Late Ch'ien-Lung Epa*)中曾指出,"禁书问题的产生,一方面由于帝国的控制,另一方面也与知识分子之间的紧张关系和互相猜忌大有关系"[①]。

20 世纪 80 年代以来,不乏讨论四库禁书的单篇论文,如左步青的《乾隆焚书》,认为"大规模的焚毁书籍出现在乾隆时期,不是偶然的历史现象,而是当时社会阶级斗争和民族斗争激化和深入的反映"[②],乾隆对思想文化领域的严密控制,是为了消灭汉族人民的反清思想。再如吕坚《〈四库全书〉的编纂与"寓禁于征"》[③],从题目即见作者行文的主旨。1987 年,刘家驹充分利用台北"故宫博物院"所藏宫中档、军机档,撰文《清高宗纂辑〈四库全书〉与禁毁书籍》[④]。该文实以考察禁书始末为主,从四个方面展开讨论,即搜访遗书与纂辑《四库全书》、查缴销毁违碍书籍之标准与文字狱、限期查缴销毁违碍书籍、展限与无限期查缴销毁违碍书籍。作者自言:因档案不够齐全,时间上不能相互衔接,虽可窥知当时情形,但仍显不足。吴哲

---

① 〔美〕R. Kent Guy, *The Emperor's Four Treasuries—Scholars and The State in The Late Ch'ien-Lung Epa*,哈佛大学东亚研究中心 1987 年版。笔者未见中译本,转引自周积明:《"四库学"通论》,《故宫学术季刊》第 17 卷第 3 期。
② 左步青:《乾隆焚书》,《故宫博物院院刊》1980 年第 1 期。
③ 吕坚:《〈四库全书〉的编纂与"寓禁于征"》,《社会科学辑刊》1985 年第 3 期。
④ 刘家驹:《清高宗纂辑〈四库全书〉与禁毁书籍》(上、下),《大陆杂志》1987 年第 75 卷 2、3 期。

夫《〈四库全书〉修纂动机的探讨》①一文，以较多笔墨分析乾隆修纂《四库全书》深远的政治目的，即秉承祖训、厘净史料、利用道统、树立权威、消弭禁书、窜改文字，将编书与彻底清除违禁书刊、改易古今著作联系在一起。蔡妙真《由〈日知录〉谈编纂〈四库全书〉的政治目的》②，以个案的形式，剖析了乾隆在编纂《四库全书》中的改易实迹。其他如姚伟钧《旷古虐政：乾隆禁毁历史文献论析》③、师曾志《清代乾隆时期之禁书研究》④、郭向东《〈四库全书〉编纂与中国古文献之劫难》⑤等，无不带着强烈的批判态度来考述乾隆禁毁文献这一事实。

另有选取角度较新者，如师曾志《从政府对传媒的管制看中国古代禁书》，认为"随着学术文化的发展，政府对传媒管制的范围随之扩大，无论是查禁私撰野史、民间宗教典籍，还是查禁小说、戏曲以及各党派学术著作，其本质是进一步对思想文化领域实行强权政治，以巩固其统治"⑥。再如加拿大学者卜正民认为，"图书印刷业以它特有的方式作用于历史，对那些已经在商业网络里大量印刷或重印并广为传播的查禁图书而言，'文字狱'这种特殊的政治运动并没有给予它们毁灭性打击，明清两代皇帝或官员个人的所谓图书检查行为并没有构成现代意义上的国家图书检查制度"⑦。杨雨蕾《传入朝鲜的清代禁毁书籍》⑧，利用清代朝鲜使臣的入华行记《燕行录》资料，探求了清代禁毁书传入朝鲜的背景与途径。

---

① 吴哲夫：《〈四库全书〉修纂动机的探讨》，《故宫文物月刊》1989年7卷4期。
② 蔡妙真：《由〈日知录〉谈编纂〈四库全书〉的政治目的》，《故宫学术季刊》2000年第17卷第4期。
③ 姚伟钧：《旷古虐政：乾隆禁毁历史文献论析》，《华中师范大学学报》1992年第2期。
④ 师曾志：《清代乾隆时期之禁书研究》，《编辑之友》1993年第4期。
⑤ 郭向东：《〈四库全书〉编纂与中国古文献之劫难》，《图书与情报》2004年第2期。
⑥ 师曾志：《从政府对传媒的管制看中国古代禁书》，《编辑之友》1994年第2期。
⑦ 〔加〕卜正民撰，孙竟昊译：《明清时期的国家图书检查与图书贸易》，《史林》2003年第3期。
⑧ 杨雨蕾：《传入朝鲜的清代禁毁书籍》，《文献》2006年第2期。

众多成果中,赖哲信《乾隆纂修〈四库全书〉其意初不在铲除异己论》独树一帜,从成书目的、搜书动机、处理违碍书籍的态度等方面展开考辨,认为"乾隆编书是为了稽古佑文,目的极崇高。其收书极勤笃,且以不为苛扰为原则,关怀极辽阔。其去取群书,虽乏一严谨之标准,且稍嫌忌刻,但亦可见其对此事用心之深厚。再由乾隆本人自谓是居心磊落而态度极其坦荡来说,可见乾隆自身于评议群籍去取时之力求平正,也复见其处理此事之认真"[1]。该文标题所示之立场有一定道理,但其行文中矫枉过正,时时流露对乾隆的溢美之词,亦非客观之态度,难以让人信服。

纵观对禁书过程的研究,虽有单篇论文纷出,但宏观探讨居多,鲜有能提出新问题、增加新内容者,且不乏重复劳动,有待更深入细节。乾隆"盛世",何以会酿成长达近二十年的禁书活动?现有研究几乎均以乾隆一方为考察中心,难免偏颇。四库禁书能够运作起来,仅靠乾隆帝本人的行政指令是不能实现的,中有军机大臣、四库馆臣,下有地方督抚,特别是乾隆与地方大员的矛盾与互动,在禁书过程中表现如何,这是以往研究中未能完全揭示的,还需做进一步翔实论述。

(三) 四库禁书期间文字狱研究

前述郭伯恭、徐绪典、吴哲夫、丁原基、黄爱平、冈本さえ等学者的研究成果中,或以表格或以文字形式,无不对纂修《四库全书》期间的文字狱加以统计、分析。事实上,20世纪80年代开始,政治、文化环境的转变,使得四库禁书期间相关文字狱的研究成果渐增。

1986年,上海书店影印出版《清代文字狱档》,分上、下两

---

[1] 赖哲信:《乾隆纂修〈四库全书〉其意初不在铲除异己论》,《辅大中研所学刊》1994年第3期。

册①。该书系原北平故宫博物院文献馆根据该馆所藏清代军机处档案、朱批奏折、实录等有关资料编纂而成，1931—1934年陆续出版九辑。辑录清代雍正、乾隆两朝65起文字狱的原始档案材料，包括承办案件诸臣的奏折、"案犯"的口供、雍正和乾隆的谕旨等文件，涉及四库禁书期间的文字案件38起，是研究的重要依据。

较早的文字狱研究专著，有1980年孔立的《清代文字狱》②。黄裳《笔祸史谈丛》③与金性尧《清代笔祸录》④以随笔的形式，给读者提供了理解文字狱的种种新视角。1990年，郭成康、林铁钧合著《清朝文字狱》⑤，是集学术性与普及性于一体的重要著作，四库禁书期间的几起要案均列其中，如"《字贯》引起的轩然大波"、"乾隆查办禁书与徐述夔诗狱"、"道学先生尹嘉铨的悲剧"等。作者不局限于文字狱过程本身，对比康雍乾三朝文字狱，并分析帝王个性（心理）与文字狱的关系，乃至指出文字狱是一种带有概然性规律的历史现象，探讨了它对中国社会的影响。1992年，王彬《禁书·文字狱》出版，试图从观念学的角度，对中国古代禁书进行理论上的研索，并提出了建立"禁书学"的想法，值得重视。具体到清代禁书，王彬认为清人的禁书标准体现了王朝思想、种族意识、皇权观念，而"禁书、笔祸、文字狱，紧密配合，是清代禁书的最大特色"⑥。漆永祥对文字狱与禁书的考察，虽旨在阐明其与乾嘉考据学的兴盛并无直接因果关系之结论，但分析的过程却值得借鉴。针对文字狱研究的难惬人意，作者选取顺、康、雍、乾四朝有代表性的文字狱100起，从发生

---

① 原北平故宫博物院文献馆编：《清代文字狱档》（上、下），上海书店出版社1986年版。
② 孔立：《清代文字狱》，中华书局1980年版。
③ 黄裳：《笔祸史谈丛》，北京出版社2004年版。
④ 金性尧：《清代笔祸录》，香港中华书局有限公司1989年版。
⑤ 郭成康、林铁钧：《清朝文字狱》，群众出版社1990年版。
⑥ 王彬：《禁书·文字狱》，中国工人出版社1992年版，第93、83页。

的时间段、案犯地域分布、案犯文化程度、案发原因等角度统计,认为乾隆朝的禁书与文字狱紧密结合,涵盖地域广,持续时间长,实质上是社会矛盾不断激化的反映。①

尚有一些单篇论文,如许霁英《清乾隆朝文字狱简表》②列举四库禁书期间的文字狱27起;唐玉萍《清朝康熙、雍正、乾隆时期的文字狱及禁书简论》③纵论文字狱;张杰《〈四库全书〉与文字狱》④一文认为,"清统治者编纂《四库全书》是为了达到保存文献与销毁禁书之双重目的",在此前提下讨论了修书期间的"字狱狂潮"与"文化浩劫"。其他如丘东江《文字狱·禁书·〈四库禁毁丛刊〉》⑤等,不再一一列举。

值得一提的是,赵志毅《清代文字狱辨》⑥在对文字狱"概念"的廓清方面,做了有益的尝试,读后值得我们反思。他认为,罪是违反统治者的禁制和利益的行为,"文字狱是被害人的作品本身并不触犯刑律,而统治者从其作品中摘取字句,加上不应有的罪名,锻炼成狱的",因此不能把凡是牵涉"文字"的有关案件,一律称之为"文字狱"。据此,该文对清代123起文字案件进行了辨别,认为真正属于文字狱的只有48例,占39%,又"大体分为两种类型:一是因明史而获罪;二是因著述诗文被猜忌而获罪"。另,杨念群《文字何以成狱——清初士人逃隐风格与"江南"话题》⑦一文,用全新的笔触,

---

① 漆永祥:《乾嘉考据学研究》,中国社会科学出版社1998年版。
② 许霁英:《清乾隆朝文字狱简表》,《人文月刊》1937年第8卷第4期。
③ 唐玉萍:《清朝康熙、雍正、乾隆时期的文字狱及禁书简论》,《昭乌达蒙族师专学报》1993年第2、3期合刊。
④ 张杰:《〈四库全书〉与文字狱》,《清史研究》1997年第1期。
⑤ 丘东江:《文字狱·禁书·〈四库禁毁丛刊〉》,《图书与资讯学刊》1998年第8期。
⑥ 赵志毅:《清代文字狱辨》,《东南文化》1997年第3期。
⑦ 杨念群:《文字何以成狱——清初士人逃隐风格与"江南"话题》,载《新史学》第一卷《感觉·图像·叙事》,中华书局2007年版。

脱离目的式的论证，以吕留良等人为例，解读了易代之际知识群体与帝王关系的微妙变化，并就四库禁书中对江南书籍的查缴讨论了乾隆的驭人之术。

（四）四库禁书的其他研究

1989—1995年，《四川图书馆学报》连续刊载李文衡、屈礼萍《清代禁书版本丛谈》十二篇。①作者以数年积累及经眼优势，每篇或介绍一种或分析数种禁书，是研究禁书版本不可多得的材料。类此研究，散见各处，暂不赘述。

构建中国古籍基本书库，禁毁书是必不可少的一部分。《四库禁毁书丛刊》的出版，从一定程度上推进了对禁书本身的研究，且对《四库全书》文献体系的完善做出贡献。论文集《四库禁毁书研究》②即为配合了解这套大书的内容而编辑出版，汇集多位学者研究禁书本身的成果，既有对明末的兵书及禁毁最多的集部书的述略，又有介绍叶向高、茅元仪、钱谦益、屈大均、吴应箕、函可、金堡、吕留良、鲁之裕等人及其著述的论文，同时就《四库禁毁书丛刊》的编纂与清朝开国史的研究做了梳理。

禁书的区域性研究值得关注。姚莹《桐城禁书记考》③，应是最早考述地方禁书名目者。1933年，有潘季野作《清代安徽禁书提要》④。1940年，金云铭整理陈弢庵先生书库，以《福建协和大学陈氏所藏

---

① 李文衡：《四川图书馆学报》1989年第5、6期，1990年第4期。屈礼萍等：《四川图书馆学报》，1991年第1、5期，1992年第2、5期，1993年第3、6期。屈礼萍、李文衡：《四川图书馆学报》，1994年第1、4期，1995年第1期。
② 何龄修、朱宪、赵放主编：《四库禁毁书研究》，北京出版社1999年版。
③ 姚莹：《识小录》卷五《桐城禁书记考》，黄山书社1991年版。
④ 潘季野：《清代安徽禁书提要》，《安徽大学月刊》1933年1卷1、2期；1934年1卷6期。

清代禁书述略》[1]为题详载所见禁书。1990年后，单篇论文，如张敏慧《清代安徽禁书散记》[2]、杨震方《上海明清间人著作禁书录》[3]、李龙如《清代湖南禁书及其作者考》[4]、侯月祥《关于清代广东书禁》[5]、徐苇《清乾隆年间江西省禁毁书查缴始末研究》[6]、寻霖《乾隆间湖南禁书考》[7]相继发表，除徐苇依据档案资料考述江西禁书始末外，上述文章大都以解题地方禁书为主。2000年以来，两篇硕士论文推进了四库禁书的区域研究，分别为陈旭东《清修〈四库全书〉福建采进本与禁毁书研究》[8]、高远《清修〈四库全书〉河南采进本与禁毁书研究》[9]，开辟了新的研究途径，视角较好，不足在于停留在对一地禁书的解题和列书单上，缺乏深入的解释。

（五）与四库禁书相关的档案汇辑

20世纪20年代，陈垣先生撰《编纂四库全书始末》，从集灵囿旧军机处档案、内阁大库起居注等抄出《办理四库全书档案》三巨册。王重民先生在此基础上，参以侯植忠1932年从大高殿军机处档案抄出的办书档一份，益以诸家文集或他书所附载者，依时间顺序写定（始乾隆三十七年，迄乾隆五十九年），分上、下两册，成日后研

---

[1] 金云铭：《福建协和大学陈氏所藏清代禁书述略》，《福建文化》1940年第1卷第1期。
[2] 张敏慧：《清代安徽禁书散记》，《江淮论坛》1991年第2期。
[3] 杨震方：《上海明清间人著作禁书录》，《编辑学刊》1993年第3期。
[4] 李龙如：《清代湖南禁书及其作者考》，《船山学刊》1998年第2期。
[5] 侯月祥：《关于清代广东书禁》，《广东史志》1999年第3期。
[6] 徐苇：《清乾隆年间江西省禁毁书查缴始末研究》，载《四库禁毁书研究》，第105—124页。
[7] 寻霖：《乾隆间湖南禁书考》，《船山学刊》2005年第3期。
[8] 陈旭东：《清修〈四库全书〉福建采进本与禁毁书研究》，福建师范大学硕士学位论文，2004年。
[9] 高远：《清修〈四库全书〉河南采进本与禁毁书研究》，兰州大学硕士学位论文，2007年。

究者利用较多的《办理四库全书档案》[①]，其中不乏禁书史料。此间，《文献丛编》、《掌故丛编》、《史料旬刊》等故宫博物院排印资料，也有与四库禁书相关的内容。

1997年，《纂修四库全书档案》[②]出版，全面反映了《四库全书》的纂修历史，亦是研究四库禁书最宝贵的一手文献。前言署为1987年7月，实为档案整理而成的时间，可知相隔十年之久才公布于世。至今鲜有人在禁书领域的研究中全面利用并充分解读它，笔者从中挑出近700件与四库禁书直接相关的档案，包括乾隆帝为禁毁书籍所颁发的谕旨，各地督抚及学政、盐政有关征缴、查禁书籍等情形的奏折、奏片、咨呈、书目清单等。本书即立足于档案材料，辅以当时的中央奏准禁毁书目及禁书本身，展开研究。

第二节　四库禁书研究之意义

自光绪初年迄今，四库禁书研究取得了丰硕的成果。本书在前贤研究基础之上，运用政治史、学术文化史的研究思路，在方法上将微观考量与宏观讨论、个案研究与整体考察相结合。以时间为线，纵向考察四库禁书的缘起与发展过程；以禁毁书目及禁书本身为面，横向铺陈四库禁书原因，对"四库禁书"的相关问题做深入细致的研究，力求得出符合历史真相的科学结论。

谈及乾隆朝纂修《四库全书》期间的禁书活动，王钟翰先生曾道：

> 要透彻认识康乾盛世，就不能不研究这个时期的禁毁图书，

[①]　王重民辑：《办理四库全书档案》，国立北平图书馆1934年版。
[②]　中国第一历史档案馆编：《纂修四库全书档案》，上海古籍出版社1997年版。

这甚至比研究当时纂修而成的大型类书、丛书更为重要。同样，要真正认识禁毁书，不是仅仅了解其内容，也不只是作为一种既成事实，而是把它当作中国封建社会特有的一种文化现象来探索促成其产生的种种社会因素，又必须对其所处的时代有比较深刻的洞察。①

这段精辟的话语尽管略显宏观，但既强调了研究四库禁书的重要性，也为我们转换思路，提供了有益的指示。又，台湾学者杨晋龙提出我们应从不同角度看待乾隆禁书一事，认为：

> （《四库全书》）有关筛选、净化、校勘等工作，均与提供符合建立其心目中理想人格的典籍选有关，可见《四库全书》删禁等相关工作的内涵是"教化"的，不必仅从"政治迫害"的单一负面作用上考虑。②

笔者正是在前辈学者的引领下，展开了关于四库禁书的思考，并试图在以下方面有所创获：

第一，力求较为严密地论证乾隆从谕令征集遗书到查缴禁书这个逻辑发展过程，进一步澄清"寓禁于征"等观点的不切实情，并就禁书与修书的关系提出新的看法。

第二，以两条线索，即四库禁书与四库修书的关系、乾隆与官僚层面的互动与矛盾，分三个阶段原原本本地梳理四库禁书的始末。系统揭示禁书活动的目标，远不仅是打击民族意识、反清思想，而是乾

---

① 王钟翰：《四库禁毁书与清代思想文化普查运动》，载何龄修、朱宪、赵放主编：《四库禁毁书研究》，第 20 页。
② 杨晋龙：《四库全书订正折论：原因与批判的探求》，载淡江大学中文系主编：《两岸四库学——第一届中国文献学学术研讨会论文集》，台湾学生书局 1998 年版，第 337 页。

隆帝以我国封建正统继承者自居，对文化领域进行的一次比较彻底的清理活动，其目的是建立以维护清统治为终极目的之封建文化体系。

第三，深入禁书本身，细致考察乾隆奏准的全毁书究竟因何而禁。

第四，对四库禁书书目加以分类，证实抽毁书不是禁书，提出应区别对待的观点。

试想，如果把四库禁书放到我国两千年封建社会的历史长河中去考察，放到与《四库全书》纂修的交织中去理解，除了乾隆帝在改易明清之际历史，制造某些文字狱、打击反清思想等方面应该受到特别的批判外，是否还有其他内容是我们此前未能揭示的？为此，本书力求以平和的尊重历史事实的态度，深入辨析四库禁书这个重大历史问题，希冀对今日的文化建设有些许借鉴意义。

第一章 四库禁书之缘起

第一节 禁书令在乾隆与地方大吏互动中出台

乾隆禁书，似乎已是一个常识性的话题，正因习见，其中细致的原因又往往值得剥开表象、仔细探究。关于乾隆征书、编纂《四库全书》、禁书的关系，已有研究归纳起来不外乎两种观点：

其一，"寓禁于征"或"寓禁于修"。赵录绰《清高宗之禁毁书籍》一文，是笔者所见较早研究乾隆禁书的单篇论文。开篇即言："高宗虽以搜访遗书，右古宏文，诏示天下。而其本意，实以湮灭史迹为主。"① 20世纪30年代，郭伯恭在考察《四库全书》纂修的专著中写道："高宗诏访遗书，编纂四库，其政治作用，一言以蔽之，即寓禁于征。"② 郭氏直截了当地将乾隆访书、编书的目的归结为禁毁书籍。自此，"寓禁于征"的观点不胫而走，成为20世纪90年代前此项研究的共识与主流话语。例如陈登原《国史旧闻》所列条目有"修四库书为禁书说"③。谢国桢亦称："乾隆四十年纂修《四库全书》的时候，令各地藏书家把收藏的书籍供献给政府，这是寓禁于收之意，

---

① 赵录绰：《清高宗之禁毁书籍》，《国立北平图书馆刊》1933年第7卷第5号。
② 郭伯恭：《四库全书纂修考》，第2—3页。
③ 陈登原：《国史旧闻》第3册，中华书局1980年版，第462—463页。

对于统治有利的就编入《四库全书》，有害的就把它焚毁掉。"① 王彬在《清代禁书总述》中认为，乾隆采取了"寓禁于修"的办法，修书是手段，禁书是目的。②《中国禁书简史》一书中标题列有"在征集图书的幌子下——《四库全书》的编纂和书籍的空前浩劫"③。实际上，相关研究成果中认为乾隆征求遗书、编纂四库含有"寓禁于征"、"寓禁于修"企图的例子，可谓数不胜数，至今不乏持此论者。

"寓禁于征"等论者，认为征集遗书、编纂四库的目的就是为了禁绝不利清朝统治的书籍，却并未对禁书的原因做出更多的探讨。基于这样一个判断，人们对《四库全书》纂修期间的禁书活动，甚至《四库全书》之纂修，往往采取有悖于客观事实的批判态度。

其二，随着对禁书过程考察的不断深入，黄爱平教授有一公允说法，最早反映于《四库全书纂修研究》一书中，道：

> 由搜访遗书转为查缴禁书，决非乾隆一时心血来潮，而是当时各种因素综合作用的结果。④

并就此结论做了初步的分析。这样的观点，后来在《乾隆皇帝全传》中有更为明确的表达：

> 事实上，从征书到编书有一个发展过程，同样的，从征书到禁书，也有一个变化的过程。……乾隆一朝，官修、敕撰各种书籍高踞历代帝王之首，绝非偶然，他反映了清统治者实行的文化政策中刻意讲求文治的一面。而征书活动最终向编书工程的

---

① 谢国桢：《史料学概论》，北京出版社 2014 年版，第 127 页。
② 王彬主编：《清代禁书总述》，第 9、14 页。
③ 陈正宏、谈蓓芳：《中国禁书简史》，第 218 页。
④ 黄爱平：《四库全书纂修研究》，第 39—40 页。

转化，正是统治者文化政策的积极方面与各种因素合力趋势的结果。当然，一旦在征书、编书过程中发现有不利于清政权统治的文字记载，统治者也会立刻举起达摩克利斯之剑，行使刽子手的职能，毫不手软地予以严厉镇压和禁绝。惟其如此，才会出现先征书后禁书，乃至编书与毁书并行不悖的千古奇观。①

作者基于对纂修四库及相关问题的精熟了解，着眼于征书、编书、禁书的自然发展过程，来分析三者的关系，认为"乾隆确实利用了访书、编书的机会来查缴、禁毁所谓违碍悖逆书籍，但却很难说，乾隆事先就有什么'寓禁于征'的图谋，访书、编书的目的就在于禁书、毁书"②。此后，黄爱平教授在他书中又有结论性的概括，即：

> 只要我们仔细考察当时的实际情形，客观分析事物表象掩盖之下的深层原因，就不难看到，由搜访遗书转为查缴禁书，决非偶然，也并非突然，而是事件本身发展以及各种因素综合作用的结果。③

这样符合历史实际的恰当认识，无疑为我们跳出和拨正"寓禁于征"的观点，以客观平和的心态观察历史上的奇特现象，提供了新的思路。惜上述各书因主题所限，未能做出更为具体的分析。

本书既以"乾隆朝纂修四库期间的禁书活动"为研究对象，有必要在已有研究基础上，通过钩稽分析史料，力求较为严密地论证乾隆从谕令搜访遗书到查缴禁书的逻辑过程，进一步澄清"寓禁于征"

---

① 郭成康、黄爱平等：《乾隆皇帝全传》，学苑出版社1994年版，第599—600页。
② 郭成康、黄爱平等：《乾隆皇帝全传》，第600页。
③ 参见黄爱平：《十八世纪的中国与世界·思想文化卷》，辽海出版社1999年版，第43页；黄爱平：《朴学与清代社会》，河北人民出版社2003年版，第177页。

等观点的不切实情。

一、乾隆帝的三次征书

清高宗在即位之初,即屡有"右文"之举。乾隆六年(1741),"诏中外搜访遗书",谕曰:

> 从古右文之治,务访遗编。目今内库藏书,已称大备。但近世以来,著述日繁,如元明诸贤,以及国朝儒学,研究六经,阐明性理,潜心正学,醇粹无疵者,当不乏人。虽业在名山,而未登天府。著直省督抚学政,留心采访,不拘刻本钞本,随时进呈,以广石渠天禄之储。①

古代帝王讲究"文治武功",征访遗编是弘扬文治的重要手段,因而乾隆登基不久便遵从古制,诏访著述,并划定"研究六经,阐明性理,潜心正学"的书籍为访求的范围。遗憾的是,乾隆充实"石渠天禄"的美意未见下文。

十四年(1749)十一月,高宗颁谕,称"崇尚经术,良有关于世道人心",令内外大臣荐举"潜心经学者"。②次年二月,大学士九卿议覆御史王应采所奏请搜访遗书的建议,称:

> 伏思草茅下士,皓首穷经;人往而书始出,岁久而学仍传。曾不得与今日应选之士,同邀荣遇,可为深惜!请敕下内外大臣,细加搜访,上其遗书。果能斟酌群言,阐明奥旨者,量予

---

① 《清高宗实录》,乾隆六年正月庚午,中华书局1985年版,第941页。
② 《清高宗实录》,乾隆十四年十一月己酉,第860页。

旌奖。其书藏诸秘府，以为绩学之劝，应如所请，令直省各衙门，陆续采访进呈。①

王氏的奏折虽经"大学士九卿议准"，但下令访求经师遗著，却未经实践，不了了之。前两次征书的不见成效，与乾隆即位不久、边疆不稳、诸事纷扰的施政环境，及尚未出现大规模实践"文治"的迫切性不无关系。

至二十四年（1759）新疆底定，政治安定、疆域统一、经济繁荣局面的出现，促使乾隆更多地去考虑国家的长治久安问题，"文治"提上日程。此外，乾隆从即位之初，就不断编校书籍，其自言"命儒臣校刊十三经、二十二史，遍布黉宫，嘉惠后学；复开馆纂修《纲目三编》、《通鉴辑览》及"三通"诸书。凡艺林承学之士，所当户诵家弦，既已荟萃略备"②。君主秉承历代文化传统，征书、校书、编书的工作已在实践之列，于此背景下再举措征集图书便正当其时。

三十七年（1772）正月初四日，第三次下令征书，诏曰：

今内府藏书，插架不为不富，然古今来著作之手，无虑数千百家，或逸在名山，未登柱史，正宜及时采集，汇送京师，以彰稽古右文之盛。其令直省督抚会同学政等，通饬所属，加意购访。除坊肆所售举业时文，及民间无用之族谱、尺牍、屏幛、寿言等类，又其人本无实学，不过嫁名驰骛，编刻酬倡诗文，琐碎无当者，均毋庸采取外，其历代流传旧书，有阐明性学治法，关系世道人心者，自当首先购觅。至若发挥传注，考核典章，旁暨九流百家之言，有裨实用者，亦应备为甄择。又

---

① 《清高宗实录》，乾隆十五年二月辛丑，第953页。
② 《乾隆三十七年正月初四日谕》，载中国第一历史档案馆编：《乾隆朝上谕档》第6册，档案出版社1998年版，第896—897页。

如历代名人，洎本朝士林宿望，向有诗文专集，及近时沉潜经史，原本风雅，如顾栋高、陈祖范、任启运、沈德潜辈，亦各有成编，并非剿说、卮言可比，均应概行查明。①

谕旨中，乾隆开宗明义地道出采集著述的目的，即"以彰稽古右文之盛"。反观乾隆三十七、三十八年间发出的诏谕，字里行间无不表露着君主对所处时代的认知：

我国家重熙累洽一百二十余年，于今文治光昭，远暨山陬海澨，所在经籯书库，藏弆甚多，采掇本非难事。②
当此文治光昭之日，名山藏弆，何可使之隐而弗彰！③
方今文治光昭，典籍大备，恐名山石室，储蓄尚多，用是广为搜罗，俾无遗佚，冀以阐微补阙。④

既然"文治光昭"成为折射时代特征的主题词，采集遗书便是彰显"右文之盛"最直接的途径。

第三次下达的征书令，重点说明了采集图书的取弃原则，较前两次范围扩大亦更明确。其中，"阐明性学治法，关系世道人心"的历代旧书当"首先购觅"；"有裨实用"的诸种言论应"备为甄择"；"非剿说、卮言可比"的诗文专集要"概行查明"；对购求重点的分

---

① 《乾隆三十七年正月初四日谕》，载中国第一历史档案馆编：《乾隆朝上谕档》第6册，第897页。
② 《乾隆三十七年十月十七日谕》，载中国第一历史档案馆编：《乾隆朝上谕档》第7册，第185页。
③ 《乾隆三十八年三月二十八日谕》，载中国第一历史档案馆编：《乾隆朝上谕档》第7册，第313页。
④ 《乾隆三十八年五月十七日谕》，载中国第一历史档案馆编：《乾隆朝上谕档》第7册，第384页。

层次说明，反映了清廷当时的文化取向。

在乾隆看来，载籍的作用"其巨者，羽翼经训，垂范方来，固足备千秋法鉴；即在识小之徒，专门撰述，细及名物象数，兼综条贯，各自成家，亦莫不有所发明，可为游艺养心之一助"，因此，需多多搜罗、研讨"前言往行，以蓄其德"。但又十分明确地指出，那些举业时文、琐碎无当的民间族谱、尺牍、屏幛、寿言以及酬唱诗文等类，均在采择之外，重在强调书籍体现的价值与功用。

此次征书，划定了责任人。希冀通过直省督抚与学政的加意购访，来达到充盈国家图书的目的，"庶几副在石渠，用储乙览，从此四库七略，益昭美备"。怎料皇帝"念典勤求"的美意下达至各督抚后，地方迟迟不动，仅贵州一省于十月初三日奏陈"鲜有书籍可供采择"①，他省并无回应，而这十个月中亦未见乾隆对此事片言只语的催促。

二、征书毫无进展多因视"陈编故册"为"非政之要"

三十七年（1772）的征书令发出后，"几近匝岁，曾未见一人将书名录奏，饬办殊为延缓"。迟至十月十七日乾隆帝始敦促征书事宜，指斥封疆大吏对此事不够重视，称"为大吏者若果能率属加意搜罗，自当有求必应，何至阅时既久，寰集无闻？"将怀疑与指责的矛头对准官吏，并猜测了执行不力的原因，道：

> 或各督抚等因前后适遇调任，受代因循，未及悉心董率，又或疑陈编故册，非如民生国计为刻不容缓之图，因以奉行具

---

① 《贵州巡抚觉罗图思德奏查明黔省鲜有书籍可供采择折》（乾隆三十七年十月初三日），载中国第一历史档案馆编：《纂修四库全书档案》，第2—3页。

文,徒致往返迟滞。①

对于采访遗书的无果,乾隆罗列了两种因素:一是官员前后调任,未及悉心办理;二是地方督抚认为此事无关重要,予以漠视。

考察这段时间内的官员任命,的确调动频繁,如下:

> 正月初九日,以李湖署云南巡抚,图思德暂护贵州巡抚,四月俱实授;
>
> 五月初七日,命阿尔泰署理四川总督;
>
> 五月三十日,以海明为湖广总督,海成为江西巡抚;
>
> 六月十九日,调文绶为四川总督,海明为陕甘总督。以阿尔泰署理湖广总督。寻仍留阿尔泰于川省专办粮运事务,海明仍为湖广总督,以勒尔锦署陕甘总督(六月实授),富勒浑调补陕西巡抚,熊学鹏署浙江巡抚;
>
> 六月二十七日,海明病故,以富勒浑为湖广总督,巴延三为陕西巡抚。②

督抚的频繁更换,或许不利于征书工作取得有效进展,但如今全国无一书可获,无疑是不重视的结果。此时就访书一事,乾隆意在加紧敦促,道:

> 此在远僻省分,一时或难于荟萃,至如近畿之北五省及书肆最多之江浙地方,又复从前(何)藉口?甚非所以体朕念典

---

① 《乾隆三十七年十月十七日谕》,载中国第一历史档案馆编:《乾隆朝上谕档》第7册,第185页。

② 参见郭成康:《清史编年·乾隆朝》(下),中国人民大学出版社2000年版,第143—154页。

勤求之至意也。各督抚等其即恪遵前旨，饬催所属，速行设法访求，无论刊本、钞本，一一汇收备采，俟卷帙所积稍充，即开具目录，附折奏明，听候甄择移取。仍将现在作何办定章程及有无购得若干部之处，先行据实奏覆。①

点名批评与具体部署的确是有了效果，各省接奉该旨后，陆续有所回应。

十一月二十三日，当乾隆看到河南巡抚何煟奏陈的18种书目清单后，便径指该抚应访求籍隶本省的胡煦著述，并称"似此遗漏者，当复不少"，"令其再悉心搜采，并饬属实力奉行，不得以书籍无关政要，一任（潦）草塞责"。②地方的访书态度由此可见一斑。督抚们对"陈编故册"的漠视，客观上促使乾隆考虑征访遗书与"民生国计"间的联系，欲使其成为"政之要"。而就在仅仅收到七个省份的回复之际，安徽学政朱筠的一纸建议，改变了征书的整个局面。

三、编纂《四库全书》决策的形成

征书工作迟迟不得进展，安徽学政朱筠按照乾隆的征书思路，进一步提议从《永乐大典》辑佚，并继承汉成帝校书例，为修《四库全书》奠定框架。乾隆三十七年（1772）十一月二十五日，朱筠疏陈四条建议，如下：

一、旧刻抄本，尤当急搜也。

---

① 《乾隆三十七年十月十七日谕》，载中国第一历史档案馆编：《乾隆朝上谕档》第7册，第185—186页。
② 《乾隆三十七年十一月二十三日谕》，载中国第一历史档案馆编：《乾隆朝上谕档》第7册，第221页。

一、金石之刻，图谱之学，在所必录也。

一、中秘书籍，当标举现有者，以补其余也。……臣在翰林，常翻阅前明《永乐大典》。其书编次少伦，或分割诸书以从其类，然古书之全而世不恒觏者，辄具在焉。臣请敕择取其中古书完者若干部，分别缮写，各自为书，以备著录。书亡复存，艺林幸甚！

一、著录校雠，当并重也。前代校书之官，如汉之白虎观、天禄阁，集诸儒较论异同及杀青；唐宋集贤校理，官选其人。以是刘向、刘知几、曾巩等，并著专门之业。列代若《七略》、《集贤书目》、《崇文总目》，其书具有师法。臣请皇上诏下儒臣，分任校书之选，或依《七略》，或准四部，每一书上必校其得失，撮举大旨，叙于本书首卷，并以进呈，恭俟乙夜之披览。臣伏查武英殿原设总裁、纂修、校对诸员，即择其尤专长者，俾充斯选，则日有课，月有程，而著录集事矣。①

首条急搜"旧刻抄本"的建议，无疑迎合了乾隆"不惮再三"的征书举措，与国家的现行方针是一致的。朱筠疏之三、四条，具体指辑校"编次少伦，或分割诸书以从其类"的《永乐大典》与建议"并重著录与校雠"。

但是面对朱筠的提议，乾隆一时未做评判，仅仅批示"原议大臣议奏"。军机大臣间对朱筠的建议有着不同意见，刘统勋"顾不喜，谓非政之要，徒为烦，欲议寝之"，而于敏中独善朱筠所奏，"与文正（刘统勋）固争执"。② 迟至次年二月初六日，才终于有了议覆结果。

---

① 《安徽学政朱筠奏陈购访遗书及校核〈永乐大典〉意见折》（乾隆三十七年十一月二十五日），载中国第一历史档案馆编：《纂修四库全书档案》，第20—22页。
② （清）朱筠：《笥河文集》，中华书局1985年版，第19页。

关于浩博的《永乐大典》，军机处专门派人前往翰林院典籍库逐一检查，称："其中凡现在流传已少，不恒经见之书，于各卷中互相检勘，有足裨补缺遗、津逮后学者，亦间有之。若一概摒为陈册，不为分别检查，殊非采购遗书本义。"① 并议请分派各馆修书翰林等官前往检查。乾隆深恐此事"责成不专，徒致岁月久稽，汗青无日"，在收到上述议覆的当日，立即降旨派军机大臣为总裁官，于翰林等官内选定员数专司查校《永乐大典》，"择其未经采录而实在流传已少，尚可裒缀成编者，先行摘开目录奏闻"，等待他的裁定。于是，检勘《永乐大典》中的"不恒经见之书"成为采购遗书的题中之义，搜辑群书便从校核《永乐大典》开始。

古人校定书籍，必缀以篇题，诠释大意。朱筠重视"著录与校雠并重"，就是沿袭前代"集贤校书"、"撮举大旨"的成法，"每书必校其得失，叙于本书卷首之处"，欲使读者"一览了然"。实际上，朱筠将辑录《永乐大典》遗书工作，上升到与刘向校书相同的高度，以作为中国封建社会的文化盛典。然而，军机大臣在议覆中认为："现今书籍，较之古昔日更繁多，况经钦奉明诏，访求著录者，自必更为精博。若如该学政所奏，每一书上必撮举大旨，叙于卷首，恐群书浩如渊海，难以一一概加题识。"② 转而提议，待各省所采书籍全部进呈，再"详细校订，依经史子集四部名目，分类汇列，另编目录一书，具载部分卷数，撰人姓名，垂示永久"。此时，乾隆帝也并未重视朱筠"著录校雠并重"的建议，认为"若欲悉仿刘向校书序录成规，未免过于繁冗"③。

---

① 《大学士刘统勋等奏议覆朱筠所陈采访遗书意见折》（乾隆三十八年二月初六日），载中国第一历史档案馆编：《纂修四库全书档案》，第53页。
② 《大学士刘统勋等奏议覆朱筠所陈采访遗书意见折》（乾隆三十八年二月初六日），载中国第一历史档案馆编：《纂修四库全书档案》，第54页。
③ 《谕著派军机大臣为总裁官校核〈永乐大典〉》（乾隆三十八年二月初六日），载中国第一历史档案馆编：《纂修四库全书档案》，第55—56页。

二月初十日，军机大臣检出《永乐大典》目录及全书各十本恭呈御览。乾隆显然并不喜欢类书"割裂全文、踳驳乖离"的体例，意在倡修"丛书"，并明确指示了采录该书的原则：

> 除本系现在通行，及虽属古书而词义无关典要者，不必再行采录外，其有实在流传已少，其书足资启牖后学、广益多闻者，即将出（书）名摘出，撮取著书大指，叙列目录进呈，候朕裁定，汇付剞劂。其中有书无可采而其名未可尽没者，只须注出简明略节，以佐流传考订之用，不必将全部付梓，〔以〕副朕裨补阙遗、嘉惠士林至意。①

重在采撷能"启牖后学"、"广益多闻"的遗编，强调了书籍的教化功能，与前期征书所本一脉相承。谕旨中"撮取著书大旨，叙列目录进呈"的要求，即是对朱筠"著录与校雠并重"意见的采纳。仅仅相隔四日，乾隆便否定了"过于繁冗"的初见，开始重视对图书的"审校"。同日，大学士刘统勋等人就已拟定校核《永乐大典》条例十三条，并于当日奉旨："是。依议。将来办理成编时，著名《四库全书》。"② 此为《四库全书》之缘起。如果说，朱筠所上的四条提议已是画龙成形，那么乾隆修纂《四库全书》的决策可谓点睛之笔。

三月二十八日，乾隆正式界定了《四库全书》所涵盖的内容，即在辑佚所得的书中"择其醇备者付梓流传，余亦录存汇辑，与各省所采及武英殿所有官刻诸书，统按经史子集编定目录，命为《四库全书》"。乾隆意在"俾古今图籍，荟萃无遗，永昭艺林盛轨"，此时

---

① 《乾隆三十八年二月十一日谕》，载中国第一历史档案馆编：《乾隆朝上谕档》第 7 册，第 284 页。
② 《大学士刘统勋等奏议定校核〈永乐大典〉条例并请拨房添员等事折》（乾隆三十八年二月二十一日），载中国第一历史档案馆编：《纂修四库全书档案》，第 58—60 页。

《永乐大典》的辑佚"日有课，月有程"，终会采摘成帙，官刻诸书或是现成，或陆续加紧纂办，唯独各省所采图书难称君意。

四、"恐涉手干碍"，对征书不力原因的新见

乾隆三十七年（1772）十月十七日至次年三月二十八日，据档案记载，广东、广西、云南、贵州均无书可采，奉天、直隶、湖北、安徽、山西不过寥寥数部，其他如河南十八种，山东二十一种，江苏二十二种，江西二十三部，浙江一百十六种，仅此而已。[①]不但数量与乾隆的期望值相差甚远，就是内容也"不过近人解经、论学、诗文私集数种"，"唐宋以来名家著作，竟不概见"，难免"聊以塞白"之嫌。

编纂《四库全书》决议已成，充实书籍便迫在眉睫。欲成此大业，推动购访遗编进程，乾隆再次下旨分析征书不尽如人意的原因，首当其冲的仍是指责上下官吏的不重视，三月二十八日谕曰："此必督抚等视为具文，地方官亦第奉行故事，所谓上以实求，而下以名应，殊未体朕殷殷咨访之意。且此事并非难办，尚尔率略若此，其他尚可问乎？"[②]"非如国计民生"的征书事宜，各督抚虚应故事，使乾隆十分恼火，呵斥他的官僚们办事不见效率。同时，对征书的未见实效，乾隆也在思忖新的原因，进一步指出：

> 初次降旨时，惟恐有司办理不善，藉端扰累，曾谕令凡民

[①] 参见黄爱平：《四库全书纂修研究》，第23页。另见《纂修四库全书档案》中地方督抚的相关奏折。

[②] 顾炎武曾道："求遗书于四方，意非不美，而四方州县，以此为苦，宪檄一到，即报无书，所以然者，正以借端派取解费，时事人情，大率如此。"征书不力，或又难免出于此因。参见（明）顾炎武：《亭林全集》卷三《与公肃甥书》，中华书局1936年版。

间所有藏书，无论刻本、写本，皆官为借抄，仍将原本给还。揆之事理人情，并无阻碍，何观望不前，一至于此！必系督抚等因遗编著述，非出一人，疑其中或有违背忌讳字面，恐涉手干碍，预存宁略毋滥之见，藏书家因而窥其意指，一切秘而不宣。甚无谓也！①

或许，正是这样的一番猜测使乾隆自此更加关注书籍的触碍问题。

此次下诏，乾隆亮明了自己对触碍书籍的态度，即：

> 文人著书立说，各抒所长，或传闻异辞，或记载失实，固所不免。果其略有可观，原不妨兼收并蓄。即或字义触碍，如南北史之互相诋毁，此乃前人偏见，与近时无涉，又何必过于畏首畏尾耶！朕办事光明正大，可以共信于天下，岂有下诏访求遗籍，顾于书中寻摘瑕疵，罪及收藏之人乎？若此番明切宣谕后，仍似从前疑畏，不肯将所藏书名开报，听地方官购借，将来或别有破露违碍之书，则是其人有意隐匿收存，其取戾转不小矣！②

谕旨中列举了书籍触碍的几种情况，即传闻异辞、记载失实、字义触碍，重在申明此次访求遗集是本着"兼收并蓄"的态度来弘扬古籍，不罪收藏之人。但同时又警告道，现在不将藏书呈报，将来发现"违碍"之书，"其取戾转不小矣！"将征书一事上升到严肃的政治高度。

---

① 《乾隆三十八年三月二十八日谕》，载中国第一历史档案馆编：《乾隆朝上谕档》第7册，第313页。
② 《乾隆三十八年三月二十八日谕》，载中国第一历史档案馆编：《乾隆朝上谕档》第7册，第314页。

仅仅有释疑和高压远远不能将征书一事推向乾隆期望的规模，因此他又明确点了江浙的名，指示采访的门径首先是藏书家。此次重诏催访遗书，"予以半年之限"，并规定"俟得有若干部，即陆续奏报"。敦促督抚大员，指名江浙大省，目的在限期征书，以见成效，显示了乾隆成就文化大业的决心。二十八日的诏书，以"若再似从前之因循搪塞，惟该督抚是问"结尾，不能不对地方大员有所触动。在乾隆看来，"遗籍珍藏，固随地俱有，而江浙人文渊薮，其流传较别省更多，果能切实搜寻，自无不渐臻美备"，将搜寻遗书的愿望寄托在督抚的实力办理上，目的仍是为充实《四库全书》。二十九日，乾隆专谕江浙督抚，又一次提到书籍的"违碍"问题：

> 至书中即有忌讳字面，并无妨碍，现降谕旨甚明。即使将来进到时，其中或有诞妄字句，不应留以疑惑后学者，亦不过将书毁弃，转谕其家不必收存，与藏书之人并无干涉，必不肯因此加罪。至督抚等经手汇送，更无关碍，又何所用其疑畏乎？朕平日办事光明正大，可以共信于天下，高晋等尤所深知。①

这里多少说明乾隆已考虑到对"忌讳"、"诞妄"字面的处置。或可认为，此刻的轻描淡写与其对书籍"触碍"的质与量估计不足相关，直到接触到大量流布全国的书籍后，乾隆才重新考虑如何实现不"贻惑后学"的理想。

面对乾隆的几番严肃催促和限期征书，"各地督抚大力搜访，藏书家纷纷献书，大规模的征书活动进入高潮"②。短短五十天内，上缴

---

① 《乾隆三十八年三月二十九日谕》，载中国第一历史档案馆编：《乾隆朝上谕档》第7册，第315页。
② 黄爱平：《四库全书纂修研究》，第25—26页。

之书大增，仅"江浙督抚及两淮盐政等奏到购求呈送之书，已不下四五千种"①。当时，乾隆不无自豪地说："外省奏进书目，名山秘笈，亦颇裒括无遗。合之大内所储，朝绅所献，计不下万余种。自昔图书之富，于斯为盛。"②

五、典籍审查与问题暴露

浩如烟海的书籍集聚在翰林院，如何董理成为首要问题。此时的乾隆，对朱筠"校雠"建议的重要性有了更为深刻的体会，他选择刘向校书的陈规去校阅各省督抚及藏书家进呈的书籍。

这些繁富的进呈书籍，在《四库全书》中所占比例最大，必然要经过严格审查与皇帝的亲自把关。三十八年（1773）五月十七日，乾隆道出采择《四库全书》的"本指"：

> 所有进到各书，并交总裁等，同《永乐大典》内现有各种详加核勘，分别刊钞。择其中罕见之书，有益于世道人心者，寿之梨枣，以广流传，余则选派誊录，汇缮成编，陈之册府。其中有俚浅讹谬者，止存书名，汇为总目，以彰右文之盛。③

对所进各书的"详加核勘"是区分书籍"应刊、应抄、应存"的前提。从时间上看，办理《四库全书》之初，馆臣们便遵照乾隆提出的

---

① 《乾隆三十八年五月十七日谕》，载中国第一历史档案馆编：《乾隆朝上谕档》第7册，第384页。
② 《乾隆三十八年五月初一日谕》，载中国第一历史档案馆编：《乾隆朝上谕档》第7册，第369—370页。
③ 《乾隆三十八年五月十七日谕》，载中国第一历史档案馆编：《乾隆朝上谕档》第7册，第384页。

著录与存目标准，对每一部书认真校核、甄别清检。

　　纂修官的校阅工作，除了鉴别版本、考证辨伪，更重要的就是为每一种书撰写提要。翁方纲的工作，可视为个案。他于乾隆三十八年（1773）三月十八日入翰林院修书，其所撰《提要稿》，恰恰反映了四库馆前期对图书的清检情形。① 王欣夫曾道：翁氏遵照修书定规，对每一种书"或节录其序目及内容，为撰提要之资，亦摘存其有关其他考证者，似读书笔记。有违碍处，则粘附签记于书名上"②。笔者以从《提要稿》中检出的与违碍相关者为例，翁氏签曰：

　　　　《镜山庵集》二十五卷，明高出著。其集之是非勿论已，即以今馆臣恭办《全书》之体，此等集不但不应存目，且不应校办；不但不应校办，而且应发还原进之人。从前于明末茅元仪所著书卷前亦已粘签，候总裁大人酌定。明人万历以后之书恐不止此，应如何商定画一，请酌定，俾各纂修一体照办。③

　　　　《北海集》四十六卷，明冯琦撰，内违碍者记粘二十七签，但此人卒于万历三十一年，则其中所指，或未遽是悖触，或抽记另办。④

由上可知，纂修官们在分员校勘伊始，便遇到了如何处理书籍中违碍内容的问题，而这些问题又集中在明万历以后人所撰史部、集部著作。从《翁方纲纂四库提要稿》看，四库全书馆初期清查图书，重在以时代为界，诸如邹德涵《邹聚所文集》下记"此人卒于万历九年，

---

① 参见吴格：《翁方纲纂四库提要稿·序言》，上海科学技术文献出版社 2005 年版。
② 王欣夫：《四库全书提要稿书录》，载（清）翁方纲撰，吴格整理：《翁方纲纂四库提要稿·附录二》，第 1258 页。
③ （清）翁方纲撰，吴格整理：《翁方纲纂四库提要稿》，第 957 页。
④ （清）翁方纲撰，吴格整理：《翁方纲纂四库提要稿》，第 981 页。

是以无违碍记签处",程文德《程文恭遗稿》下记"此人卒于隆、万之际,其第三卷内诸疏言嘉靖间山西等处之事,皆非违碍,是以毋庸记签"等例子尚多。

翁氏三十八年(1773)三月入四库馆,即按四库修书例摘出"违碍处"。至三十九年(1774)八月乾隆正式下达禁书令,一年又五月,随着接触到的书籍增多,翁氏本人已经查出许多有悖"办《全书》之体"的"违碍处"。正如翁方纲所请,明末清初大量著述中的"触碍"问题,如何"商定画一",成为乾隆在纂办《四库全书》时首先要解决的问题。

六、四库禁书令之发出

《文渊阁记》中乾隆明确表达了其编纂《四库全书》的目的,即:

> 礼乐之兴,必藉崇儒重道,以会其条贯,儒与道,匪文莫阐,故予搜四库之书,非徒博右文之名,盖如张子所云:"为天地立心,为生民立道,为往圣继绝学,为万世开太平",胥于是乎系。于以枕经葄史,镜已牖民,后世子孙,奉以为家法。①

回顾三十七年的征书令,乾隆更是开宗明义,道:

> 朕稽古佑文,聿资治理,几于典学,日有孜孜。②

如果说,思想的统一是国家统一的灵魂,那么乾隆"稽古右文"的理

---

① (清)弘历:《文渊阁记》,载《纂修四库全书档案·附录二》,第2721页。
② 《乾隆三十七年正月初四日谕》,载中国第一历史档案馆编:《乾隆朝上谕档》第6册,第897页。

念无不承载了"聿资治理"、实现国家长治久安的目标。① 当数以万计的文献典籍汇集京城翰林院，本身就注定了其要经过筛选、整理，成为符合清统治者文化标准的典册。

三十八年（1773）五月，江浙、两淮盐政所呈献书已达四五千种，与此同时，翁方纲等四库馆臣又在校阅中遇到了种种"违碍"、"悖触"文字，到三十九年（1774）春，无疑已积累许多的相关资料。违碍书籍在江浙一带的传布究竟如何，引起乾隆关切，于是通过钟音密谕萨载、高晋等满族督抚在征书时留心查办"忌讳之书"。据江苏巡抚萨载透露：

> 本年（笔者注：乾隆三十九年）三月内，浙闽督臣钟音陛觐回任过苏，曾密传谕旨，令臣留心查察。②

后又知会两江总督，高晋称：

> 今春（笔者注：乾隆三十九年春）臣曾接抚臣萨载密行札会，有闽浙督臣钟音陛见回任，遇（过）苏口传谕旨，稍有忌讳之书，命臣等一体留心查办。③

上引材料是正式谕令禁书后，萨载与高晋对春天乾隆密谕的回顾。命江南的督抚们"一体留心查办"的口传谕旨，强调了征书与禁书的并行不悖。然而，经过了从春到秋，苏抚、江督们不解乾隆心思，对此

---

① 参见叶高树：《乾隆皇帝"稽古佑文"的图书编纂事业》，《故宫学术季刊》2003年第21卷第2期。
② 《江苏巡抚萨载奏遵旨查办遗书及违碍书籍情形折》（乾隆三十九年九月初九日），载中国第一历史档案馆编：《纂修四库全书档案》，第254页。
③ 《两江总督高晋奏先后办理违碍书籍情形折》（乾隆三十九年九月十三日），载中国第一历史档案馆编：《纂修四库全书档案》，第259页。

事竟无丝毫反应，于是引发了三十九年（1774）八月初五日乾隆正式廷寄江南几省的禁书诏。要求对于明季野史进行审查，"其间毁誉任意，传闻异词，必有诋触本朝之语，正当及此一番查办，尽行销毁，杜遏邪言，以正人心而厚风俗"。

第二节 "国家势当全盛"背景下的四库禁书

"统治阶级的思想在每一个时代都是占统治地位的思想。"① 征书、编书、审校、禁书，无不与乾隆帝力图树立统一的价值观、实现对臣民"教化"，确立符合清朝统治者利益的封建意识形态体系的终极目标相关。而《四库全书》纂修期间出现长达数年、遍及全国之禁书活动，又有着特殊的历史背景。

一、"国家势当全盛"与"文治"的迫切性

1644年10月，清王朝统治者进驻北京，确立中央政权，"号曰大清，定鼎燕京，纪元顺治"。顺治、康熙、雍正三帝，均致力于巩固边疆，逐渐强化了中央统治集权，经济恢复并较快发展，使国家走上稳定运行的轨道。乾隆即位后，便将办理军机处作为定制，"皇帝直接控制以军机处为中枢的国家机器，标志着君主专制已发展到了巅峰"②。中央集权的强化，日益完善的奏折制度，实现了"乾纲独断"的政治目标。

18世纪，中国耕地面积不断扩大，清廷注重农作物品种的推广

---

① 马克思、恩格斯：《德意志意识形态》，载《马克思恩格斯选集》第1卷，人民出版社1972年版，第52页。
② 郭成康：《18世纪的中国与世界·政治卷》，第127页。

与兴修水利,"粮食的生产能力几乎已经达到中国封建社会的最高水平"。手工业的进步,促进了商业贸易的繁荣,城镇经济活跃。乾隆朝承继康雍以来的经济发展,户部存银数由乾隆元年(1736)的3395万两,增至乾隆三十六年(1771)的7894万两,国家的财政状况达到极盛。①

乾隆二十四年(1759),平准、平回战争,历时五年,大功告成,奠定了中国的版图,此时清朝的疆域更加明确、巩固。乾隆三十三年(1768),高宗自言:

> 国家势当全盛,而朕持盈保泰之心犹有操持未至。②

马上可以得天下,但马上不能治天下,乾隆的"势当全盛"一语表明,在他眼中武功仅仅是为全盛奠定了基础,并不是真正的全盛,要全盛不可或缺的是"文治"。乾隆对全盛的理解,无疑继承了封建的传统观念。明人陈汝元在为焦竑《国史经籍志》所撰序言中即称:

> 自书契以来,靡不以稽古右文为盛节,见于方策可考已。……由此观之,运阻则铅椠息,治盛则典策兴;盖不独人主风尚系之,而世道亦往往以为候,可无志哉!③

此时,面对国家强盛的局面,"文治"理所当然地提到了乾隆帝的日程表上。加强文治建设,成为乾隆帝"持盈保泰"的主要内容。

---

① 陈桦:《18世纪的中国与世界·经济卷》,第11、208页。
② 王先谦:《乾隆朝东华录》卷六七,载《清东华录全编》第8册,学苑出版社2000年版,第13页。
③ (明)焦竑:《国史经籍志·陈汝元序》,《四库全书存目丛书》史部277册,齐鲁书社1996年版,第294页。

其实，在施政理念上重视"文治"，清朝统治者有其一贯性。太宗文皇帝即称："文武并用，以武功戡祸乱，以文教佐太平。"顺治讲求"崇儒重道"，形成"兴文教、崇经术，以开太平"的治国理念。康熙所定"不以法令为亟，而以教化为先"的"十六条圣训"和雍正的《圣谕广训》，亦均以文教为先。因此，有学者认为："盛清诸帝的用人施政，都采取中道，与民休息，不许扰民生事，建立了比较合乎儒家理念的文治政府。"①

当财政紧张、战事频繁时，君主往往无法将精力集中到对思想文化的引导和控制上，但乾隆朝的社会环境为其实践"文治"的施政理念提供了良好的土壤。早在乾隆六年，高宗就曾颁布一道上谕，曰：

> 朕惟保天下者，求久安长治之规，必为根本切要之计。昔人谓持盈守成，艰于创业，非有德者不安，非有法者不久。夫正纪纲、修制度可谓有法矣，然此特致治之具，而未可为根本之图。则所谓制治未乱，保邦未危者，必以风俗人心为之本，人心正则风俗淳，而朝廷清明国祚久远者，胥由于此。②

守成，必须有法，即"正纪纲、修制度"，然此特"致治之具"，而非"根本之图"，"根本之图"必以"风俗人心为之本"。可见，乾隆执政之初，就认为"人心正则风俗厚"是"朝廷清明国祚久远"的基础。在《平定回部告成太学碑》碑文中，乾隆更是宣称自己："始之以武，终之以文。"在武功大体告成以后，文治成为乾隆追求的主要目标之一。况且，乾隆之自信心较之其父祖已经更强，他力图实现聚集天下图书的举措，甚至此后居高临下地处理南明历史等，都表现了

---

① 参见庄吉发：《运际郅隆：乾隆皇帝及其时代》，载《清史论集》第13册，台湾文史哲出版社2004年版，第111页。
② 《乾隆六年七月九日谕》，载中国第一历史档案馆编：《乾隆朝上谕档》，第734页。

他臻于盛世的心态。

从国家全局看，乾隆年间具备了进行大规模文化总结的各种因素。乾隆常讲"朕希行事为天下后世法"，具体到编纂《四库全书》，"定千载之是非，决百家之疑似"，对书籍的取弃，一一经其"睿鉴"，企望"昭示方来"。① 此时，清帝着意于编纂体现"千古纲常名教"的典籍《四库全书》，以期开创真正的"盛世"。

二、四库禁书之必然性与有限性

(一) 刻书业的发达

编纂《四库全书》与禁书活动的发生，是以印刷业发展造成繁富的图书流通为前提。明清时期，商品经济发展，图书贸易日趋发展，出版业和藏书家相当活跃。当时的江苏、江西等省是书籍刊刻的中心，专以鬻书为业者较多，以下材料可证：

> 黔、滇二省所行书籍，俱从楚南运至，而楚省与江西接壤，一切书籍俱盛行江西字板。②
> 楚省鲜有穷经藏书巨室，凡各书籍皆由书铺贩自江西。③
> 安省与江苏、江西二省一水可通，坊肆各书向俱前往该二省购回售卖，并不翻板刊刻。④

---

① (清) 永瑢等：《四库全书总目·凡例》，中华书局1965年版，第16页。
② 《云贵总督李侍尧遵旨查缴〈字贯〉一书情形折》(乾隆四十二年十二月二十一日)，载中国第一历史档案馆编：《纂修四库全书档案》，第767页。
③ 《湖北巡抚姜晟奏本年查缴〈通鉴纲目续编〉一部并咨送销毁折》(乾隆五十二年十一月十二日)，载中国第一历史档案馆编：《纂修四库全书档案》，第2092页。
④ 《安徽巡抚书麟奏覆委员赴苏购买改正刊本〈通鉴纲目续编〉折》(乾隆五十年二月初八日)，载中国第一历史档案馆编：《纂修四库全书档案》，第1857页。

后文谈到江西呈缴禁书的数量异常之多,这是原因之一。此时,江南出版、印刷业还出现了一个重要的变化,即"由明代的官营为主转变为清代的私营占有绝对的优势。而民间出版印刷业,已成为制造社会舆论的重要工具"①。刻书业的发达,也带来了负面的影响,出于商业诱惑,坊刻往往不讲品质,"有相当一部分粗制滥造,甚至坊主为降低成本,不惜窜改文字,割裂卷页,以次充好,以求善价。坊刻有时甚至敢于触犯封建禁令,议论时政,把矛头直指封建统治者"②。

(二)乾隆对明末清初"野史稗乘"的抵制

刻书业的发展使文化趋向昌明,但作为统治者,自然要警惕那些他们认为有悖于"世道人心"的书籍。乾隆曾对野史稗乘的危害有过一段议论,曰:

> 记载之失实,虽正史不能免,而莫甚于稗野之刺谬。彼以一己之私心,设为莫须有之论。所恶者虽伯夷之清而不为扬其善,所喜者虽盗跖之贪而谬为隐其恶;所喜者虽盗跖之贪而曲为称其善,所恶者虽伯夷之清而刻以求其恶。夫不扬而谬隐犹可也,至于曲称而刻求,则是非颠倒莫可究诘。使后人见之,愚者固以为必然,知者且不能不致疑矣。知者致疑,将谓正史亦未免如此。害天下之公,乱圣人之道,非稗野之所驯至乎?③

将历史述诸笔端,作者的喜恶会自觉不自觉地影响到文字的真实性,此话不假。在乾隆看来,不能容忍的并不是"隐而不彰",而是"刻

---

① 参见李伯重:《明清江南的出版印刷业》,《中国经济史研究》2001年第3期。
② 参见毛春翔:《古书版本常谈》,上海古籍出版社2002年版。
③ (清)弘历:《御制文初集》卷二二。

意歪曲"、"是非颠倒"的记载。所以他说野史稗乘足以"害天下之公，乱圣人之道"。

今人王钟翰先生曾言："使用暴力或者强制性的行政手段来查禁危害政权稳定和统治秩序的思想文化，在以往任何时代的统治者看来都是必然的、正当的。"① 既然乾隆感到野史的流传对统治的危害如此之大，那么在当时收藏与阅读便是不允许的。二十二年（1757）六月彭家屏私藏明末野史案中，乾隆就曾警告臣僚，道：

> 在定鼎之初，野史所纪，好事之徒，荒诞不经之谈，无足深怪。乃迄今食毛践土，百有余年。海内缙绅之家，自其祖父，世受国恩，何忍传写收藏？此实天地鬼神所不容，未有不终于败露者。如段昌绪、彭家屏之败露，岂由搜求而得者乎？此后臣民中，若仍不知悛改消灭，天道自必不容。令其败露，亦惟随时治以应得之罪耳。②

立国百年有余，乾隆憎恶且不能容忍食毛践土的缙绅之家传写、收藏明末野史以罔视听。由此，民间的明末野史及相关诗文，不能不成为隐患引起清廷的关注。次年十二月，御史汤先甲奏："内外问刑衙门，遇有造作妖言、收藏野史之类，多立逆案。宜坐以所犯罪名，不必视为大案，极意搜罗。"汤氏不识时务的请奏，遭到乾隆的严饬，谕称：

> 即如收藏野史案内法在必治者，如《东明历》等书，不但邪言左道，煽惑愚民，且有肆行诋毁本朝之语。此而不谓之逆，则必如何而后谓之逆者。凡在食毛践土之人，自当见而发指，

---

① 王钟翰：《四库禁毁书与清代思想文化普查运动》，载《四库禁书研究》，第19页。
② 《清高宗实录》卷五四〇，乾隆二十二年六月丁卯，第831—832页。

而犹存迁就宽贷之意，必其人非本朝之臣子而后可。①

这里讲得十分明白：野史会淆惑视听，只要你是清朝的臣子，阅读与造作诋毁清朝的言论，都是要严行禁绝的。所以，乾隆又言："干犯法纪之人，莫如悖逆、贪污二者，于法断无可纵。"

对于明代私家修史的最大缺陷，已有研究者指出："在于人各操觚，人言而异，造成历史记载多出，混乱不一。"②甚至连当时的文人，也对此有所诟病，著名史学家张岱曾经感叹："第见有明一代，国史失诬，家史失谀，野史失臆，故以二百八十年总成一诬妄之世界。"③有明一代的历史，数家奋笔编纂，或流于浅陋芜杂，或虽"俨有体裁"，却又难免因不得实情而"疏漏舛错"，加上"淆乱纷糅"的野史稗乘，世人往往难以探究历史的真相。④具体到明末的历史更为复杂，李逊之在《三朝野记》"自序"中曰："况三朝以来，丝纶之簿，左右史起居注之籍，俱化为煨烬，而贞元朝士、桑濮遗民，又皆沉沦窜伏，无可质证。于是国故乱于朱紫，俗语流为丹青，缘饰爱憎，增易闻见者有之矣，党庇奸逆，抹杀忠义者有之矣。"⑤历史记载的人言而殊，加之大量坊刻书籍存在的诸种问题，使得乾隆意在通过查缴禁书，既把那些诋触清朝、语意违碍的文章剔除净尽，又要清理在清廷看来无资考证、粗浅猥鄙的坊刻陋本，以求"正人心而厚风俗"。

---

① 《清高宗实录》卷五七六，乾隆二十三年十二月甲寅，第334—335页。
② 参见阚红柳：《清初私家修史研究——以史家群体为研究对象》，人民出版社2008年版，第49页。
③ （明）张岱：《石匮藏书·自序》，上海古籍出版社2008年版。
④ 参见（清）潘耒：《遂初堂文集·国史考异序》，《四库全书存目丛书》集部249册，第791—792页。
⑤ （明）李逊之：《三朝野记·自序》，《续修四库全书》史部438册，上海古籍出版社2002年版，第1页。

满族出自建州女真，兴起于东北，当时明朝称其为"边夷"。明朝政府曾在女真各部"因其地分设卫、所"，按照规定女真人要向明朝"以时朝贡"，这段历史是清廷讳言的。因而当形成编纂《四库全书》的决议，对征集书籍初步甄核时，乾隆认识到，他首先需要主导的是关于明末清初那段历史的说法，掌握发言权，使"千古纲常名教"定于一尊。

为了实现观点的整齐划一，不外乎两种途径。

其一，统一言论，编制书籍。例如在《御批历代通鉴辑览》中增加南明唐桂二王本末，别为附录卷尾，就是出于"与其听不知者私相传述，又何如为之约举大凡"的考虑。《满洲源流考》、《清开国方略》等书的编纂及写入四库，意在对抗野史稗乘中关于此段历史的记载，甚至《四库全书》的编纂本身就是树立统一的教化"标本"。

其二，抽删、禁毁书籍。可以想象，如果钦定书如此，民间流传书籍又是另样，那就失去了"教化"与"昭示方来"的作用与价值。因此，在清廷看来，搜缴与禁毁民间所有的违碍书籍，是统一于《四库全书》及其他御制书籍的纂修主旨之下的。

（三）反清意识的淡化

乾隆即位，清王朝建立已近百年，"复明"全然没有希望。经历过明亡惨痛的士人如顾炎武、黄宗羲、王夫之、傅山、方以智、屈大均以及吕留良等都陆续离开人世，对于明王朝的依恋渐渐被淡忘。作为第一代遗民，顾炎武在其《日知录》中曾写道：

> 有亡国，有亡天下。亡国与亡天下奚辨？曰：易姓改号，谓之亡国；仁义充塞而至于率兽食人，人将相食，谓之亡天下。……是故知保天下然后知保其国。保国者其君其臣，肉食

者谋之；保天下者，匹夫之贱与有责焉耳矣！①

"易姓改号，谓之亡国"，明朝的臣子理当效忠明朝，否则就是不忠，但老百姓却又另当别论。在顾炎武看来，不亡天下的前提是尊崇儒道，不使仁义道德受到损害。

与此相应，清廷的文化政策恰恰向这样的方向发展着。康熙帝独尊程朱理学，曾特令将朱熹"升于大成殿十哲之次"，使其成为第十一哲，他自视为儒家道统的继承者，以儒家思想为指导思想，确立了"理学作为官方哲学的正统地位"②。顾炎武所言，可谓明末遗民在清朝安身立命之理论根据，正因为清廷标榜执行的是儒家的天下，才有了遗民与清廷有选择、有限度的合作关系。这样我们就可以理解，为什么"海内遗硕"们在晚年对清朝的态度发生了明显的变化。像顾炎武就与其外甥徐乾学兄弟有频繁往来，还在信中鼓励他们"以道事君"，并与很多清廷官员关系密切。③ 黄宗羲积极配合清廷纂修《明史》，"虽未预修史，而史局遇有大事疑事必咨之"④。康熙十六七年间，"入赘得官者甚众。继复荐举博学鸿儒，于是隐逸之士亦争趋辇毂，唯恐不与"⑤。正如研究者所指出，"遗民阶层对清朝统治合法性的普遍认可，意味着满汉民族矛盾已经缓和，中国社会正在走向新的和谐与协调"⑥。不过，反清意识尽管已经淡化，而众多触犯清廷忌讳的"违碍"书籍仍然存世，这是乾隆在大兴文化建设时遇到的一对矛盾，对于封建时期的清统治者来说，禁书活动既有其必要性，而又必

---

① （明）顾炎武：《日知录》卷十三《正始》，上海古籍出版社 2006 年版。
② 参见黄爱平：《18 世纪的中国与世界·思想文化卷》，第 4—7 页。
③ 参见谢正光：《清初的遗民与贰臣》，《汉学研究》1999 年第 17 卷第 2 期。
④ 参见（清）孙静庵：《明遗民录》卷九《黄宗羲》，明文书局 1985 年版。
⑤ （清）王应奎：《柳南随笔》，中华书局 1983 年版，第 68 页。
⑥ 高翔：《近代的初曙——18 世纪中国观念变迁与社会发展》，社会科学文献出版社 2000 年版，第 31 页。

须限制在严格的范围之内。

（四）乾隆承认南明合法地位，倡导忠君思想

乾隆中期，官方逐步改变了在编修《明史》时，完全将南明排斥在正统之外的看法。三十一年（1766），高宗在审阅国史馆所呈《洪承畴传》时，认为在南明唐王前加"伪"字，于义未协。三十三年（1768）六月，告成的《御批通鉴辑览》更是对南明政权的正、闰进行了重新定位，"于甲申岁仍命大书崇祯十七年（1644），分书顺治元年（1644）以别之。即李自成陷京师，亦不遽书明亡。而福王弘光元年亦令分注于下，必俟次年福王于江宁被执，而后书明亡"。乾隆四十年（1775），又将唐、桂二王本末，撮叙梗概，刊附《通鉴辑览》之末。次年，谕令将《三国志》内关帝之谥改为"忠义"，以示"尊崇"与"传信万世"。①

从逻辑上看，承认南明的合法地位，是倡导忠君思想的前提，非但不会唤起世人的民族意识，反倒强化了臣节的重要。如果说，雍正时期的吕留良、曾静案，是用以整肃潜藏在汉人中的民族意识，那么乾隆在纂修《四库全书》期间的禁书活动所要实现的目标已发生了变化。乾隆变被动为主动，全面展开封建文化体系的建设，想把小的问题都解决了，防患于未然，以求符合清朝统治者利益，实现国家的长治久安。在此前提下，《四库全书》纂修期的禁书活动又必然显示出它的有限性，即局限在为修书服务的范围之内。

三、乾隆对历代审校书籍传统的继承

访求遗书、校雠典籍并"条其篇目，撮其指意"是由来已久的

---

① 《谕内阁〈三国志〉内关帝之谥着改为忠义》（乾隆四十一年七月二十六日），载中国第一历史档案馆编：《纂修四库全书档案》，第529—530页。

文化传统。

孔子删定"六经",欧阳修评价此举,道:"自孔子在时,方修明圣经,以绌谬异。"① 在保存旧典举措中,对"谬异"的排斥、清理与"修明圣经"成为相辅相成的内容,其目的是为了实现书籍的教化功能。班固在《汉书·儒林传》序中曾言:"六学者,王教之典籍,先圣所以明天道、正人伦、致至治之成法也。"② 在图书极为广博的功用中,辅翼"至治"的效能自然又是历代帝王最看重的。事实证明,这些思想为后世封建统治者所继承,《隋书·经籍志序》表达得最为明确,曰:

> 夫经籍也者,机神之妙旨,圣哲之能事,所以经天地,纬阴阳,正纪纲,弘道德,显仁足以利物,藏用足以独善,学之者将殖焉,不学者将落焉。大业崇之,则成钦明之德,匹夫克念,则有王公之重。其王者之所以树风声,流显号,美教化,移风俗,何莫由乎斯道?③

文化典籍具有经纬天地、淑善身心的作用与价值,乾隆之所以相当重视《四库全书》及《总目》的纂修,"随时训示",正是看中了经籍可以实现其"树风声,流显号,美教化,移风俗"的"文治"目标。在从事文化典籍建设的同时,清廷对自视的"违碍"进行清理,亦是出于对"仁义礼智,所以治国也;方技数术,所以治身也;诸子为经籍之鼓吹,文章乃政化之黼黻,皆为治之具"有着深刻的体会。

既然古代文化事业,以实现"教化"为宗旨,那么书籍教化功能的实现,又有赖于对经籍的甄别选择。特别是那些经历过变乱兴替

---

① (宋)欧阳修等撰:《新唐书·艺文志序》,中华书局1975年版,第1421页。
② (汉)班固:《汉书·儒林传》,中华书局1962年版,第3589页。
③ (唐)魏徵等纂:《隋书·经籍志序》,中华书局1973年版,第903—909页。

的王朝，更是重视对存世典籍的清理。《汉书·艺文志序》曰：

> 至成帝时，以书颇散亡，使谒者陈农求遗书于天下。诏光禄大夫刘向校经传诸子诗赋，步兵校尉任宏校兵书，太史令尹咸校数术，侍医李柱国校方技。每一书已，向辄条其篇目，撮其旨意，录而奏之。会向卒，哀帝复使向子侍中奉车都尉歆卒父业。歆于是总群书而奏其《七略》，故有《辑略》，有《六艺略》，有《诸子略》，有《诗赋略》，有《兵书略》，有《术数略》，有《方技略》。今删其要，以备篇籍。①

"战国纵横，真伪纷争，诸子之言，纷然淆乱"，是刘向校理旧文的背景。《汉书·艺文志》成篇，取材于刘向子刘歆之《七略》，所谓"今删其要，以备篇籍"，颜师古注："删去浮冗，取其指要也。"可见对图书的整理、审校，自古以来就包括了"去粗取精"两个方面。《隋书·经籍志序》也谈道：

> 大唐武德五年，克平伪郑，尽收其图书及古迹焉。命司农少卿宋遵贵载之以船，泝河西上，将致京师。行经底柱，多被漂没，其所存者，十不一二。其《目录》亦为所渐濡，时有残缺。今考见存，分为四部，合条为一万四千四百六十六部，有八万九千六百六十六卷。其旧录所取，文义浅俗、无益教理者，并删去之。其旧录所遗，辞义可采，有所弘益者，咸附入之。远览马史、班书，近观王、阮志、录，挹其风流体制，削其浮杂鄙俚，离其疏远，合其近密，约文绪义，凡五十五篇，各列本条之下，以备《经籍志》。虽未能研几探赜，穷极幽隐，庶乎

---

① （汉）班固：《汉书·艺文志》，第1701页。

弘道设教，可以无遗阙焉。①

历代封建统治者在从事文化建设、整理图籍时，皆有一番"其旧录所取，文义浅俗、无益教理者，并删去之。其旧录所遗，辞义可采，有所弘益者，咸附入之"的淘汰、选取过程。《四库全书总目·凡例》称：

> 前代藏书，率无简择，萧兰并撷，珉玉杂陈，殊未协别裁之义。今诏求古籍，特创新规，一一辨厥妍媸，严为去取。②

乾隆就是继承了这一传统，为了编纂自古未有的"博且精"的《四库全书》，"特创新规"，谨持绳墨，严为去取，诸如经忏章咒，一字不收；朱表青词，概从删削；屏斥倚声填词之作，酌改明人奏疏、文集，痛斥谬于是非大义或"毫无寄托"的篇目，选择可资考证者等，做了具体详细的规定，这在历史上是少见的。

小　结

以乾隆三十七年（1772）正月谕令征集遗书为起点，至三十九年（1774）八月正式下达禁书令，相隔两年又八个月，实为一个逻辑发展过程，而非乾隆的蓄谋。最初，征书毫无进展，因朱筠疏陈的四条建议而有了起色，但就编修《四库全书》的宏大计划而言，各省进呈书籍的数量仍难尽乾隆本意。为了充实四库，乾隆猜想是地方大吏

---

① （唐）魏徵等纂：《隋书·经籍志序》，第908—909页。
② （清）永瑢等：《四库全书总目·凡例》第三则，第16—17页。

与士民"恐涉手干碍",影响了搜集遗书,于是通过对督抚大员的几番施压,终致万余种书籍汇聚京师。面对浩博群书,乾隆继承历代传统,审校进呈书籍,从而发现明末清初大量著述中的"触碍"问题,最终决定对全国书籍进行系统清理,并查缴销毁清廷自视违碍的内容,作为与编修《四库全书》并行不悖的方针来执行。基于此,再将四库禁书活动,放到乾隆武功卓著、力求文治昌明的背景前,进而放在中国历代封建王朝文化建设的成规中,放到与《四库全书》纂修的交织里进行考察,进一步证实"寓禁于征"或是"寓禁于修",是不切实情之见。

第二章　要案频发的禁书初期与查缴高潮之形成

纵观乾隆朝四库禁书活动的发展，始终贯穿两个要点：一是禁书与四库修书的关系；二是乾隆与官僚层面的互动与矛盾。在此过程中，乾隆帝以正统自居，其目标已不仅仅局限于打击民族意识、反清思想，而更着眼于建立以维护清统治为终极目的之封建文化体系。

从时间上看，四库禁书始末分为三个阶段。

第一阶段，从乾隆三十九年（1774）八月初五日禁书谕令正式下达，至四十三年（1778）年末四库馆制定"查办违碍书籍条款"。旧事重审的屈大均案开启禁书序幕，地方督抚从被动查书到积极上奏，乾隆希冀依靠他的官僚们完成清理明末清初所谓"违碍"的著述。此间，乾隆树非"野史稗乘"的《字贯》为"悖逆样本"，意在斥责其对"当今"的不敬，强调树立君主权威；再树"悖逆样本"徐述夔《一柱楼诗》，重在切实整饬吏治，两件大案均带动了禁书的查缴。之后，高宗宣布"予限两年查缴禁书"，官方第一次为禁书限定时间。

第一节 屈大均案开启禁书序幕

一、禁书诏谕的下达与回应

(一) 禁书诏谕之分析

与征书诏谕的面向全国、广为搜采不同,正式的禁书命令关注点在国家的江南一带。三十九年(1774)八月初五日,乾隆下达诏书,命两江、两广、闽浙、湖广一体查缴禁书。因其与本文的重要关系,兹录全篇:

> 前曾谕令各督抚采访遗书,汇登册府,下诏数月,应者寥寥。彼时恐有司等因遗编中或有违背忌讳字面,惧涉干碍,而藏书家因而窥其意指,一切秘而不宣。因复明切宣谕,即或字义触碍,乃前人偏见,与近时无涉,不必过于畏首畏尾,朕断不肯因访求遗籍,于书中寻摘瑕疵,罪及收藏之人。若仍前疑畏,不肯尽出所藏,将来或别露违碍之书,则是有意收存,其取戾转大。所降谕旨甚明。并寄谕江浙督抚,以书中或有忌讳诞妄字句,不应留以贻惑后学者,进到时亦不过将书毁弃,转谕其家不必收存,与藏书之人并无干涉。至督抚等经手汇送,更无关碍。朕办事光明正大,各督抚皆所深知,岂尚不能见信于天下?该督抚等接奉前旨,自应将可备采择之书,开单送馆。其或字义触碍者,亦当分别查出奏明,或封固进呈,请旨销毁,或在外焚弃,将书名奏明,方为实力办理。乃各省进到书籍,不下万余种,并不见奏及稍有忌讳之书。岂有裒集如许遗书,竟无一违碍字迹之理?况明季末造野史者甚多,其间毁誉任意,

传闻异词，必有诋触本朝之语，正当及此一番查办，尽行销毁，杜遏邪言，以正人心而厚风俗，断不宜置之不办。此等笔墨妄议之事，大率江浙两省居多，其江西、闽粤、湖广，亦或不免，岂可不细加查核？高晋、萨载、三宝、海成、钟音、德保皆系满洲大臣，而李侍尧、陈辉祖、裴宗锡等亦俱系世臣，若见有诋毁本朝之书，或系稗官私载，或系诗文专集，应无不共知切齿，岂尚听其潜匿流传，贻惑后世？不知各该督抚等查缴遗书，于此等作何办理者，著即行据实具奏。

　　至各省已经进到之书，现交四库全书处检查，如有关碍者，即行撤出销毁。其各省缴到之书，督抚等或见其书有忌讳，撤留不解，亦未可知，或有竟未交一关碍之书，则恐其仍系匿而不献。著传谕该督抚等，于已缴藏书之家，再令诚妥之员，前去明白传谕，如有不应存留之书，即速交出，与收藏之人，并无干碍。朕凡事开诚布公，既经明白宣谕，岂肯复事吹求。若此次传谕之后，复有隐讳存留，则是有心藏匿伪妄之书，日后别经发觉，其罪转不能逭，承办之督抚等亦难辞咎。但各督抚必须选派妥员，善为经理，毋得照常通行交地方官，办理不善，致不肖吏役藉端滋扰。将此一并谕令知之。钦此。遵旨寄信前来。①

在这篇谕令查办违碍书籍的诏谕中，乾隆首先回顾了此前对触碍文字的态度。经过一年半的征书、校书，发现不少"毁誉任意"、"传闻异词"的明季末造野史传世，乾隆已掌握"违碍"之证据，而地方大吏则毫无觉察！面对书中与"风俗人心"息息相关的诋触清朝言语，乾隆怀疑此类问题可能要严重得多，他想要彻底搞清楚，

---

① 《乾隆三十九年八月初五日谕》，载中国第一历史档案馆编：《乾隆朝上谕档》第 7 册，第 655—656 页。

"断不宜置之不办！"因此，在纂修《四库全书》的进程中，乾隆断然提出"正当及此一番查办"，将"违碍"书籍"尽行销毁，杜遏邪言"。

从征书、修书再到禁书，无疑是对全国文献的一次大清查。后文将详细考察禁书标准与四库选书标准上的诸多一致性，说明选择什么、摒弃什么二者实际上统一在主导修书的宗旨之下，而此时的宗旨只能是代表清廷利益的封建文化思想。

需注意的是，乾隆自始至终不希望因查缴违碍书籍一事，引起大的社会波动。往往嘱咐"必须选派妥员"，认真、适度办理，"毋致滋扰"的宗旨时刻提及。此谕旨目标，固然是借征书、修书之举，及此一番查办尽行销毁在清廷看来的违碍书籍，但乾隆最不放心的是地方封疆大吏们的敷衍态度，因而将满汉大臣一一点列，希望他们在看到诋触清朝的言语时，应"共知切齿"。征书一事有赖地方大员的付诸行动，禁书事宜若没有督抚的配合也会不见成效，只有他们真正行动起来，才能达到"杜遏邪言"的目的。此时，乾隆一方面令督抚奏明从前如何办理触碍书籍，另一方面声明此后如不经心办理的后果。所以，禁书活动与整饬吏治是相辅相成的，而吏治问题，又是乾隆直接面对的越来越严重的现实政治问题。

（二）江南省份对禁书诏谕的回应

禁书诏形成了对官僚们的高压态势，两广总督李侍尧道：

> 从前臣等止就其书籍之是否堪备采择，行司照常办理，竟未计及明末裨官私载，或有违碍字句，潜匿流传，即可乘此查缴，以遏邪言，实属愚昧。兹钦奉圣谕，详晰指示。臣等世受国恩，身任封疆，自当加意查办，何敢虚应故事，听

其隐匿存留。①

此折透露,地方大吏此前对乾隆征书之上谕,仅仅看作是一般的采择书籍,诸如采购玉石、古玩之类,以备内廷收贮,故"行司照常办理"。一旦乾隆将收书之举上升到政治层面,成为是否忠诚于朝廷的试金之石,地方大吏在思想上受到极大的震撼。

首先,江南的官员们无不极力证明自己对清廷的忠诚,以及于查书一事的积极态度。九月初九日,江苏巡抚萨载回奏:"臣系满洲世仆,若见有诋毁本朝之书,恨深切齿,即荷圣慈原宥,亦必奏请上裁,断不敢因书有忌讳,撤留不解,亦无在外焚弃之事。"②江西巡抚海成道:"臣满洲世仆,受恩深重,于此重要事件,敢不尽心查办。"③两江总督高晋、安徽巡抚裴宗锡等亦分别表达了身任封疆,受恩至重,理当奋勉查办的决心。

其次,几省督抚众口一词,称"从未见有荒诞不经、语涉诋触、应行销毁之书,擅敢撤留不解者"④。浙抚三宝认为,此前未能搜获干碍之书,多因"地方辽阔,山陬僻壤,采访未周"。安徽巡抚裴宗锡则曰:

> 从前办理遗书,专意采访搜罗,汇登册府,于此等书,实未经办及。至各属绅士呈献书籍,原期登进为荣,断无不自行

---

① 《两广总督李侍尧等奏办理遗书情形及查出屈大均等悖逆书籍折》(乾隆三十九年十月初四日),载中国第一历史档案馆编:《纂修四库全书档案》,第268页。
② 《江苏巡抚萨载奏遵旨查办遗书及违碍书籍情形折》(乾隆三十九年九月初九日),载中国第一历史档案馆编:《纂修四库全书档案》,第254页。
③ 《江西巡抚海成奏从前校核书籍无诋毁字句及现在查办情形折》(乾隆三十九年九月十二日),载中国第一历史档案馆编:《纂修四库全书档案》,第257页。
④ 《浙江巡抚三宝奏查办遗书及干碍书情形折》(乾隆三十九年九月初八日),载中国第一历史档案馆编:《纂修四库全书档案》,第252页。

> 详阅，或见其书有忌讳，恐被驳回，又或心存疑畏，因而收存未交，亦属事理所必有。诚如圣谕，恐其仍系匿而不献。①

面对严肃的禁书诏谕，裴氏将现在未见呈缴违碍书籍的原因，归结为献书人的"自行检阅"。江南的大员们一致迎合乾隆的判断，来为自己不能先行体察圣意、查出违碍书籍开脱。

短短两个月的时间，不能期望搜缴禁书一事取得怎样的进展，督抚们不敢迟疑的回奏又是否会带来积极的效果呢？

二、旧事重审的屈大均案及其影响

（一）屈大均案开启禁书序幕

乾隆三十九年（1774）十月初四日，两广总督李侍尧奏：

> 据南海、番禺二县查出逆犯屈大均族人屈稔浈等收藏该犯原著《文外》书籍。又据番禺县童生沈士成缴出屈大均《诗外》一种，及书铺潘朋等缴出《广东新语》并岭南三家合刻诗集版片二分，连刷成书十部。②

屈大均诗文，雍正年间曾被斥为"语句悖逆"，审办有案。此时，李侍尧指称屈氏"大逆不道，妄撰各书，久经饬行销毁，非同别项违碍，而屈稔浈等又系同族，胆敢私藏其书，是以奏请治罪"，并将审拟情形另折详细具奏。

---

① 《安徽巡抚裴宗锡奏从前裒集遗书并无忌讳及现在办理缘由折》（乾隆三十九年九月十五日），载中国第一历史档案馆编：《纂修四库全书档案》，第261页。
② 《两广总督李侍尧等奏办理遗书情形及查出屈大均等悖逆书籍折》（乾隆三十九年十月初四日），载中国第一历史档案馆编：《纂修四库全书档案》，第269页。

李侍尧其人,《清史稿》论曰:

> 侍尧短小精敏,过目成诵。见属僚,数语即辨其才否。拥几高坐,语所治肥瘠利害,或及其阴事,若亲见。人皆悚惧。屡以贪黩坐法,上终怜其才,为之曲赦。①

"精敏"的李侍尧以其敏感的政治嗅觉,最先领会乾隆心思,于是屈大均案重发。雍正时所办旧案重审,既趋时又方便,不需另行搜寻,李侍尧确实精明过人。乾隆与李侍尧心有灵犀,迅即借机说事。十一月初九日,诏谕廷寄江苏、浙江、江西、福建、湖广各督抚,乾隆颇有深意地反问道:

> 高晋、萨载、三宝皆覆奏称,查无违碍之书。今李侍尧等既从粤省查出屈大均诗文,不应江浙等省转无明末国初存留触碍书籍。岂高晋等办事不及李侍尧等之实力乎?抑江浙各藏书之家尚不能深喻朕意乎?②

责备江浙等省的查书不力,并明确点了两江总督高晋等人的名,表达了乾隆对江浙官员践行命令迟缓的不满。与禁书上谕相隔3个月的这份廷寄,证明了乾隆搜缴"明末国初存留触碍书籍"决心已定,曰:

> 传谕各督抚,再行明白晓谕,此时即速呈献,尚不为晚,不过将不应收藏之书尽行销毁,杜遏邪言,以正人心而厚风俗。何可稍存观望,自贻伊戚乎?若再隐匿不缴,后经发觉,即治

---

① 赵尔巽主编:《清史稿》卷三二三,中华书局1976年版,第10822页。
② 《乾隆三十九年十一月初九日谕》,载中国第一历史档案馆编:《乾隆朝上谕档》第7册,第732—733页。

以有心藏匿之罪，必不姑宽，并于该督抚等是问。①

再一次强调民众、督抚若心存观望、隐匿不缴违碍书籍的后果。

事实上，广东自首查之后，续获甚少，仅乾隆四十年（1775）3次、四十六年（1781）1次。即便数量较多的一次，呈缴114部，但均为屈大均著作。由此看来，我们可以肯定乾隆帝是借广东的奏报来推动征集禁书，而这样的契机是否能达到理想中的效果，又另当别论。

上引廷寄发出的第二日，乾隆即通谕中外，以不罪屈大均诗文收藏者为例，望海内人民早知猛省。上谕曰：

> 屈大均悖逆诗文，久经毁禁，本不应私自收存，但朕屡经传谕，凡有字义触碍，乃前人偏见，与近时无涉，其中如有诋毁本朝字句，必应削板焚篇，杜遏邪说，勿使贻惑后世，然亦不过毁其书而止，并无苛求。朕办事光明正大，断不肯因访求遗籍，罪收藏之人。所有粤东查出屈大均悖逆诗文，止须销毁，毋庸查办，其收藏之屈稌洇、屈昭泗，亦俱不必治罪。……朕开诚布公，海内人民，咸所深喻，各宜仰体〔朕〕意，早知猛省，毋自贻悔。②

通谕中外的诏谕，将查缴违碍书籍的地域范围明确扩大到内地18省。屈大均案给了乾隆兑现"不罪收藏之人"承诺的机会，他信誓旦旦地说："经官查出之人，尚且不治其罪，况自行呈献者乎！"希望以此

---

① 《乾隆三十九年十一月初九日谕》，载中国第一历史档案馆编：《乾隆朝上谕档》第7册，第733页。
② 《谕各省督抚再行晓谕如有悖谬书不缴日后发觉不复轻宥》（乾隆三十九年十一月初十日），载中国第一历史档案馆编：《纂修四库全书档案》，第284页。

触动民间"违碍"书籍的呈缴。

旧事重审的屈大均案,乾隆总想查出新的悖逆证据。当他心细如发地读到屈大均书内有雨花台葬衣冠之事,便以四百里驿递传谕高晋,指示确访其处,速为刨毁。谕旨中没有提示任何屈大均衣冠冢的细节,但检阅屈氏的自著,我们或许对乾隆的行为多了一份了解与理解。屈大均《自作衣冠冢志铭》曰:

予于南京城南雨花台之北、木末亭之南,作一冢以藏衣冠,自书曰"南海屈大均衣冠之冢"。不曰"处士",不曰"遗民",盖欲俟时而出,以行先圣人之道,不欲终其身于草野,为天下之所不幸也。①

又,《翁山屈子生圹自志》载,屈大均曾遗命其子明洪等道:"吾死之日,以幅巾、深衣、大带、方舄殓之。棺周以松香融液而椁之。三月即葬,而书其碣曰'明之逸民'。"② 上述事实除了标明其非官方身份,更因所着为"明代衣冠"、"华夏衣冠"而使丧仪有了多重语义。③ 高晋并没有找到衣冠冢的踪迹,广东巡抚德保就此事讯问屈大均后裔,也因"远隔百年,无从查考"。此时,未解乾隆心思的德保奏请将现葬番禺县思贤村的屈大均坟墓刨毁,"仍剉其尸,以快人心",遭遇乾隆的驳回,以为不必之事。④

不搞文字狱,震慑不了地方大吏,屈大均案之重审,可谓开启四库禁书的序幕。江南几省陆续零星呈缴,被督抚们搁置的禁书诏谕

---

① (清)屈大均:《翁山文外》卷八,《四库禁毁书丛刊》集部第184册,第134页。
② (清)屈大均:《翁山文外》卷八,第139页。
③ 参见赵园:《明清之际士大夫研究》,北京大学出版社1999年版,第316页。
④ 《暂署两广总督德保奏查讯屈大均之孙情形并请刨坟剉尸折》(乾隆四十年二月二十六日),载中国第一历史档案馆编:《纂修四库全书档案》,第347—349页。

现在有了响应。十一月十八日，江苏巡抚萨载报告，由本省藏书家呈出《吾学编》、《雪屋集》、《博物典汇》等书数种；三十日，湖北省查得有"悖逆不经之语"的《博物典汇》、《前明将略》各1部，并分咨各省，追查前书及版片；同日，安徽巡抚裴宗锡奏，缴到"伪妄"书籍9种，并着重提出："此等悖逆伪妄书籍板片，断不容其存留，贻惑后世，一体咨查。"十二月初六日，浙江巡抚三宝奏称已搜缴"违碍书"15种。十八日，江西巡抚海成查出"狂悖书"8部；次年二月十四日，盛京将军弘响奏进吕留良《万感集》、《四书讲义》。查缴违碍书籍的脚步渐渐向前推进，在地方大员的头脑中已经营造了禁书的氛围。

征集遗书一事，各省在叠奉谕旨之后，不得不加倍重视。检查中发现，此前进呈的备选书籍中也存在违碍的情形，兹举两例：

> 查《博物典汇》、《苍霞草》、《吾学编》三种，上年江宁书局曾经购得，臣与督臣未及细查，汇同采访各书，奏送四库全书处听候校核，合并据实陈明。①
>
> 兹复查出《崇相集》、《古今议论参》、《苍霞集》、《博物典汇》共四种，均有违碍语句。谨黏签封固，另开清单，敬呈御览。以上各书名目，前同采访遗书，曾经解送奏报。②

地方进呈的堪备采择之书未必没有违碍，从前的先行检阅已远远不如此时细密。三十九年年底，即颁布禁书诏令4个多月后，鉴于地方在处理禁书板片问题上的咨查奏报，乾隆确定了查缴违碍书籍不计复

---

① 《江苏巡抚萨载奏查办违碍书并请旨销毁〈吾学编〉等书折》（乾隆三十九年十二月初四日），载中国第一历史档案馆编：《纂修四库全书档案》，第304页。
② 《闽浙总督钟音等奏续行查出不应存留各书请毁折》（乾隆四十年三月二十二日），载中国第一历史档案馆编：《纂修四库全书档案》，第369页。

本、相关板片一概解京的原则。①

（二）偏僻省份的积极表现

"僻处边隅"的云南省，在征书中"查无旧存著作名编"，"间有士民呈送稿本，悉皆不堪采取"，因此滇省没有像其他省份那样"设立收书公局"②。就是这样一个"绅士见闻孤陋，绝少遗书"的省份，在查办禁书时却相当积极，前后7次汇奏请毁书籍，呈缴的数量多达2000多部，与此前的无书可采形成鲜明的对比。

广西在征书中也"始终无书可采"。巡抚熊学鹏称"因粤西僻陋，素不闻有藏书甚富之家，并未设局查收"，但接据禁书命令后，该抚信誓旦旦地说：

> 惟是粤西虽系边隅，非江浙等省可比，然所属十一府，直隶一州，地方辽阔，岂无一二家因所藏书内有字句关碍畏惧不缴者。……惟是转传圣谕之人，必须慎重选委。……于各属丞倅佐贰教职内，择其为人诚妥通晓文义者，亲往旧绅宦族及素以学问著名乡里之家，遵旨明白传谕，令其即行交出，并无干碍，并令向各亲友转传遵照。③

四十年（1775）二月二十六日，熊学鹏自认为查出高熊征、陆显仁所著"悖逆"书籍，兴致勃勃地奏明请毁。但1个月后接到的廷寄，乾

---

① 《乾隆三十九年十二月二十三日上谕》，载中国第一历史档案馆编：《乾隆朝上谕档》第7册，第770页。
② 《云南巡抚李湖奏滇省未设书局无拣存未还书籍折》（乾隆三十九年九月初八日），载中国第一历史档案馆编：《纂修四库全书档案》，第250—251页。
③ 《广西巡抚熊学鹏奏遵旨察访干碍藏书情形折》（乾隆三十九年十一月初七日），载中国第一历史档案馆编：《纂修四库全书档案》，第281页。

隆却有另一番指示，曰：

> 今阅缴到书籍内高熊征抄本文集，其《平滇三策》，尚属有见，即其中签出各句，亦系为贼意诘难之词，并无关碍。所云昭义将军，系马承荫，曾经袭封伯爵，后降顺逆藩，党恶为虐，原属反复无良之人。但熊征致书于彼，劝其归正，非与私通。此外诸篇，虽间有激烈过甚之词，并非谬妄，不在应毁之列。至陆显仁《格物广义》一部，多系剽窃前人讲学尘言，杂以一己拘墟之见。所论多椿（踳）驳不纯，留之恐贻误后学，其书板、书本自应销毁，并书名亦不必存。至其书内所签各处，均非讪讦之语，不得谓之悖逆，竟可无事苛求。恐熊学鹏因查有应毁书籍，辄将其家属拘系，致愚民畏惧惊惶，则过当矣。著传谕熊学鹏，如查书之家，其子孙有拘系者，即行释放宁家，但谕以向后勿拾唾余，妄有著述，致干不遵教令之咎。熊学鹏即速妥协办理，毋致稍涉滋扰。①

高熊征《平滇三策》不在应毁之列，且被乾隆褒为"尚属有见"；陆显仁《格物广义》"不得谓之悖逆"，但应销毁以免"贻误后学"。地方官员急于表现在禁书一事上的积极性，签出的违碍之处却被乾隆认为"无事苛求"。客观地说，乾隆真的不希望因禁书一事使民众"畏惧惊惶"，对熊学鹏"过当办理"的事实，批示"粤西此等事少，不必过求"，既符合该省的实情，又是乾隆在查办禁书中时刻保持清醒的证据。搜查触碍书籍半年多来，尽管呈缴有限，乾隆帝显得不满，但未乱做判定。

---

① 《乾隆四十年三月三十日谕》，载中国第一历史档案馆编：《乾隆朝上谕档》第7册，第840—841页。

同样"地居边徼,书贾罕通"的贵州省,奉旨采访遗书之时,也未经设局,"无流传旧本,堪以呈送"①。但在执行查办禁书的指令后,设立了收书公局,由贵州省护粮驿道单烺承办。四十年(1775)九月十五日,单烺率同委员陆续查缴到他省已禁各种书籍9种,共31部,搜买触碍书初见成效。但让暂护贵州巡抚韦谦恒没有想到的是,他在奏折中对该项书籍的处置说明,引起了乾隆的大怒。韦谦恒奏称:

> 其现在缴到禁书,臣逐加检阅,均系各省奏明查禁,业已经进呈之书,自应在外销毁。除将原书封固,发还书局,俟奉到圣谕,即率同司道等官,传集绅士焚销外,臣现在仍严饬委员,再行实力收买,积有若干本,另行分别具奏。②

将违禁书发还书局,欲"率同司道等官,传集绅士"在外焚销的乖谬做法,受到乾隆严厉的批评,当即在折内批示"何不解事,糊涂至此?",后在寄达韦谦恒的谕旨中更是重责,曰:

> 且韦谦恒于苏桥一案,既不能察劾于前,又不知请罪于后,其办事已属大错。今收查遗书一事,乃读书人本分所应为,何亦茫然,不知轻重若此!看来韦谦恒竟是一糊涂不晓事之人,岂尚堪胜封疆重任耶!③

---

① 《暂护贵州巡抚韦谦恒奏黔省无拣存之书给还折》(乾隆三十九年十月十一日),载中国第一历史档案馆编:《纂修四库全书档案》,第273—274页。
② 《暂护贵州巡抚韦谦恒奏查缴禁书并发还书局候旨在外焚销折》(乾隆四十年九月十五日),载中国第一历史档案馆编:《纂修四库全书档案》,第433页。
③ 《乾隆四十年十月十四日谕》,载中国第一历史档案馆编:《乾隆朝上谕档》第8册,第34页。

什么书该禁毁，必经乾隆"亲行检阅"后确定，"悉禀圣裁"不惟编修《四库全书》，亦是禁书活动中始终坚持的原则。谕旨中将韦氏的旧过新错一并指出，体现了乾隆对江南人的敏感与苛责。韦谦恒奉旨革职，很快便发往军台效力赎罪，其办理糊涂错谬的缘由，也是由暂署贵州巡抚袁守侗代奏的。韦谦恒颟顸，一味迎合，其遭乾隆斥责，恰好证明乾隆之清醒和高超的政治手腕。

事隔近一年，乾隆开恩降旨，曰："韦谦恒前在护贵州巡抚任内，因苏桥侵贪一案，不即揭参，尚非大过。伊系翰休出身，学问亦优，着加恩赏给编修，在四库全书处行走。"① 这里并没有提到韦谦恒曾经革职的直接原因，可见他在办理禁书中的失误，仅仅是当时乾隆借题发挥的理由而已，目的是为了警醒江浙等省的大员。

查缴禁书伊始，偏僻省份的积极性反倒高于江浙等人文荟萃之地。究其原因，主要是因上述省份位居边徼，地方事务较少，不若江浙大省诸务纷杂，遂有督抚积极搜缴触碍书籍，借机表现之情事出现。

三、严禁明末遗民的反清思想

乾隆在纂修《四库全书》期间力图将"违碍"书籍清缴净尽，并非有计划、有预谋、步步有准备的行为。查禁初期，重在清理明末清初的"野史稗乘"以及那些显有故国之思、怨愤新朝甚至暗含反清思想的著述。现有材料证明，成为重点追缴的书籍，一方面缘于地方的积极具奏，另一方面有赖于皇帝的鉴阅所及。在四十年（1775）闰十月间，有两个人物的著作受到严行追缴，成为查办禁书以来继屈大

---

① 《乾隆四十一年九月二十一日谕》，载中国第一历史档案馆编：《乾隆朝上谕档》第8册，第416页。

均案后的又一重要事件。

（一）金堡与《遍行堂集》

四十年（1775）闰十月十八日，乾隆审阅各省送缴违碍书籍，发现有澹归和尚所撰、前广东韶州知府高纲作序兼为募资刊行的《遍行堂集》，认为其中诗文有诋毁清廷之语，下敕查缴。① 次日，乾隆又向两广总督李侍尧、广东巡抚德保下达了更为详尽具体的指示，曰：

> 至僧澹归《遍行堂集》，语多悖谬，必应毁弃，即其余墨迹墨刻，亦不应存。着李侍尧等逐一查明缴进，并将所有澹归碑石，亦即派诚妥大员前往椎碎推仆，不使复留于世间。又闻丹霞山寺系澹归始辟，而无识僧徒，竟目为开山之祖，谬种流传，实为未便，但寺宇成造多年，毋庸拆废，着李侍尧等即速详悉查明，将其寺作为十方常住，削去澹归开山名目，官为选择僧人，住寺经理，不许澹归支派之人，复为接续。该督等务即妥办覆奏。所有高秉家查出澹归诗集及各种墨刻，并着抄寄李侍尧等阅看。此外，或有类此者，并着一体查办。②

---

① 《乾隆四十年闰十月十八日谕》，载中国第一历史档案馆编：《乾隆朝上谕档》第 8 册，第 70 页。
另，《遍行堂集》如何被搜缴、进呈到京，尚有一段掌故。据《殴陂渔话》云："吾乡李观察璜字方玉，乾隆中官南韶连兵备道。偶以公事过丹霞寺，寺中有厨，封锁甚固，观察询所藏何物，僧曰：'自康熙年间至今，本寺更一住持，即加一封条，所藏何物实未悉。'观察命启视，僧不能阻。启厨得一册，皆谤本朝语，则明臣金堡澹归和尚手笔也。观察长子大翰忐恿其父，谓方今书禁极严，此事举发可冀升擢。是夕观察拆册旋行室中，逾丙夜不寐，竟惑于其子之言，白诸督抚入奏，遂有焚寺磨骸之命，寺僧死者五百余人。"（《殴陂渔话》卷二附《记遍行堂集事》，转引自谢国桢：《明清之际党社运动考》，辽宁教育出版社 1998 年版，第 169 页。）

② 《乾隆四十年闰十月十九日谕》，载中国第一历史档案馆编：《乾隆朝上谕档》第 8 册，第 71 页。

乾隆旨意到达广东后，李侍尧自然不敢怠慢，当即部署，一面密委广州府知府李天培，驰赴韶州府，会同南韶道李璜，前往丹霞查办；一面分委妥员，于省城书肆详加查阅，晓谕民间，寺院早为献出。至于高纲序文，乾隆称自己"于无意间阅及，可见天理难容，自然败露"，行令检查高纲子孙家内书籍，牵连出对《皇明实纪》、《喜逢春传奇》等书的追缴。让乾隆感到气愤的是，在他看来"世受国恩"的臣子，见有"悖逆之书，恬不为怪，匿不举道，转为制序募刻，其心实不可问"！①

澹归俗名金堡，字道隐，明崇祯十三年（1640）进士，曾任临清知县，后为南明桂王朱由榔兵科给事，当时称为"五虎之一"。谢国桢《明清之际党社运动考》中"粤中诸社"载："永历朝的名臣金堡，以直节闻于一时，他被陈邦傅排挤之后，廷杖几乎折断了胫骨，他跑到函罡门下，皈依空门。"② 金堡剃发为僧，以明末"遗臣"自居，采取与清朝不合作的态度。谢国桢又言："金堡既得了大法，主持丹霞，他仍不忘怀故国。堡著有《遍行堂集》，记载胜国的史事很多。"③

两广总督李侍尧从文献的查阅中得知了相关金堡的更多信息，不出一月即回奏道：

> 现据省中书贾、寺僧呈出《丹霞志》一部，《遍行堂随见录》一本，与金堡墨刻各种。检阅《丹霞志》内诗文语录，诸多悖逆，且有徐乾学为伊撰制塔铭，知金堡尚有《岭海焚余

---

① 后据苏州书局报告，收缴该书正、续集各一部，但查无高纲序文，似系另有一板。参见《江苏巡抚萨载奏查办〈喜逢春传奇〉并委员解送现缴违碍书籍板片折》（乾隆四十年十一月初三日），载中国第一历史档案馆编：《纂修四库全书档案》，第465页。
② 谢国桢：《明清之际党社运动考》，第167页。
③ 谢国桢：《明清之际党社运动考》，第168页。

集》、《梧州诗》二种。并查出下院两处,一名会龙庵,在韶州府东门外,一名龙护院,在南雄府城内。恐有金堡碑记字迹及其支派僧众,现亦一体查办。又墨刻内有尚、耿二逆重修省城光孝寺碑记,系金堡撰文。此碑固应销毁,而逆迹亦不便留贻。凡伊等所竖之碑,业已一并椎碎。窃思金堡既已托迹缁流,苟延残喘,复与官员结纳,妄逞笔墨,肆其狂吠,实为覆载难容。查《丹霞志》载,海螺岩有金堡埋骨之塔,刊刻铭志,亦应刨毁。现又飞饬委员查办,不使存留。至金堡当日蹈袭虚声,恐无识之徒,或有将伊诗文采入志乘,臣等已札司调集磨勘,如有记载之处,提板铲削,以清秽迹。①

由文献对应实迹,其办理可谓相当细致与彻底。紧接着,李天培从丹霞回到省城,禀报了前赴丹霞山寺查检的结果:

> 凡(金堡)撰著碑记,逐一摹揭,将原碑椎碎抛弃,所有寺内书籍字迹板片,尽行查起呈缴,其支派僧众五十九名,俱已逐出。并据曲江县知县赵康查出曹溪宝林寺内《独和尚语录》,系金堡重编,又《八十八祖传赞》首册有金堡序文,一并呈缴前来。②

金堡的自著、碑记、墨刻、坟塔、创建的寺院及可能记载其文字的志乘统统纳入官方的查禁视野,欲禁绝之,足见他在清朝统治者心中的

---

① 《两广总督李侍尧等奏遵旨查办〈皇明实纪〉、〈遍行堂集〉并椎碎澹归碑石折》(乾隆四十年十一月十六日),载中国第一历史档案馆编:《纂修四库全书档案》,第478—479页。

② 《两广总督李侍尧等奏遵旨查办陈建金堡遗书板片折》(乾隆四十年十二月二十五日),载中国第一历史档案馆编:《纂修四库全书档案》,第493页。

"分量"①。据研究者统计,金堡著述皆入全毁之列,计12种②;在禁书后期军机处开出的全毁书目中,又有16种著述因牵涉金堡之事迹或诗文而见毁。

对金堡其人,历来评价不一。③批评者如清人邵廷采云:"堡为僧后,尝作圣政诗及平南王年谱,以山人称颂功德,士林訾之。"④近人陈垣著《清初僧诤记》称:"今所传《遍行堂续集》卷二有某太守、某总戎、某中丞寿序十余篇,卷十一有上某将军、某抚军、某方伯、某臬司尺牍,睹其标题,已令人呕哕。"⑤然对于金堡的结交当道,亦有学者认为其是"出于为民请命,企望拯'遗黎'于水深火热之中的人道主义用心"⑥。其实,乾隆为什么要彻底禁毁《遍行堂集》和清理丹霞山寺,金堡是否拥有终难割舍的故国情怀和反清深心,我们可从金堡的自著中探个究竟。

《四库禁毁书丛刊》收录的现存《遍行堂集》、《遍行堂续集》均为乾隆五年刻本,每卷均题丹霞今释澹归造。⑦其中正集四十九卷,目录二卷,是金堡为僧之后即永历六年(1652)至康熙十三年(1674)所作诗文;续集十六卷,为康熙十三年(1674)以后直至辞世的诗文。⑧泛泛看去,《遍行堂集》实多禅门往来文字,如若悉心体察,"它在许多俗滥文字的表面之后,别有玄机藏寓,体现出深沉

---

① 参见王政尧:《清代人物传稿·金堡》,辽宁人民出版社1988年版。
② 书目参见丁原基:《康雍乾三朝禁书原因研究》,第206—207页。
③ 对金堡的评价,本书参考了潘承玉、吴承学:《和光同尘中的骯髒气骨——澹归〈遍行堂集〉的民族思想平议》,《南京师大学报(社会科学版)》2005年第3期。
④ (清)邵廷采:《西南纪事》卷七《金堡》,邵武徐氏丛书初刻本。
⑤ 陈垣:《励耘书屋丛刻》,北京师范大学出版社1982年版,第2529页。
⑥ 参见蔡鸿生:《清初岭南佛门事略》,广东高等教育出版社1997年版。
⑦ (明)金堡:《遍行堂集》(乾隆五年刻本),《四库禁毁书丛刊》集部127—128册。
⑧ 姜伯勤:《澹归金堡与〈遍行堂集〉》,载何龄修、朱宪、赵放编:《四库禁毁书研究》,第233页。

的民族情怀和执着的民族气节"①。

金堡诗文，时时有感于清兵对家园的破坏，亡国之痛溢于言表。如：

> 偶寻故人约，言登百家村。当年刘侍郎，甲第如云屯。一朝羆兵燹，空劫惟灰痕。园林走蒿莱，篱落穿鸡豚。……世情岂足问，一叹声已吞。②（《百家村》）
>
> 故乡早不似他乡，干戈无处寻干净。……譬如当年天仗列，千官不解煤山一。③（《客里行呈旧座师黄果斋先生》）

面对"覆城无完家"④、"堕地违膻芥"⑤，旧园归去已无家的局面，金堡的故国之思油然而生。他直白地写道：

> 旧史谁存稿，新诗尚纪年。罪臣长恋主，苦节肯由天。⑥（《次韵思圆后公遗诗》）
>
> 白刃追魂到，春风过耳酬。此心元为汉，大义不从周。⑦（《悼留须子》）
>
> 正气长酬国，私恩短报亲。⑧（《赠王仲锡宪副四十韵》）
>
> 抵掌河清事，蹉跎早白头。不官犹汉节，落地即明州。

---

① 参见潘承玉、吴承学：《和光同尘中的骯髒气骨——澹归〈遍行堂集〉的民族思想平议》，《南京师大学报（社会科学版）》2005 年第 3 期。
② （明）金堡：《遍行堂集》卷三十《百家村》，第 649 页。
③ （明）金堡：《遍行堂集》卷三一《客里行呈旧座师黄果斋先生》，第 662 页。
④ （明）金堡：《遍行堂集》卷三十《赠庄蝶菴》，第 648 页。
⑤ （明）金堡：《遍行堂集》卷三十《卢子占故宅》，第 648 页。
⑥ （明）金堡：《遍行堂集》卷三二《次韵思圆后公遗诗》，第 686 页。
⑦ （明）金堡：《遍行堂续集》卷十四《悼留须子》，第 581 页
⑧ （明）金堡：《遍行堂续集》卷十六《赠王仲锡宪副四十韵》，第 622 页。

绿萼西鸡梦，黄花彭泽秋。途穷君莫惜，恸哭亦高流。①（《次韵别万履安》）

金堡愤然称"劫火难将笔砚焚"②，他在《俞君山孝廉过访颇述加税之累》③、《满江红·晚禾无半》④等诗文中抨击清廷酷政，其数首《遣兴》诗更是表达了自己深重的遗民情结和眷恋旧朝的隐约复明心态⑤：

其一
车脚何辞达阮咸，樗蒲有耳信袁耽。不知李广当夷族，又道黄巢曾住菴。
郦寄转身追陆贾，涉闲回首揖章邯。深源莫怪桓宣武，识破虚名只自惭。

其二
岳侯轻醉黄龙府，温尹先烧朱雀桁。刀戟丛中腾吕母，笙歌队里老周郎。
荆轲未入扶苏立，武德犹存颉利降。三夜提壶焚董卓，一朝持节拜陈汤。

其三
宗泽正传声楫谱，鲁连旁出窃符心。采薇不改箕山操，把菊如闻梁父吟。

金堡曾坚定地表示"不可援投诚之例得官故乡"⑥，在诗文中常以"黄

---

① （明）金堡：《遍行堂集》卷三二《次韵别万履安》，第689页。
② （明）金堡：《遍行堂集》卷三四《次韵三峰豁堂嵒禅师》，第29页。
③ （明）金堡：《遍行堂续集》卷十五《俞君山孝廉过访颇述加税之累》，第599页。
④ （明）金堡：《遍行堂续集》卷一六《满江红·晚禾无半》，第637页。
⑤ （明）金堡：《遍行堂集》卷三四《遣兴》，第22、26页。
⑥ （明）金堡：《遍行堂续集》卷一《负心说赠虞绍远》，第344页。

巢"自比，通过借古喻今的手法，将其不愿成为新朝一员，不愿承认清朝统治的真实心态表露无遗。

此外，金堡诗文中尚多褒扬南明抗清事迹之处，视南明为"正朔"，否定清政权的合法性。《遍行堂集》中的传记、祭文直接赞扬了坚持抗清至死的永历王朝官员瞿式耜、何腾蛟、张同敞、李元胤、李永茂等人。① 此外，如赞扬隆武年间守土捐躯的黎遂球等赣州"五忠"，称他们的抗清行为"功不成而成忠"②。又在《敦烈郑公传》中记载永历十年参加潮州二次反清复明起义的郑科伟事迹，认为其"独与时抗"，"身如鸿毛，死乃重于泰山"③。金堡称永历帝为"明后主"，认为"明之君不称伪，以其三百年正朔相承，则用明之正朔者，皆不当书贼"④。其《题所上平南启后》云：

> 江北不知有弘光，江南不知有永历，盖其所不见者闻之蔑如也。习凿齿当晋世，以昭烈宗室承汉正统，魏受汉禅犹为僭窃，可称眼正。若以明遗民置隆、永于若存若亡，而不知吴三桂身为统领，灭云南，弑永历父子之为不义，乌乎可！乌乎可！⑤

无疑将南明抗清政权视为朱明正统之继承者。

值得一提的是，乾隆评价金堡"横行其时，把持国是，无足齿录"，但此时面对金堡怀念明朝、诋触清朝的情绪与文字，他尚不能径直否定，因为他不能否定金堡身上所体现的"忠义"。为了解决这样的矛盾，乾隆霸道地制定了一条标准：只有那些为胜朝死节的人，

---

① 参见安平秋、章培恒主编：《中国禁书大观》，第342页。
② （明）金堡：《遍行堂续集》卷九《黎忠愍公传跋》，第488页。
③ （明）金堡：《遍行堂续集》卷六《敦烈郑公传》，第433页。
④ （明）金堡：《遍行堂集》卷二五《与公绚兄》，第550页。
⑤ （明）金堡：《遍行堂续集》卷九《题所上平南启后》，第484页。

方才值得予以表彰,金堡等人作为逃禅遗民的典型,皆是"无耻苟活",既然人不足齿,"悖逆"诗文理应销毁。这也成为禁书活动中始终贯彻的评价原则之一。

(二)函可与《千山诗集》

在清廷对金堡的文字遗留进行全面清理之际,另一位皈依空门者的著作受到检查,即函可的诗集。函可,字祖心,别号剩人,惠州博罗人,生于明万历三十八年(1610),顺治十六年(1659)圆寂。《粤东遗民录》载:

> 甲申之变,悲恸形辞色,闻福王立,乙酉以请藏经金陵,居江宁顾梦游楼上,值国再变,亲见诸死事臣,纪为私史,城逻发焉。当事疑有徒党,考掠至数百,绝而复苏者屡,但曰某一人自为。夹木再折,血淋没趾,无二语,观者皆惊顾咋指,叹为有道。旋囚于满妇张氏,张顶礼之。招抚江南大学士洪承畴,日缵门下士也,以避嫌不为定狱,遂械送京师。张告曰:"师不择于字,故祸至此,师生,无论好字丑字,毋更著笔。"函可为悚然,然不能改也。至京下刑部狱,得减戍沈阳。①

函可出身于宦门,是明崇祯年间礼部尚书韩日缵的长子,他虽博览群书、工诗擅文,却无意于仕进,崇祯十三年(1640)遁入空门。函可亲历清兵攻陷南京的重大事变,他奋笔记述了清兵肆虐行径及所见抗清事迹,名为《再变纪》,即上引文中所称"私史",并因该书被流放东北,后人称其为清初最早的文字狱。

到了乾隆朝四库禁书期间,有案可查的人物,督抚们自然不会

---

① 《粤东遗民录》,转引自谢国桢:《明清之际党社运动考》,第169页。

疏漏。四十年（1775）闰十月二十三日，当高宗看到地方呈缴的千山和尚诗本"语多狂悖"时，即令盛京将军弘响再行追查，曰：

> 函可既刻有诗集，恐无识之徒，目为缁流高品，并恐沈阳地方，或奉以为开山祖席，于世道人心，甚有关系。著弘响、富察善即速确查，从前函可在沈阳时，曾否占住寺庙，有无支派流传，承袭香火，及有无碑刻字迹留存，逐一查明，据实覆奏。①

接到指示的弘响不敢怠慢，当即在城中各寺庙严密搜查，又得函可《语录》，并获知《剩和尚语录》刻板存辽东香岩寺，但"年久遗失，无从起获"；《普济剩和尚语录》刻板存京西长安街双塔寺、三元庵，"请敕在京该管衙门查起销毁"。十一月十一日，他向乾隆奏报道：

> 奴才等即驰赴辽阳千山各寺庙查勘，均已残破不整，并无承袭函可支派僧人。惟双峰寺查有函可碑塔并语录、诗句、手录戒仪字迹，承袭函可支派僧人法贞、默慧、默兆、默祥、默喜、契宽、契先、契和等。奴才等当即细察伊等情形，实皆愚蠢，均属务农山僧。恐其另有支派流传，以及皈依僧众收徒聚会情事，覆加密访居民乡保人等，佥称并无前项情事。……应请将法贞等先令还俗，并将双峰寺所建碑塔，尽行拆毁；《盛京通志》内所载函可事迹，逐一删除。②

从谕旨下达，到弘响办案回报，不过二十天。盛京将军的办理相当尽

---

① 《乾隆四十年闰十月二十三日谕》，载中国第一历史档案馆编：《乾隆朝上谕档》第8册，第73页。
② 《盛京将军弘响等奏查出函可语录碑记字迹及支派承袭人折》（乾隆四十年十一月十一日），载中国第一历史档案馆编：《纂修四库全书档案》，第472—473页。

心亦绝对彻底,后仍于各寺庙内留心严密访查"以杜其渐"。可见,地方大员们在禁书一事上有所真正行动。

仅有查禁过程的叙述,往往使我们不解某书被禁的缘由与所谓"狂悖"之语的程度几何,只有深入文本本身,才能探究乾隆禁书的真正意图。幸赖当时被销毁严禁的函可著述流传至今,可借此反观乾隆在纂修《四库全书》期间禁书的些许缘由。

康熙四十二年,函可弟子今羞和尚等把所搜集的各种版本和诸家所藏函可诗汇集成《千山诗集》,镂版印行。今存《千山诗集》皆为道光时重刻本,共二十卷,首一卷、补遗一卷,共收诗1500余首。① 细读之下,不难发现其间时有流露的故国之思与诋触清朝统治的思想。

《千山诗集》卷首即言"人肉馨,神眼睁"②,以"神谣"为题描述了其所处的环境。对于清朝的入主中原,函可贬斥为"龙为鱼兮鼠为虎"③、"到处宫墙皆牧马"④,不由"忆昔在南国,齐揖事先王"⑤,自以为"天外故人心未改"⑥,愿"生为忠兮死为厉"⑦。他在《至永平》诗中直白地写道:

> 去国刚三日,明朝欲到关。故人从此尽,秃鬓自今斑。
> 马恨如风疾,心弃似石顽。低头思二士,一望首阳山。⑧

---

① 张玉兴:《奇人奇遇奇诗奇语——评释函可及其〈千山诗集〉与〈千山语录〉》,载《四库禁毁书研究》,第221页。
② (明)释函可:《千山诗集》卷一《神谣》,载《四库禁毁书丛刊》集部第144册,第468页。
③ (明)释函可:《千山诗集》卷二《长相思》,第471页。
④ (明)释函可:《千山诗集》卷九《诸子过集》,第523页。
⑤ (明)释函可:《千山诗集》卷二《秋思》,第469页。
⑥ (明)释函可:《千山诗集》卷十《怀丁善甫》,第525页。
⑦ (明)释函可:《千山诗集》卷一《乐神辞三章》,第468页。
⑧ (明)释函可:《千山诗集》卷三《至永平》,第496页。

"二士"即伯夷、叔齐,《史记》载:"武王已平殷乱,天下宗周,而伯夷、叔齐耻之,义不食周粟,隐于首阳山,采薇而食之。……遂饿死于首阳山。"① 函可借此典故表达了自己对清朝的态度。不唯如此,更在《枯鱼过河泣》中以"枯鱼"比拟:

> 枯鱼过河泣,劝鱼且莫泣,劝鱼且莫悲,若能一滴水,扬鬣还天池。②

又于《少年子》中以"少年"寄托:

> 白面少年子,无金空有心。半夜许人半夜死,肯待东方天日临。古来独爱荆轲义,易水一去无还志。……舞阳死灰不足言,勾践嗟叹亦非知。若将成败论,没却一片意。③

荆轲刺秦王、勾践卧薪尝胆都是我们耳熟能详的故事,隐寓了函可不忘受辱之苦,不忘亡国之痛,意在推翻新朝之思想,这些言论必然是清廷不能允许存留的,也是乾隆在谕旨中强调查明函可曾否占寺住持、有无支派流传,认为其关系"世道人心"的最好注解。

除了痛斥与不满,在函可诗文中还能深感悲怆之情,如言:

> 我歌我歌,旧民犹可,新民奈何?④(《长歌行》)
> 我有两行泪,十年不得干。洒天天户闭,洒地地骨寒。不

---

① (汉)司马迁:《史记》卷六一《伯夷列传》,第2123页。
② (明)释函可:《千山诗集》卷二《枯鱼过河泣》,第469页。
③ (明)释函可:《千山诗集》卷二《少年子》,第471页。
④ (明)释函可:《千山诗集》卷二《长歌行》,第469页。

如洒东海，随潮到虎门。①（《泪》）
　　平高台，塞东海，毋使流民心骨碎。②（《临高台》）

顺治七年（1650）年末，函可在沈阳召集冰天社集，吟诗唱和。其诗序称："远逐孤臣，憔悴尤甚，……洒古往今来之热血，续东林之胜事。"③可见其立意与志向。次年，函可辗转接到阻隔七年之久的广东家乡被清兵洗劫的音讯，《粤东遗民录》载：

　　函可弟宗骍、宗骕、宗骊以抗节死。叔日钦，从兄如琰，从子子见、子亢以起义战败死，寡姊以城陷，妹以救母，宗骕妇以不食，宗骊妇以饮刃皆死，其仆从婢媵亦多从死者。④

面对清兵肆虐，家乡荡尽，亲人遇难，他"流涕被面"，悲愤地写道：

　　一朝日月坠，大地共仓皇。紫荆长枝折，飘零天一方。
　　寄书阻兵革，得罪饱冰霜。远碛听笳吹，回顾盼故乡。
　　前月片纸来，摧胸裂肝肠。闾井十无一，举家惨罹殃。⑤
（《善哉行》）
　　家乡已荡尽，胡为身独留。
　　我有一点心，暗风吹已碎。
　　一半福州山，一半浔江水。⑥（《静夜吟》）

---

① （明）释函可：《千山诗集》卷三《泪》，第474页。
② （明）释函可：《千山诗集》卷二《临高台》，第470页。
③ （明）释函可：《千山诗集》卷二十《冰天社诗序》，第598页。
④ 《粤东遗民录》，转引自谢国桢：《明清之际党社运动考》，第169页。
⑤ （明）释函可：《千山诗集》卷二《善哉行》，第470页。
⑥ （明）释函可：《千山诗集》卷二《静夜吟》，第470页。

苍狗白衣瞬息中，况闻五岳满刀弓。
亲朋敢望今谁在，城郭应知到处空。①（《怅望》）

函可家人的遭遇与故土的荒芜，无疑是时代的缩影，其痛伤人伦之变、故国之亡的记述自然也是清廷力图消弭的内容之一。

第二节　江西巡抚海成及《字贯》案同促查书高潮

一、树立海成为查禁书榜样

乾隆禁书，其初衷并不想发动群众互相告讦指摘，重在保证一切日常生活的有序进行，所以时时提醒大小官吏"毋致滋扰"，以求稳定。实现成就文化大业的目标，依靠的一是各级官僚，二是乾隆本人。修四库的书法体制悉禀圣裁，查禁书的违碍几何待其鉴定，乾隆自己也说从前对书籍的"鉴阅尚不及近时之详审"②。乾隆掌握着事态发展的尺度，随时调整宽严的指令，但"上有好者，下必甚焉"，总有那些善于表现的地方大员，在积极推进查书事宜。

海成应该是最早的主动查书者，在四十（1775）、四十一（1776）两年中前后汇奏7次，据各属搜买以及民间缴呈应毁书籍多达8000余部，且兼顾堪备采择之书。③早在三十九年（1774）年末，海成在奏折就表示自己为了搜罗"违碍书"费尽心思，提出了"倍价购买"的办法，即：

---

① （明）释函可：《千山诗集》卷十《怅望》，第528页。
② 《乾隆四十年五月十八日谕》，载中国第一历史档案馆编：《乾隆朝上谕档》第7册，第877—878页。
③ 各次呈缴的具体数量，请参见本书"各省请毁书籍汇考"部分。

> 传集地保,令其逐户宣谕,无论全书废卷,俱令呈缴,按书时值,偿以倍价。如果堪以入选者,即送局校阅;不堪入选者,仍行发还。其有应行销毁之书,即黏签进呈。仍著各该府加意督率,即以此考核州县之勤惰。所需书价,即饬司在臣养廉内预行给发。如此办理,使求利小民,自必争缴恐后,庶可期其净尽。①

一方面,此方法非专意于搜缴禁书,使得江西在禁书前期仍能呈送数量不菲的备选书;另一方面,乾隆看重此法对于搜获禁书的奏效,认为海成"所办颇好"。次年正月初九日,推广全国学习海成之"倍价购买"法,曰:

> 各省查办遗书,其中狂悖字句,节经降旨各督抚实力查缴,并准其自行出首,仍不加之罪愆。虽现在各省已有缴到者,而所缴尚觉寥寥,其势似未能遍及。今海成所办,较为周到,且又不致烦扰,各省自可仿而行之。②

上述方法由地方大员逢迎提出,一经乾隆应允,各省即广为运用,纷纷汇报"倍价购买"的实施情形,更有将此方法具体化者,如云南巡抚觉罗图思德奏:

> 第必俟呈缴送验之后,始给价值,不免辗转耽延,与民情尚未称便。臣现率同司道,各捐养廉,酌量各属地方之大小,

---

① 《江西巡抚海成奏遵旨再行搜罗遗书分别进呈折》(乾隆三十九年十二月十八日),载中国第一历史档案馆编:《纂修四库全书档案》,第313页。
② 《乾隆四十年正月初九日谕》,载中国第一历史档案馆编:《乾隆朝上谕档》第7册,第779页。

分别银数之多寡，先行发交贮库。一面将给发现银收买，不论全书废卷，俱令交出缘由，遍令乡保传谕，俾咸知免罪之恩纶、献书之倍利，庶得尽缴无遗。①

海成则续称："小民咸感圣恩宽大，无所疑畏，将所藏未经缴出之书，纷纷呈缴，多有不肯收受价值。"②

乾隆四十年间，查办禁书工作刚刚起步，一切未有成式，均在揣摩之中，其他省份稀稀落落的零星呈缴，使海成的奏报显得尤为突出。到了四十一年（1776），据现有材料，除江西外，仅有6处书局呈缴违碍书籍及版片，即河南58部，版片990块（二月初二日）；贵州9种，计31部（二月十六日）；湖南10种，计27部，版片214块（四月十六日）；江宁书局53种，计213部，版片149块（四月十六日）；山西29种（九月初八日）；苏州书局呈缴两次，前次新获18种，续获37种，版片3874块（四月二十日），后次新获16种、续获41种（十月初四日），一年间的搜罗仅此而已，与江西的汇缴形成极大的反差。

四十一年（1776）的书籍呈缴在乾隆看来并不理想。九月

---

① 《署云贵总督觉罗图思德奏遵旨查办书籍板片情形折》（乾隆四十年六月初二日），载中国第一历史档案馆编：《纂修四库全书档案》，第410页。
② 《江西巡抚海成奏进续得应选毁书籍折》（乾隆四十年九月十二日），载中国第一历史档案馆编：《纂修四库全书档案》，第426页。
　又，《清代文字狱档案》中保留的供词，使我们得以知晓当时用价购买禁书的些许实情。乾隆四十四年正月据徐京国供："小的是兴化县人，平日在各乡村镇收买旧物旧书。因本县设局购买违碍书籍，小的从安丰镇陆续收买不知姓名人的旧书十多种，拿到局里去卖。局内检查内有《大义觉迷录》四本、《通纪纂》五本、《博物典汇》六本、《虬峰集》一部，共收买四种，给了小的一两五钱银子，其余书籍都退还了。那卖书人姓名小的实不知道，并不是李骥族人托小的代卖的，小的不懂文义，那《虬峰集》内有什么悖逆的话小的不知道是实。"收卖书籍之有利可图，恐当时趋之若鹜者不在少数。

二十二日，当海成再一次进呈备选书，并查获《晚村文集》等六种书籍奏报时，乾隆情不自禁地批示：好！知道了。此时的海成受到乾隆明确的表扬与鼓励，更要多多表现，称：

> 虽屡经家喻户晓，乃尚不能一时净尽，盖因有本人处馆他省或贸易远方，回家后始行呈缴者，或不知家有废卷，偶从败篓中检出者，更有目不识丁，转烦亲邻检查代缴者。现在各属各乡，屡买屡有，未能遽尽。且如《大义觉迷录》，系收缴多年，今复搜出，是各项违碍应毁书籍，实难保无余剩，更当饬属加意收查，不敢稍懈。伏思此番查办，不厌详慎，相应奏明，再请展限，容臣竭力购求，务期净尽。俟明岁积有成数，再行奏进。①

海成"再请展限购求"的举动，乾隆也认为"所办甚好"，不由对江浙两省督抚的办事表示不满。一个月后，海成在奏折中又重申希望"宽赏限期"，曰："每收查一次之后，自应无遗，乃再加搜访，则民间又复纷纷呈缴。是查缴愈多，愈不敢信其必无遗漏。"②海成的陈述推波助澜，而江西"旋查旋有"的迭次奏报，无疑给乾隆这样的信息：违碍书籍散布民间，能否查出汇送中央，全在督抚们的尽心与否。当年年末，便将一封严肃的诏谕以四百里驿递寄达两江总督高晋、江苏巡抚杨魁、浙江巡抚三宝，再度施加压力，曰：

> 看来查办遗书一事，惟海成最为认真，故前后购获应行毁

---

① 《江西巡抚海成奏续获应毁书籍板片折》（乾隆四十一年十一月初四日），载中国第一历史档案馆编：《纂修四库全书档案》，第 548 页。
② 《江西巡抚海成奏进续获应毁书籍并请宽限查缴折》（乾隆四十一年十二月初八日），载中国第一历史档案馆编：《纂修四库全书档案》，第 560—561 页。

禁书籍，较江浙两省尤多。江浙为文物所聚，藏书之家，售书之肆，皆倍于他省，不应购获各书转不及江西。且海成此次具折，尚恐屡买未能遽尽，仍请展限，竭力购求。江浙两省自呈缴数次后，即未见陆续呈缴，又未将如何购求及作何展限，设法妥办，务期净尽之处，据实奏闻。皆因该督抚视为无关紧要，徒以具文塞责，并不实力查办，则藏匿应禁之书，何由尽出？高晋、三宝办经数年，杨魁亦已到任半载，何以轻率若此？俱著传旨严行申饬，并令该督抚再行严饬所属，加意收查，务使应毁之书，尽行缴出，勿敢稍有隐匿。如此番查办之后，民间尚有违禁潜藏者，将来别经发觉，除将本人治罪外，仍惟该督抚是问，恐不能当其罪也！①

此条谕旨将江浙与江西做了对比，树海成为榜样，明确指出江浙办理不善的原因是督抚大员思想上的不重视，导致查办拖延，应毁之书潜藏。以该次降谕为起点，严饬江浙加意收查，并重申了隐匿不缴违碍书籍的严重后果。从笔者对四十二年（1777）缴书的统计看，这份谕旨的确起到了推动作用，此后各省奏进清单中违碍书籍的数量剧增。

二、江浙督抚全力搜缴禁书

乾隆四十二年（1777），江浙等地督抚改变了此前漫不经心的态度，在查办禁书一事上尽心表现，证明乾隆严谕有了效果。江苏巡抚杨魁、两江总督高晋回顾此前的办理情节，表示"实深惭悚"，并陈

---

① 《乾隆四十一年十二月十三日谕》，载中国第一历史档案馆编：《乾隆朝上谕档》第8册，第490—491页。

明了查办禁书的决心。言语之间极尽表现的人物是浙抚三宝,此前浙江偌大一省,共奏缴过应毁书6次,计315部,此区区数字,难怪乾隆不满。而接到严饬收查的圣谕后,"惶悚靡宁,愧惧交集"的三宝竟在一年中奏呈请毁书籍6次,数量合计4000余部。该年五月二十三日,三宝新授湖广总督,于查办禁书一事更不敢"稍有懈忽,务期尽净",倾力实现着君主"杜绝邪言"的目标。

历次汇奏中,三宝一再强调,违碍书籍"藏书之家鲜有收存,半皆得诸穷乡僻壤及零星检获"①,因而就查书一事提出了新的对策,曰:

> 事虽可以遍及,但内有现非攻书之人及止家存妇女,势难自行清检。臣前以分发教职闲空人员甚多,曾经奏明以该员等俱系本地之人,派其各赴原籍府分,因亲及友,易于询访,更便代为清查。事本不烦,且励以缴书多寡,即为将来补用名次先后,是以无不争先踊跃,竭力收罗。②

三宝"派教官赴原籍"清查图书,并以"缴书多寡"决定分发闲空教职人员"补用名次先后"的方法,受到乾隆的表彰。浙江既然施行此法"办有成效",乾隆必然推广到各省照此办理,来带动禁书的呈缴,谕曰:

> 各省藏书之家,非必尽系知书之人,仅责成地方官劝令呈缴,恐于违碍书籍未能检查详尽,且或有其家竟无人为之查阅

---

① 《浙江巡抚三宝奏呈续获应毁书籍折》(乾隆四十二年五月二十日),载中国第一历史档案馆编:《纂修四库全书档案》,第605页。
② 《浙江巡抚三宝奏续交应毁书籍折》(乾隆四十二年八月初四日),载中国第一历史档案馆编:《纂修四库全书档案》,第643—644页。

者，均未可定。教官籍系本省，其往来原籍，既可不致滋扰，而于亲友家所藏书籍知之必详，翻查亦易，其呈缴必多。①

省份不同，闲空教职多寡不一。广东、江苏、河南等省试用首领、佐杂、教职员数甚多，均称可代为检阅。河南省甚至出台了量化的奖励措施，称"有能购获禁书三十部及书板一百块者，俱准其记功一次；记功三次，遇缺先行委署；记功十次，遇缺先行咨补"等云云。②在此基础之上，各省督抚不断提出更为周全的查缴方法。陕西省候补分发教职较缺，"止有三员，不敷委办"，巡抚便请旨，于"已经验看之恩、拔、副、岁各项贡生内遴选明白精细者，每人令各就附近村庄有书之家再行详细检查"③，贡生系在籍候选，查办可谓更为近便。海成则称，江西省在搜罗遗书中早已使用此法，一直以来佐杂与地保负责逐户晓谕，教官下乡与生监承担检查书籍的任务。又证江西呈缴书籍众多，的确是海成精心办理所致。

据现有材料，乾隆四十二年（1777），除了浙江、苏州书局、江宁书局、江西几处倾力汇缴禁书外，其他省份均无呈缴汇报。再不敢"悠忽塞责"的江浙大吏果然办有成效，该年苏州书局禁书呈缴在数量上居首。从历年奏缴曲线图来看，请毁书籍总量大增，呈现了第一个高潮。此外，海成禀承自己一贯的作风，继"倍价购买"之后，又提议各省一体查校志乘。始料不及的是，江西根绝违碍文字的做法，乾隆帝未及做出任何回应，紧接着就发生了海成难以料想的《字贯》

---

① 《乾隆四十二年八月十九日谕》，载中国第一历史档案馆编：《乾隆朝上谕档》第8册，第744页。
② 《河南巡抚郑大进奏现在查办违碍书籍章程并遵旨予限二年办理折》（乾隆四十三年十一月二十八日），载中国第一历史档案馆编：《纂修四库全书档案》，第954页。
③ 《陕西巡抚毕沅奏遵旨饬派在籍候选教职贡生访查书籍折》（乾隆四十二年十月二十五日），载中国第一历史档案馆编：《纂修四库全书档案》，第743页。

案,海成的奏呈也戛然而止。

三、"悖逆的样本"——《字贯》案

(一)《字贯》案之始末

乾隆四十二年(1777),王锡侯的同族本家王泷南到知县衙门告发王锡侯编撰的《字贯》"狂妄悖逆"。知县立禀巡抚,海成检查原书后,向乾隆帝做了全面的奏报,称"王锡侯删改《康熙字典》另刻《字贯》,实为狂悖不法,请革去举人,以便审拟"。怎料乾隆御览后大怒不已,十月二十一日廷寄江西巡抚海成,曰:

> 朕初阅以为不过寻常狂诞之徒,妄行著书立说,自有应得之罪,已批大学士、九卿议奏矣。及阅其进到之书第一本序文后凡例,竟有一篇将圣祖、世宗庙讳及朕御名字样悉行开列,深堪发指!此实大逆不法,为从来未有之事,罪不容诛,即应照大逆律问拟,以申国法而快人心。……至王锡侯身为举人,乃敢狂悖若此,必系久困潦倒,胸多牢骚,故吐露于笔墨。其平时所作诗文,尚不知作何讪谤!此等悖逆之徒,为天地所不容,故使其自行败露,不可不因此彻底严查,一并明正其罪。①

按照乾隆的说法,王锡侯之罪不仅是删改《康熙字典》另刻《字贯》,更在于严重地触犯了避讳。② 海成接到这份让其倍感意外的命令后,便亲自到王锡侯家,查出"俱有悖逆不法之处"的纂辑各书,

---

① 《乾隆四十二年十月二十一日谕》,载中国第一历史档案馆编:《乾隆朝上谕档》第8册,第802—803页。
② 《字贯》案:《清代文字狱档》记载甚详。昔孟森《心史丛刊·三集》著《字贯案》,后郭成康等以《〈字贯〉引起的轩然大波》为题,可资参照。

共10种。①后"续查《字贯》板片及新刷《字贯》二部，其凡例内庙讳御名一篇另行换刻，与初次奏到之本不同"②，更为乾隆坐实王锡侯的悖逆添一理由，称"该犯亦自知悖逆，潜行更改"。

一目了然的案情，其实没有什么好审理的。十月二十六日，谕令将江西巡抚海成交部严加议处；十一月初六日，乾隆同意了吏部"将海成革职，交刑部治罪"的核议结果，无意"令其复玷封疆"；二十三日，王锡侯押解到部；二十八日，从宽改为斩决，其著述及与《字贯》相类书籍，谕令各省统统查缴解京。后军机处公布应毁王锡侯"悖妄"著作14种；他书涉及王锡侯者，亦入铲除之列，计12种。

《字贯》案伊始，乾隆就称："书中所有参阅姓氏，自系出赀帮助镌刻之人，概可免其深究。"受该案牵连，尚有数人进入乾隆的视野，但处罚与海成、王锡侯相较为轻，甚至大都受到开恩宽免。

首先，《字贯》另刻本中有侍郎李友棠古诗一首，多赞美之意，降旨将李友棠革职；③

其次，王锡侯所著《王氏家谱》内有原任大学士史贻直序文，《经史镜》及《唐人试帖详解》内有原加尚书衔钱陈群序文，二人俱已身故，不复深究，但令其后人钱汝诚、史奕昂，将所有王氏之书即行查出。④

最后，郝硕因吉安、南昌二处知府、知县，在《字贯》刊刻时

---

① 《乾隆四十二年十一月十二日谕》，载中国第一历史档案馆编：《乾隆朝上谕档》第8册，第819页。
② 《乾隆四十二年十一月十八日谕》，载中国第一历史档案馆编：《乾隆朝上谕档》第8册，第825页。
③ 《乾隆四十二年十一月十二日谕》，载中国第一历史档案馆编：《乾隆朝上谕档》第8册，第820页。
④ 《乾隆四十二年十一月二十五日谕》，载中国第一历史档案馆编：《乾隆朝上谕档》第8册，第836页。

不能查核于前,请旨将其革职,乾隆认为"所办未免过当",断然驳回。

乾隆把江西各级官员的罪责做了层层递减的分析,但此时的开恩,并不是让官员们放松查办禁书的工作,而是愈加强调"务时刻留心查察",并称督抚及各级官吏如果在禁书一事上,仍旧"漫不知儆,嗣后别经发觉,必当从重办理,不能复为曲贷也"。①

(二)以《字贯》案带动禁书查缴

关于敬避庙讳、御名,乾隆即位之初曾一再声明:"避名之说,乃文字末节,朕向来不以为然。"然而,二十二年(1757)彭家屏私藏野史案,罪状之一就是遇庙讳、御名皆不缺笔,对此乾隆的解释是:"朕自继位以来,从未以犯朕御讳罪人,但彭家屏历任大员,非新进小臣及草野椎陋者可比。"二十六年(1761),沛县监生阎大镛《俉俉集》中不避庙讳,乾隆言其"犹可云村野无知"。尽管庙讳、御名在当时本该敬避,但定罪的尺度却是可宽可严。再者,《字贯》案中,控告者王泷南、汇奏者海成均未指出该书的犯讳之处,多少证明在当时这并非极其重要的问题。然而此案中,乾隆却道:

> 庙讳御名,凡为臣子者,皆所敬悉,至先师孔子之讳,尤众所共知。何至遍为告语,乃该犯胆敢逐一罗列,笔之于书,实系有心显斥,反明列先师之讳于前,以遁其迹。此非大逆不道而何?其妄作《字贯》,驳书之罪,转不足论矣。②

---

① 《乾隆四十三年正月三十日谕》,载中国第一历史档案馆编:《乾隆朝上谕档》第8册,第911页。
② 《乾隆四十二年十月二十六日谕》,载中国第一历史档案馆编:《乾隆朝上谕档》第8册,第805页。

王锡侯编书欲教人知晓避讳所在而触犯避讳,等待他的竟是锁押解京、严审治罪的命运。对照乾隆在避讳问题上前后态度的变化,《字贯》案不能不说是乾隆刻意扩大化的结果。但此案并没有出现较大面积牵连受处,王锡侯只是乾隆实现自己意图的必然牺牲者。

该案的特殊还在于,乾隆亲自树立的查书榜样海成受到重责。诏谕中几经反问,言语分量极重,曰:

> 海成既办此事,岂有原书竟未寓目,率凭庸陋幕友随意黏签,不复亲自检阅之理?况此篇乃书前第一页,开卷即见,海成岂双眼无珠,茫然不见耶?抑见之而毫不为异,视为漠然耶?所谓人臣尊君敬上之心安在?而于乱臣贼子人人得而诛之之义又安在?国家简任督抚,厚给廉俸,岂专令其养尊处优,一切委之劣幕,并此等大案亦漫不经意,朝廷又安藉此辈尸位持禄之人乎?海成实属天良尽昧,负朕委任之恩,着传旨严行申饬。①

既知海成先前的表现,再看上述文字,竟有难以置信之感。乾隆骂他"双眼无珠",骂他"天良尽昧",此后的叠降诏谕中反复重申上述表达。

《字贯》一书,为人控首,属初次呈缴,据此乾隆断下结论,说"海成从前查办应毁书籍,原不过以空言塞责,并未切实检查"。乾隆表示对海成的严惩,是"使为封疆大臣丧良负恩者戒!"四十二年(1777)以来,各省正以从未有过的积极,大量缴书呈送。在此情形下,查书榜样海成受到处罚,无疑给各省官员造成极大的压力。由严

---

① 《乾隆四十二年十月二十一日谕》,载中国第一历史档案馆编:《乾隆朝上谕档》第8册,第802—803页。

惩王锡侯，到海成之革职，乾隆借此掀起禁书活动的新高潮，其目的是警示督抚官僚们一定要"亲自检阅"，毕竟只是靠四库馆臣尚不足以根绝"悖逆"。

海成未能看出王锡侯《字贯》中的悖逆，导致办理错谬，治罪时"问拟斩决，奉旨改为斩监候"。乾隆四十九年（1784），军机处遵旨查明海成议处情形，从中可知海成的去向：

> 四十三年二月奉旨释放，派往乌什，在章京上效力行走，十一月赏给头等侍卫职衔，派往哈尔沙尔办事。四十四年十月奉旨补放工部侍郎。四十五年调往库车办事。①

曾经兴师动众地解京，然后又匆匆忙忙地释放，海成实际上并未受到与乾隆严谕相称的惩罚，也证明了乾隆借此警示臣僚，带动查禁"违碍书"。

（三）"不为已甚"却已甚

《字贯》案中，乾隆四次提到自己"不为已甚"，即他不做过分的事情。对王锡侯书中赋诗、作序之人的宽免是此意，不"因此一事而通省罢斥多员"也是此意。他特意做了一番诠释，曰：

> 朕近作诗有"不为已甚去已甚"之句，今办此等大案，准酌得中，即此意也。恐江西省因见办理王锡侯之事，巡抚亲至其家搜查，又解书进京，其有与该犯平日笔札往来交涉者，自不免虑及株连，心怀疑惧，恐致滋生事端，更觉不成事体。著

---

① 《军机大臣奏遵旨查明议处海成情形片》（乾隆四十九年四月十六日），载中国第一历史档案馆编：《纂修四库全书档案》，第1772页。

高晋善体朕心,到江西后一切处以镇静,并将朕不为已甚之意明白宣谕,使众共知晓,以免惊疑。①

事发之初,江西巡抚员缺派郝硕调补,乾隆嘱咐郝硕迅即驰赴江西,办理此案时留意"本省公论以为何如",说明乾隆其实自知行为"已甚"。事隔六日,乾隆又担心郝硕不能及时赶到,便派高晋暂管江西巡抚印务,所以有上文嘱咐高晋"到江西后一切处以镇静",务必实心妥协经理。乾隆让高晋把他"不为已甚之意"广为宣谕,"使众共知晓,以免惊疑",难免是出于此案中对王锡侯的重责和对海成的意外处置,乾隆一面要实现内心的既定目标,一面又担心引起社会基层的动乱。这样的反复强调,适足以证明《字贯》一案是乾隆深文周纳、蓄意酿成的。

该案中,乾隆又言:"令各督抚查办应行销毁书籍,原因书内或有悖理狂诞者,不可存留于世,以除邪说而正人心,是以旧人著作尚且应查,岂有现在刊行者转置不问之理?"②因此,该案的发生也标志着查办禁书将现在刊行者包括在内。一体访查与《字贯》相类书籍,意味着树立了触犯庙讳、御名的处置榜样。

次年十一月十六日,河南巡抚郑大进奏,查获刘峨刷卖《圣讳实录》一书,刊有庙讳、御名,各依本字正体写刻。乾隆批示:"不法已极,实与王锡侯《字贯》无异,自当根究刊著之人,按律治罪。"③可知,乾隆树非"野史稗乘"的《字贯》为"悖逆样本",重

---

① 《乾隆四十二年十一月十二日谕》,载中国第一历史档案馆编:《乾隆朝上谕档》第 8 册,第 820 页。
② 《乾隆四十二年十月二十三日谕》,载中国第一历史档案馆编:《乾隆朝上谕档》第 8 册,第 804 页。
③ 《寄谕江西巡抚郝硕等查明刘峨刷卖〈圣讳实录〉一案》(乾隆四十三年十一月二十一日),载中国第一历史档案馆编:《纂修四库全书档案》,第 947 页。

在斥责其对"当今"的不敬,强调君主的绝对权威!

第一份《四库全书》告成后,编修吴省兰因"《通鉴长编》内,于庙讳仅缺一笔,不行敬谨全避",受到乾隆的专谕惩罚。①特令将全书内"不行全避字样,一体查明挖改",规定"嗣后遇有庙讳上一字仍照例缺笔外,下一字即敬谨全避,以昭画一"②。反映出此时乾隆对强化君主权威与提倡尊亲大义的重视。

四、要案过后地方官员的矜张

(一)严刊刻妄作书籍之禁

《字贯》案后,抵任湖广总督的三宝,禀承此前的积极,当即先行查获《字贯》241部。由于他的尽心督办,湖北一省在乾隆四十三年(1778)呈缴了不少禁书。面对乾隆对《字贯》案的重视,及给地方督抚带来的震动,三宝积极献策,提议"严刊刻妄作书籍之禁,以杜邪说而崇文教",曰:

> 窃照稗官野史,记载每多失实,虽正史出而群言皆息,然流传于世,迂拘无识之辈,转欲引为考据。至诗文之作,原系吟咏性情,扬扢风雅之事,自应以清真雅正为宗,乃固陋之子,妄冀沽名浇薄之徒,狂肆非刺,混以鄙俚不堪之辞,付诸梨枣。此有关于世道人心者,良非细故。臣伏思名山之业,原本道籍之腴,发为心声。我皇上文教诞敷海内,操觚之士咸思著书立说,以鸣盛化,但其间粗鄙无识、谬思著述之辈,亦复不少。

---

① 《谕不行敬谨全避庙讳之吴省兰着销去纪录四次免其降级》(乾隆四十七年三月二十四日),载中国第一历史档案馆编:《纂修四库全书档案》,第1550页。
② 《军机大臣奏请旨将承办〈通鉴长编〉未行敬避庙讳各员交部议处片》(乾隆四十七年二月十九日),载中国第一历史档案馆编:《纂修四库全书档案》,第1467—1468页。

近年来如江苏省之蔡显，江西省之王锡侯，则更罔识尊亲大义，肆其狂诞，在悖逆之人，神人共愤，终不能幸逃天殛。

第此等违碍之书，镌刻流播，事后查销，究恐难尽。臣愚以为惩创于事后，不若查办于事先。请嗣后直省士子，除家弦户诵之经书及试艺程文听其刊刻刷印外，其学问渊深之士，如有记载及自著艺文等书，有欲付梓者，先录正、副二本，送本籍教官转呈学臣核定。其书果无纰缪，有裨世学者，将正、副本俱钤印发回本学，副本存案，正本给发著述之人，遵照刊行。倘不呈官核定，私行刊刻者，即无违碍字句，亦令地方官严行禁毁，如有诞妄不经之辞，即从重究治。并令地方官出示晓谕刻字工匠，凡遇刊刻书籍，必须查明该书上有钤盖学臣印信者，始准刊刻。庶邪说诬民之徒知所敛戢，于世道人心不无裨益。①

上述引文，为官吏刻意迎合之显证。但三宝"出书要送审"的提议及对具体办法的详细说明，并没有受到乾隆的赞同，得到批示"所见非是，断不可行！"理由在于：

不法书籍，有关世道人心，固应禁毁，然亦全在各督抚留心体察，严饬地方官实力访查，无难净尽。其有悖逆不法如蔡显、王锡侯诸人，有犯必惩。狂诞之徒，自亦稍知儆畏，即或憨不畏死，妄刻流传，而此等狂悖之人为天地所不容，断无不自行败露，原不必多为厉禁也。至海内操觚之士，著书立说以抒风学者，本不乏人，若如三宝所奏，必呈送教官转呈学政核定，始准刊行，竟似欲杜天下人刊书传世之路，无此政体。且

---

① 《湖广总督三宝奏请严刊刻书籍之禁折》（乾隆四十三年三月二十五日），载中国第一历史档案馆编：《纂修四库全书档案》，第796—797页。

> 以其事责成教官，若辈未必果能胜任，兼恐不肖者，藉端需索，转滋纷扰，弊更无所底止。①

三宝虽然力图贴合圣意，但实际上他并未领会到《字贯》案中乾隆的真正意图。

乾隆一直宣扬，狂悖之人和违碍之书，定会"自行败露"，那是"天地所不容"的结果。客观地说，此谕驳回三宝的请奏，尚属言之有理。杜绝"天下人刊书传世之路"的做法，不是一个盛世开明的君主所为。至于不法书籍，在乾隆看来，只要地方官实力留心体察，定会查销净尽，所有从事均以不致滋扰为前提。乾隆断然否决三宝的意见，使查禁范围避免了进一步扩大。

（二）文字案件的办理过当

地方大吏多不能善体皇帝的心思，而乾隆的心思又是那样变化多端、难以捉摸。看到海成因失察《字贯》中的问题而受到处置，督抚们便倍感惊惧，转而导致地方办理过当的情节继发，乾隆忙于降旨纠偏。

乾隆四十三年（1778）二月，山东巡抚国泰奏报，泰安县民王仲智潜居修炼，收藏不法书籍，应"比照大逆律问拟"。乾隆认为"所办非是，殊属过当"，由此引发了一段关于比照执法轻重的议论，曰：

> 王仲智收藏不法书籍，固有应得之罪，但各书并非该犯自造，较江西逆犯王锡侯之罪轻重悬殊，即照左道异端邪术律拟

---

① 《乾隆四十三年四月十一日谕》，载中国第一历史档案馆编：《乾隆朝上谕档》第9册，第34页。

罪，已足蔽辜。乃该抚率将王仲智比照谋反大逆拟以寸磔，且波及缘坐诸人，未为允协。若是，则前此临清之逆匪王伦、昨岁甘肃河州之逆匪王伏林等，又将援何律定拟乎？执法贵得其平。固不可心存姑息，失之宽纵，亦不可漫无区别，有意从严。①

四月，山西巡抚巴延三奏，举人王尔扬所作李范墓志铭，于"考"字上擅用"皇"字，实属悖逆，并将该犯押解到省，严审定拟。阅及此折，乾隆朱批"此系迂儒用古，非叛逆也"，并另发一份谕旨，道：

> 皇考之字见于《礼经》，屈原《离骚》及欧阳修《泷冈阡表》，俱曾用之。在臣子，尊君敬上之义固应回避，但迂腐无知、泥于用古，不得谓之叛逆。朕理事务得其平，如王锡侯之实系叛逆，断不肯稍为宽纵，若此事并非叛逆，亦不肯漫无区别，率予严惩。此事竟可无庸查办。②

山西官员迅速释放此案相关人员，回复了将恩旨宣示晋省的办理情形。巴延三本想查案立功，得到的却是皇帝的责骂，针对此案，乾隆道："彼既迂腐，而汝之不读书及幕宾之不晓事，又可知矣！"③

六月，湖南巡抚李湖奏，临湘县民妇黎李氏呈控监生黎大本私刻《资孝集》，语多僭越。乾隆批阅后，称"《资孝集》中众人所作

---

① 《乾隆四十三年二月二十三日谕》，载中国第一历史档案馆编：《乾隆朝上谕档》第8册，第934页。
② 《王尔扬所作墓志无庸查办折》（乾隆四十三年四月初八日），载中国第一历史档案馆编：《清代文字狱档》，第291页。
③ 《巴延三奏饬将李抡元等释放并宣示上谕折》（乾隆四十三年四月十三日），载中国第一历史档案馆编：《清代文字狱档》，第292页。

诗文，将伊母比之姬姜、太姒、文母，皆系迂谬不通之人，妄行用古，并非狂悖不法，如王锡侯之显肆悖逆者可比"①，因而该案的亲属及集内有名之人，俱不必提究。但在陈述案由的奏报中，提及黎大本平日武断滋事，反受到乾隆的注意，指示必须讯明。

王仲智收藏不法书籍，"照左道异端邪术律拟罪"，王尔扬、黎大本均非"显肆悖逆"，乾隆纠正了地方办理时的过于苛责，同时也警告民众"此后行文各知检点，无再故犯干咎"。上述三案均从宽办理，其共同特点是，均以王锡侯《字贯》案作为比照。一方面证明《字贯》案显然已经成为"悖逆"的样本；另一方面也说明乾隆重视消除《字贯》案所带来的负面影响，不想搞得人人自危，扰乱社会的正常秩序。

可以看出，高潮形成后的禁书活动发展，始终在乾隆的规范和控制之下。紧继上述三案，四十三年（1778）闰六月十九日，高宗下达了一道简洁的谕旨，再次敦促各省巡抚务须实力查办违碍书籍，曰：

> 屡经降旨各省督抚，查缴违碍书籍，送京销毁。各该省陆续查出应毁之书，虽纷纷呈缴，但恐此等违碍书籍外间尚有存留，而僻壤穷乡未必能家喻户晓。此时续行缴出，仍可遵前旨不加究治，若匿不呈出，后经发觉，即难以轻逭，不可不将此意明白谕示，令其查缴惕厉净尽，以正人心而厚风俗。著再传谕各省督抚，务须实力查办，不可稍有疏漏，并须通饬所属，派委妥员细访详查，毋使不肖吏胥藉端需索滋扰。②

---

① 《寄谕湖南巡抚李湖〈资孝集〉一案有关人员俱不必提究》（乾隆四十三年六月二十日），载中国第一历史档案馆编：《纂修四库全书档案》，第844页。
② 《四十三年闰六月十九日谕》，载中国第一历史档案馆编：《乾隆朝上谕档》第9册，第199页。

此时，地方陆续运京的请毁书籍多至充栋而"房屋不能容"①，其成效可见。在禁书活动开展已近四年之际，乾隆仍是担心"违碍书籍外间尚有存留"，希望对书籍的清检要深入到"僻壤穷乡"，通过"细访详查"，达到"惕厘净尽"。反复下诏催促查书，就是要各省督抚务必在思想上，将非如"国计民生"重要的文化举措真正重视起来，实现乾隆主导历史说法和建设理想典籍的目标。

第三节　徐述夔《一柱楼诗》案再树"悖逆样本"

一、重在切实整饬吏治的徐述夔案②

四十三年（1778）四月初六日，江苏扬州府东台县民徐食田赴县呈首其祖徐述夔《一柱楼诗》，邻居蔡嘉树因田产纠纷怀恨在心，于四月初九日也到官检举该书，这件事的办理在江宁书局多有拖延，迟至八月十日，扬州府才开始正式审理此案。与此同时，江苏学政刘埔于地方按试时，接受童志璘的投递呈词，并缴出徐述夔诗集、沈德潜所撰《徐述夔传》各1本。

八月二十七日，乾隆从刘埔的奏报中看到了《一柱楼诗》，便寄谕两江总督高晋、暂署两江总督萨载、江苏巡抚杨魁，交代道：

> 徐述夔身系举人，而所作诗词，语多愤激，使其人尚在，必应重治其罪。今徐述夔虽已身故，现据童志璘呈其所作之

---

① 《军机大臣奏各省送到违碍书籍拟检出应毁重本派员销毁片》（乾隆四十三年五月十七日*），载中国第一历史档案馆编：《纂修四库全书档案》，第829—830页（史料无具文时间者，依收文或朱批时间编排，并以*号注明，下同）。

② 关于案情的叙述参考了郭成康、林铁钧《清朝文字狱》一书。

《一柱楼诗》，已有愤怨之语，其未经查出之诗文，悖逆词句自必尚多，不可不严切查究，搜毁净尽，以正人心而厚风俗。且正当查缴违碍书籍之时，而其子不将伊父诗文呈出，亦当治以应得之罪。至沈德潜为此等人作传赞扬，亦属非是，念其已经身故，姑免深究。①

谕旨中仅称《一柱楼诗》有"愤怨之语"，并非"违碍""悖逆"，指示对其诗文要搜查净尽，但对作传的沈德潜"姑免深究"。刘墉于上报中，另折奏称"有丹徒生员殷宝山当堂投递狂悖呈词，并于其家中搜出诗文二本，语多荒谬"。书中的诸多"叛逆"之词，让乾隆阅后大怒，厉声责问：

> 至昨岁因王锡侯大逆之书，曾谕督抚等饬属实心查察，遇有不法诗文随时查办。今殷宝山悖逆之词，经刘墉搜查而得，即行具奏，该地方官平日竟置若罔闻，高晋、萨载、杨魁所司何事？应得何罪乎？著传谕高晋等即行明白回奏，并查明该管之县府司道员，一并参处。②

徐述夔、殷宝山诗文，由学政刘墉偶然发现，负责办理禁书的两江总督、江苏巡抚竟然漏查引起乾隆不满，苛责高晋、萨载、杨魁等办事不尽心，谕令他们立即调查，据实办理。

查禁徐述夔诗文最终酿成禁书期间的一起大案，转折在于江苏巡抚杨魁的回覆。杨魁在奏折中首先汇报了案件原委及调查情况，陈

---

① 《乾隆四十三年八月二十七日谕》，载中国第一历史档案馆编：《乾隆朝上谕档》第9册，第284—285页。
② 《寄谕两江总督高晋等确查徐述夔殷宝山案并著明白回奏及查参该管各官》（乾隆四十三年八月二十七日），载中国第一历史档案馆编：《纂修四库全书档案》，第872页。

述案情时,提及蔡嘉树曾赴江宁藩司控告"徐述夔之孙徐食田贿嘱县书,捏称自行呈缴"等情节,涉及基层吏治的腐败,触动乾隆敏感的神经。九月初七日,诏曰:

> 徐食田既隐匿伊祖书籍,不早呈缴,及知事已败露,复敢贿嘱县书,捏称自缴,其诈伪殊为可恶,且必有隐匿书籍书板之事。①

将徐食田和县书解京严讯,本可在地方完结的一起案件,升级为在京审理。诏谕刚下,乾隆接到萨载的汇报,称:藩司陶易于五月内接到东台县禀报监生徐食田呈送《一柱楼诗》本及板片等,至六月间又据监生蔡嘉树赴司呈控伊先首禀②,确系自行呈缴。乾隆发现自己被误导,判断有错,九月初七上谕下得太急,过于草率。

萨载在奏报中叙及陶易没有"立时严密查拏,详情审办",当时仅按照查办禁书的程序"发县查阅黏签",这让乾隆十分气愤,为了震慑官僚层,乾隆选择从二品高官江苏布政使陶易作办重点打击对象,他说:

> 陶易身任藩司,地方一应事务皆其专责,况自江西逆犯王锡侯所著《字贯》一书内有大逆不道之处,屡经严饬各该地方官实力查访。……该员由道员超擢藩司,受恩至重,乃视此等重大案件全然不以为事,是诚何心!③

---

① 《乾隆四十三年九月初七日谕》,载中国第一历史档案馆编:《乾隆朝上谕档》第9册,第295页。
② 《谕江宁布政使陶易于徐树夔悖逆诗词案延误塞责著即行回奏》(乾隆四十三年九月十三日),载中国第一历史档案馆编:《纂修四库全书档案》,第879页。
③ 《乾隆四十三年九月十三日谕》,载中国第一历史档案馆编:《乾隆朝上谕档》第9册,第306页。

九月十三日连发3道谕旨,切责陶易的玩视查办禁书与两江总督高晋的不能早为查出。

乾隆清楚,《一柱楼诗》案爆发出来的问题是吏治问题,借此整肃吏治的关键是坐实该案的悖逆性质。此案升级为特大逆案,对原案的评判也发生了变化:

> 徐述夔身系举人,乃丧心病狂,敢于所作《一柱楼诗》内系怀胜国,暗肆诋讥,谬妄悖逆,实为罪大恶极!虽其人已死,将来定案时仍当剖棺戮尸,以伸国法。①

由"愤怨之语"到"暗肆诋讥,谬妄悖逆",《一柱楼诗》的性质发生了改变,徐述夔"罪大恶极",所著诗文开始受到"根株尽绝"的严行搜查。又将徐述夔诗文校书者徐首发,沈成濯及家藏字迹书本提解到京,理由是:

> 该二犯一以首发为名,一以成濯为名,四字合看,明是取义孟子"牛山之木,若彼濯濯",诋毁本朝薙发之制,其为逆党显然,实为可恶。已交刑部存记,俟该二犯解到时,严加刑讯,务令供吐实情。此等鬼蜮伎俩,岂能逃朕之洞鉴?萨载、杨魁何以竟为其瞒过?即或伊二人文义平常,岂幕友中全无一人看出者,何皆为之隐讳不言乎?②

乾隆认为,首发、成濯的名字诋毁了清朝的薙发之制,通过深文周

---

① 《乾隆四十三年九月十三日谕》,载中国第一历史档案馆编:《乾隆朝上谕档》第9册,第311页。
② 《乾隆四十三年九月二十一日谕》,载中国第一历史档案馆编:《乾隆朝上谕档》第9册,第329页。

纳，牵强附会，层层加码，一定要将徐述夔案锻炼成狱。

九月十四日，考虑到坐实"徐食田、陶易有无捏改呈首月日情节"是此案定罪的关键，乾隆降谕萨载必须彻底查明。而杨魁与萨载未及接到廷寄，就已先行具奏了"徐食田没有贿嘱县书，确系自行呈缴"的调查结果。可是乾隆并不相信来自地方的报告，执意将东台县知县涂跃龙、藩司陶易、扬州府知州谢启昆革职，隔别押解来京，十六日的谕旨中将他们的罪状一一罗列：

> 涂跃龙接据呈控逆词，不即通详严究，又不查明是否自首，抑系被人呈控，分别究办；陶易接据县禀悖逆诗文，并不立时严究，就近禀知督臣奏办，均出情理之外，显有袒护消弭情节。知府谢启昆接奉司批，不即通详审究，其罪亦无可逭。①

各级官吏在禁书一事上的迁延办理，让乾隆感到既是失望又是愤怒，有意惩治，以示警戒；同时也透露出，书局上下对待禁书，已成为日常公事，而非大事。三十日，乾隆埋怨地方官员于查办违碍书籍一事不能实心细办，以江宁局员上元县训导保定纬、茶引所大使沈澜在此事中"延搁不签，显有欲消弭之意"，将二人隔别管解赴京。

如今，让乾隆帝感到愤怒的已不仅仅是《一柱楼诗》的悖逆本身，而是查办禁书的官员对此事的不重视与疏懈。我们在接二连三的御旨中看出，乾隆并不急于追究书籍及其作者的悖逆之处，而在于严审官僚层面办事的迁延。所以，迟至十月十五日始通谕各省督抚，留心访查《一柱楼诗》等应毁书籍。②

---

① 《乾隆四十三年九月十六日谕》，载中国第一历史档案馆编：《乾隆朝上谕档》第9册，第315—316页。

② 《乾隆四十三年十月十五日谕》，载中国第一历史档案馆编：《乾隆朝上谕档》第9册，第383页。

最后一位解京的人员，是陶易的幕宾——陆琰。蔡嘉树在陶易处呈控徐食田藏匿禁书时，陶易转批呈词云："与尔何干？"行扬州府文内，又有"搜罗书籍，原为明末国初有著作悖谬、诗章讽刺、实有违碍者，俱应收解奏缴。至讲论经传文章，发为歌吟篇什，如只有字句失检并无悖逆实迹者，将首举之人即以所诬之罪依律反坐，著有明条，倘系蔡嘉树挟嫌妄行指摘，思图倾陷，亦即严讯拟议"等语。这段文稿正是陆琰所为，而幕友的"舞文玩法"，才是乾隆所深厌的。①

乾隆本以为该案中控告与呈首有倒提日月情节，致使案件逐步升级，徐食田、蔡嘉树以及大小官员逐批解京。刑部一一严讯后，据实奏闻了"徐食田自呈在前，蔡嘉树检举在后"的审理结果，如何定罪便成了一件棘手的问题。最初认为仅有"愤怨之语"的徐述夔诗文，最终定为逆案。"明朝期振翮，一举去清都"的诗句，成为用来注解逆案的唯一确凿证据，乾隆解释曰：

> 借朝夕之朝，作朝代之朝，且不言到清都，而言去清都，显有欲兴明朝去本朝之意。而其余悖逆词句，不可枚举，实为罪大恶极。②

徐述夔、徐怀祖均遭戮尸，徐述夔之孙徐食田、徐食书及列名校对之徐首发、沈成濯并陶易及幕友陆琰俱着从宽改为斩监候，秋后处决。保定纬本属微员，且今年书局仅他一人，上缴书籍不能遍加翻阅；沈澜系承管文移，与书籍无涉，二人著省释，仍回原任。此案最终的定

---

① 《乾隆四十三年十月十八日谕》，载中国第一历史档案馆编：《乾隆朝上谕档》第9册，第387页。
② 《乾隆四十三年十月二十五日谕》，载中国第一历史档案馆编：《乾隆朝上谕档》第9册，第405—406页。

第二章 要案频发的禁书初期与查缴高潮之形成

罪有轻有重，或有或无。陶易不及行刑，即病死狱中，他是清代文字狱案中由于办案不力被极刑的最高官吏。因为办理一件本来只是言词"愤激"的普通文字案件失察，这样一位从二品高官最终丢了性命，其对于官僚集团的巨大震撼不言而喻！

尚有一位受到重谴的人物——沈德潜。三十七年（1772）的征书谕旨中，乾隆点名征集他的著作；查办禁书后，又明令将《国朝诗别裁集》原板及未删定之原本查清解缴。徐述夔案发，为其作传的沈德潜受到牵连，家藏书籍受到搜查。乾隆气愤地说：沈德潜身为大臣，于徐述夔所作悖逆不法诗句，皆曾阅看，并不切齿痛恨，转欲为之记述流传，尚得谓稍有人心者乎？考虑到沈德潜在当时的影响力，乾隆又言：

> 且伊为徐述夔作传，自系贪图润笔为囊橐计，其卑污无耻，尤为玷辱缙绅。使其身尚在，虽不至与徐述夔同科，亦当重治其罪。今伊业已身故，不加深究，然竟置而不论，俾其身后仍得永受恩荣，则凡在籍朝绅又将何所警惕乎？①

沈德潜受到严惩，"所有官爵及宫衔谥典尽行革去，其乡贤祠牌位亦一并撤出，所赐祭葬碑文查明仆毁"。作为徐述夔案的最后一道谕旨，处置沈德潜的决议，寄寓了乾隆警示"在籍朝绅"、"以昭炯戒"的意图。

通观徐述夔案的整个过程，各级官吏或因具奏迟缓、或办事拖延、或舞文玩法、或褒扬"禁书"，大都受到乾隆的重罚。至本案的关节点，徐食田呈首在前，蔡嘉树告发于后，无疑已经坐实。耐人寻

---

① 《乾隆四十三年十一月二十七日谕》，载中国第一历史档案馆编：《乾隆朝上谕档》第9册，第486页。

味的是，五十四年（1789）禁书活动渐进尾声，乾隆又下了一道再行查缴《一柱楼诗》的谕旨，曰：

> 江南东台县已故举人徐述夔所著《一柱楼诗》诗词，语句悖逆，于乾隆四十三年经县民首告，将该犯诗集板片查禁销毁。但江苏地方藏书之家较多，或尚有搜查未尽之本。今事阅十年，恐无知之人未晓《一柱楼诗》曾经查禁，犹有收藏未缴者，亦未可定。著传谕闵鹗元通饬所属，再行出示明白晓谕，如有收存《一柱楼集》，即行呈缴，不必治以私藏之罪。该抚务须实力查办，总期搜查净尽，悉行销毁，不使只字流传，亦不得任吏胥等藉端滋扰。①

事阅十年，这里称"语句悖逆"的《一柱楼诗》"于乾隆四十三年经县民首告"，与该案定论不符，笔者推测：恐怕乾隆再查该书是虚，掩盖其当初并未兑现"自行呈缴，不罪藏书之人"承诺和罗织罪名整饬官吏的行为是实。

《字贯》案与徐述夔《一柱楼诗》案可谓禁书期间真正的大案，均是短时间内谕旨叠发，推动了查书的续行，此后在处理遇到的其他案件时，总会以此作为比照。两案直接带动了禁书的查缴，从后文对地方奏缴书籍历年统计来看，四十四年数量达到最高峰，当与此相关。但禁书毕竟只是一个具体的政治事件，乾隆作为专制君主，他更加关注的是庞大的封建官僚机器的正常高效运作，政令畅通。事实上，《字贯》案拿江西巡抚海成开刀，乾隆意在"使封疆大臣丧良负

---

① 《乾隆五十四年十二月十七日谕》，载中国第一历史档案馆编：《乾隆朝上谕档》第15册，第370页。

恩者戒",徐述夔案罗织成狱,亦是为整肃吏治。

二、巡抚杨魁主动查案反遭责备

四十三年（1778）十月十四日,徐述夔案尚未完结,江苏巡抚杨魁因该案之失察,急于表现,上奏了新查的两起案件,即韦玉振为父刊刻行述擅用"赦"字及范起凤家藏《顾亭林集》等违碍书籍。

乾隆接阅杨魁有关上述两案奏折后,斥其"所办殊属过当",认为杨魁不能"实心办事",交部议处。乾隆认为：徐述夔案若非刘墉的据实具奏,几至漏网,从重办理,是因为实有悖词足据,杨魁不能预行查出,就是没有尽心、认真办理的证明。如今具奏两案,又不论轻重,株累多人,显然是想掩饰此前的过错。

面对杨魁的奏报,下达的仍是一道千余字诏书。乾隆称违碍书籍"但经缴出,其迟早原可不计。若始终隐匿不交,后经发觉,即不能复为宽贷,并当视其所藏之书,系何等违碍,以定罪名耳"。韦玉振于伊父行述内擅用"赦"字,于理固不宜,但不可因一"赦"字遂坐以大逆重罪！杨魁的办理,就是未能"仰体朕意"。

杨魁的急于查案,具奏表功,一方面证明了前后发生的《字贯》与徐述夔案已给地方大员带来极大的压力,不敢再轻视搜缴禁书的工作；另一方面,又因杨魁奏报的事件均为控首逆词之案,不得不使乾隆认真考虑,两件大案的先后发生带来了怎样的社会问题？为此特就"控首"一事,特别告谕曰：

至此等控首之人,不过闻有蔡嘉树控告徐食田一案,遂尔效尤,挟制以快其私,非实心尊君亲上也。现经审明蔡嘉树因徐食田不允赎田,挟嫌出告,其心亦为私而非为公。且徐述夔诗集刊刻已十余年,蔡嘉树自必早有闻见,若非近时涉讼之隙,彼仍隐忍不言。以此论之，蔡嘉树不能无罪。第因所控逆词不妄，既办逆案不必究及原首之人，是以从宽免议耳！设此后复首告逆案之人，该督抚即应悉心研鞫，辨其真伪。如虚，仍当治以反坐之罪，据实具奏，使奸顽知警，不敢妄行。若如杨魁所办，则怨家欲图倾陷者，片纸一投，而被控之身家已破，拖累无辜，成何政体！且告讦之风，伊于何底乎？况如徐述夔之逆词，久经刊印，地方官理应切实访查，本不待他人之出首，各督抚又不可因此旨而因噎废食耳。①

上述文字，既为警示一概出于私心的"控首之人"，又为告诫各省督抚遇事要"悉心研鞫，辨其真伪"，而"各督抚又不可因此旨而因噎废食"的嘱咐，彰显着乾隆矛盾的心理。最后，乾隆澄明了自己综理庶务的原则："从不预存成见。其情真罪当者必不稍事姑容，其事属虚诬者更不肯略使屈抑，且从不为已甚之举，致滋流弊而长刁风。"虽然他在谕旨中坚定地表达了不愿助长告讦刁风的想法，但在实践中地方大员们究竟该向左，亦或向右，只能灵活地"仰体朕意"了。

三、乾隆限期两年查缴禁书

乾隆四十三年（1778），四库全书馆公布了"查办违碍书籍条款"，共九条。其中前八条涉及查办禁书中应加以区别对待的标准。针对四年多的查书实情及出现的问题，第一次以规范化的形式，限定了鉴别违碍书籍的具体原则。该年十一月初一日，乾隆通谕各督抚"予限二年实力查缴违碍书籍"，首次正式为查书限定时间，曰：

---

① 《乾隆四十三年十月二十五日谕》，载中国第一历史档案馆编：《乾隆朝上谕档》第9册，第405—406页。

> 前经降旨各督抚查缴违碍书籍，并令明白宣示，如有收藏明末国初悖谬之书，急宜及早交出，与收藏之人并无干碍。
>
> 又因王锡侯逆词一案，并令各督抚一体严查。虽节经各督抚陆续收缴呈进，譬之常人，设遇诟其祖宗之字，亦将泚而不视，而况国家乎？而况食毛践土之臣民乎？但查办业经数载，仍复有续获之书，此非近日之认真，皆由前此之忽略。且如徐述夔所著逆词，狂悖显然，其刊板已久，该督抚并未能预行查出，即可为奉行不力之据。盖因查书向未定期，各督抚视为末务，每隔数月奏缴数种塞责，如此漫不经意，何时可以竣事！而挟仇告讦，骚扰欺吓，将百弊丛生。其藏书之人，亦不免意存观望，呈缴逾期，皆各督抚经理不善之故。著通谕各督抚，以接奉此旨之日为始，予限二年，实力查缴。并再明白宣谕，凡收藏违碍悖逆之书，俱各及早呈缴，仍免治罪。至二年限满，即毋庸再查。
>
> 如限满后，仍有隐匿存留违碍之书，一经发觉，必将收藏者从重治罪，不能复邀宽典。且惟于承办之督抚是问，恐亦不能当其重戾矣。将此通谕中外知之。①

王锡侯与徐述夔两人的逆词案件，无疑是引出此份谕旨的直接原因与现实背景。乾隆一贯认为，违碍书籍的"呈缴逾期，皆各督抚经理不善之故"，督抚们办理的不认真仍是他指责的重点。划定两年期限，并再次宣告隐匿禁书的后果，直接迎来了各省进呈请毁书的又一个高峰。但"限满之后，毋庸再查"的承诺，随着时间的前移却并未兑现。

诏谕发出后，各省遵照执行，不敢再玩忽此事。当时，安徽、

---

① 《乾隆四十三年十一月初一日谕》，载中国第一历史档案馆编：《乾隆朝上谕档》第9册，第422页。

江苏巡抚合刊告示"为立法劝谕饬缴伪妄书籍以期净尽以免后累事",文曰:

> 照得违碍遗书自乾隆三十九年奉旨查缴以来,复又节次恭奉谕旨,剀切宣示。其间江宁、安徽、苏州三局已收获数百余种,重复应毁者亦逾万数。而各绅士家藏匿尚多,更恐有近时狂悖著作,贻惑人心。近又钦奉上谕,定限二年呈缴,限满后一经发觉,将收藏者从重治罪。圣恩宽厚,犹为劝导,凡绅士人等自应激发天良,及早呈出,何必留此犯法之书,竟至性命身家而不顾。所有奉到上谕,业已敬谨刊刷誊黄,遍贴晓谕在案。
>
> 查江南为文物之邦,藏书甲于他省,立说著书之辈亦复不少。第矜腹笥之富有,当知大义为首务。念士民食毛践土者百数十年,尊君亲上之悃忱,人人共挚,何独于违碍书籍一事,罔顾名义,显悖王章。且我国家,文学昌明,书成大备,虽好学者竭一生之攻苦,犹不能博览其什一,若书既违碍,并无裨益于身心,更有关于身命,亦何必存留不缴,以致贻累及身,更累及于子孙,留以贾祸。人虽下愚,断不为此!
>
> ……为此亦仰阖属士民人等知悉:凡有一切违碍书籍,及近时人著作有不经语句者,速行尽数呈出。在城士民,速自检查,呈缴教职转缴。其有离州县城窎远者,即于教佐等到乡挨查之时,逐一缴出。其有家存书籍,无人阅看者,尽数缴官代阅代缴,并再因亲及友,多方说劝,或代为查阅缴官。倘有因此挟嫌讦控者,自必从重惩治。如查过之后,尚有存留者,即行从重治罪。①

---

① 邓实:《销毁抽毁书目合刻·奏缴咨禁书目》卷首。

乾隆帝对地方大员屡屡指摘，地方督抚对城乡士民又以"身家性命"相威胁，层层压力之下，禁书进程不推动也难。随着军机处将"必应销毁书"名目节次公布，有的省份纷纷将其汇刊成本饬发各属，会同儒学并派本地生贡等遵照查缴，甚至禁书书目本身当时也在流通之中。

第四节　从明代编年史类著述看禁书前期的清查重点

四十年（1775）十一月十七日，江西巡抚海成向乾隆帝汇报了自己查办禁书中遇到的"书同名异"问题，并详列清单，现转引如下：

一、原禁《皇明通纪》。今获有《皇明实纪》、《皇明法传录》、《通纪类编》、《通纪辑要》、《皇明纪要》五种，俱与上同，共九十五部。又上次进过《明纪统宗》一种，亦同。

一、原禁《明纪辑略》。今获有《明史全载辑略》、《明纪全载辑略》、《明史类编》、《明纪纲鉴补》、《续纲鉴》五种，俱与上同，共一千七十五部。

一、原禁《续明纪编年》。今获有《明纪会纂》、《明通纪会纂》、《明通鉴编年》、《明通纪统宗》、《明鉴易知录》五种，俱与上同，共三百九十八部。

一、原禁《历朝捷录》。今获有《捷录大成》、《捷录评林》、《捷录法原》、《增删捷录》、《捷录真本》、《历史捷录》、《捷录真解》等七种，俱与上同，共六百七十部。又上次进过残废《捷录大全》一部，亦同。

一、原禁《博物典汇》。今又有《群书典汇》一种，与上同，共一百二十部。

一、原禁《屈大均诗略》、《屈大均诗集》，二书本同。今又有《诗外》一种，亦与上同，共十三部。①

禁书活动开展仅一年有余，江西一省查出的此类书籍，数量已经惊人，全国的情况可想而知。

至四十一年（1776）年底，各省送到的违碍书已积累较多，经过详细检阅，军机处"将其中之必应销毁者，先行查出办理"②。该次进呈有一个特点，亦是军机处此后历次汇奏的特点，即"应毁书内重复之本颇多"，通计四千三百八十九本，又未订十四部，又三十二卷。此处节选清单释例：

> 应毁重复各书
> 《明通纪》，三十部，共四百一十本，又不全本七百四十七本，又未钉三十二卷。
> 《明实纪》，一部八本，又不全本四十五本。
> 《明纪编年》，五十九部，共三百零一本，又不全本一百十六本，又未钉一部。
> 《明纪会纂》，二十部，共七十九本，又不全本四十五本，又未钉一部。
> 《通纪纂》，十三部，共五十一本，又不全本二十九本。
> 《捷录大成》，六十一部，共二百九十七本，又未钉七部。
> 《捷录大全》，十六部，共一百十本，又各种捷录不全本，共一百零九本。

---

① 《江西巡抚海成奏查办应毁书籍并呈名异书同各书清单折》（乾隆四十年十一月十七日），载中国第一历史档案馆编：《纂修四库全书档案》，第482—483页。
② 《军机大臣奏进呈各省送到必应销毁书籍片》（乾隆四十一年十二月二十四日），载中国第一历史档案馆编：《纂修四库全书档案》，第563—564页。

《捷录直解》，二十九部，共一百十三本。

《明从信录》，二十九部，共四百六十二本，又不全本五百十九本。

《两朝从信录》，不全本共一百九十三本。

《明法传录》，四部，共六十五本，又不全本三十九本。①

从数量上看，一并缴进销毁的重复书每种有至数十部者②；从书籍名目而观，又以明清之际的历史记载、野史稗乘为主。借助上述清单，清廷四库禁书前期的查缴重点不言自明。

事实上，刻书业的发展引发了坊刻书籍的弥增，亦导致一些流行于世的明代编年史类著述存在着庞杂与混乱等问题。笔者整理"军机处奏准全毁书目"中此类著作，其要者如下表所示：

表2-1　明代编年史著述全毁书目及违碍原因

序号	书名	著者	评价及违碍之处
1	《明通纪》	正德以前，明陈建撰；嘉靖至天启，江旭奇续	坊间野史，不足征信，而神宗以后语多悖犯
2	《昭代纪要》		陈建《明通纪》另刻不全之本
3	《明通纪直解》	明张嘉和撰	原属坊刻陋本，中多悖犯之语
4	《明实纪》	正德以前题陈建撰；嘉靖以后题陈龙可撰	与《通纪》大同小异，亦系坊间剽窃成书，中多悖谬之语

---

① 参见（清）姚觐元：《清代禁毁书目》补遗一。
② 地方查出的请毁书籍从汇报到真正运送京城，有一个时间差，快慢各省情况不一。又，军机处是随着核检的速度，节次销毁书籍的，这也是此处清单数量与海成奏报不同的原因。

续表

序号	书名	著者	评价及违碍之处
5	《明通纪辑录》		即《明实纪》原本,而坊贾易名售伪之书,其狂悖处亦与《明实纪》相同
6	《明纪重辑》(抄本)	不著撰人姓名	系从《明通纪》、《明实纪》等书内抄撮另编,尤为丛杂。中多悖犯处
7	《明法传录》	前二十八卷即陈建原本,后嘉隆两朝《续纪》六卷,《三朝续纪》十卷,明高汝栻续	与江旭奇《明通纪》、陈龙可《明实纪》诸书大同小异,亦系坊间凑集陋本,语多悖犯
8	《十六朝广汇纪》	陈建辑、陈龙可订	系坊间剽窃《通纪》、《实纪》等书易名售欺,毫无义例,中间尤多悖谬之处
9	《明纪编年》	前八卷明钟惺撰,后四卷王汝南续	系坊间野史,所纪率略浅鄙,殊不成书。内称明福王为赧皇帝,语句亦有干碍
10	《明纪会纂》		即钟惺等之《明纪编年》,系坊间改易书名
11	《通纪纂》	明钟惺撰	系坊间托名陋书,本不足存,语多违碍
12	《明注略》	明许重熙撰	系当时野史,记载失实,尤多悖谬
13	《神宗大事纪要》	明许重熙撰	系当时野史,阙陋猥鄙。语多违碍
14	《明从信录》	明沈国元辑	纪明列朝事迹,草野传闻,事皆失实,且中多犯悖之语
15	《两朝从信录》	明沈国元辑	专纪泰昌、天启两朝事迹。草野传闻,事皆失实,且中多犯悖之语
16	《历朝捷录大成》《捷录大全》《捷录全文直解》	明顾充原本,周昌年重订	饾饤俚浅本不成书,其叙明末事迹语多触犯

续表

序号	书名	著者	评价及违碍之处
17	《捷录法原旁注》		系已毁之《捷录大成》另行重刊
18	《捷录真本》		系已毁之《捷录大成》另改面目重刊者
19	《历朝捷录全编》		明顾充《捷录大全》之别本
20	《历朝捷录旁训》		明顾充《捷录大全》原本另加旁训者
21	《历朝捷录题评》		系《捷录旁训》另刊不全之本
22	《通鉴补要》		系明顾充《捷录》原本而改易书名者，其后《明纪纂要》不知何人附入，于大兵定抚顺城一条语有违悖
23	《群书典汇》	黄道周评辑	核之道周所辑《博物典汇》并不相合，且庞杂无次，当系书贾借名射利之本。其第九卷内多有狂悖语句

上列诸书被全毁，主要原因是其中有清廷认为的或多或少的"违碍"问题，如称"大兵定抚顺城一条语有违悖"，类此触悖当然以关涉清朝早期历史及"明满关系"为主。

除此而外，由于书商的"剽窃成书"、"易名售伪"与"另改面目重刊"，造成流行于世的明代编年史类著述淆乱纷杂，成为清廷首先整顿的目标，也是这些书被禁的原因之一。以陈建的《明通纪》为例，《剑桥中国明代史》曾这样评价：

> 明代有许多编年体著作涉及不同的时期，最流行的有《皇明通纪》（1555），据说是陈建所著。这部书在后来的版本中有许多增补。这是第一部内容广泛的明朝历史，起1351年，终1521年，即正德末年。它很快就流传开来。跟其他写于16世纪中叶以后的历史著作一样，《皇明通纪》根据的材料相当冗杂，

对文献和传闻不加区别。①

这里一方面说明了陈建《明通纪》流传之广与影响之巨，以致增补版本接踵而出；另一方面该书"对文献与传闻不加区别"的缺点是那个时代历史著作的通病。

大量明代编年史著作的流行，既反映了民众对此的需求，热衷于了解并记述这段历史，又是清统治者在这个具有巨大市场的领域里清除异端，力求统一思想的缘由。

小　结

四库禁书活动与《四库全书》的纂修有着密不可分的联系，这也是几起要案均出现在禁书前期和修书高潮期的原因之一。客观地说，禁书标准与选书标准又必然在某种程度上存在一致性，即编书过程中，清廷对自视违碍的内容加以抽毁、改易，必然也会同时贯彻在查禁工作中；而查检过程中被定性的必应销毁之书，自然也排斥在《四库全书》之外，两个方面是相辅相成的。

值得指出的是，恰恰是在查缴明末清初著述的同时，乾隆对南明诸帝在历史上的地位做出了新的考虑与评价。特命于甲申以后，附纪福王年号，肯定其对正统的接续；承认唐王、桂王为明室宗支，与异姓僭窃及私相署置者不同。本着统一记载，杜绝"私相传述"的原则，乾隆命四库全书馆总裁，将唐、桂二王本末，撮叙梗概，并将当

---

① 〔美〕牟复礼、〔英〕崔瑞德：《剑桥中国明代史》，中国社会科学出版社1992年版，第808—809页。

时死事诸臣姓名事迹,诠次成帙,待其裁定后,刊附《通鉴辑览》之末。[①] 乾隆面对历史,其思路已不仅仅局限于打击"非清"、"反清"、诋触清朝的思想与言论,转向积极树立有利于清统治的封建价值观,此种变化日后愈加明显。

---

① 《乾隆四十年闰十月二十五日谕》,载中国第一历史档案馆编:《乾隆朝上谕档》第8册,第77—78页。

第三章 查禁范围扩大的禁书中期

经过四年多的实践,查缴违碍书籍的工作此时按部就班地进行。至于违碍案件,出现一起,处理一起,或不必查办,或严厉审办,一切有据可依,定罪亦有案可比,再无惊悚大案、牵涉众多的事情出现。

第二阶段,从乾隆四十三年(1778)年末"予限两年查缴禁书"始,查缴范围不断扩大,由史籍、文集到剧本曲本、天文占验等书,由纸质文献到石刻碑碣之类,查缴的内容从政治层面发展为文化、道德、社会风俗等多个层面。该局面的形成,既是清廷编纂《四库全书》的价值取向所致,也与督抚之迎合有相当关系,其最终目的是要建立乾隆心目中的合乎"盛世"的封建文化体系。

第一节 查禁关乎"风俗"与"世道人心"者

一、青词从删

四库全书馆总裁将所辑《永乐大典》散片各书进呈,内宋刘跂《学易集》十二卷,拟请刊刻。乾隆阅后,认为"青词一体,乃道流祈祷之章，非斯文正轨"，且"刘跂所作，则因服药交年琐事，用青词致告，尤为不经"，"刊刻必不可也"。由此，引发了乾隆对文体的一段议论：

> 盖青词迹涉异端，不特周、程、张、朱诸儒所必不肯为，即韩、杨、欧、苏诸大家，亦正集所未见。若韩愈之送穷文、柳宗元之乞巧文，此乃假托神灵，游戏翰墨，不过借以喻言，并非实有其事，偶一为之，固属无害。又如时文为举业所习，自前明以来，通人擅长者甚多，然亦只可听其另集专行，不宜并登文集，况青词之尤乖典故者乎？①

"迹涉异端"的青词在乾隆看来"尤乖典故"，流行的时文更是不能登大雅之堂。但此处删撤，并不能称之为禁书，而是办理四库全书时发现的需抽毁之处，因而允许上述书籍的"抄本姑存"。对书籍严密甄核是编纂四库的题中之意，禁书与修书有着不可分割的联系，但归根结底是与乾隆帝"汇萃群书，用以昭垂久远"②的理想相关。四十年（1775）十一月十六日所降谕旨甚明：

> 至现在纂辑《四库全书》，部帙计盈数万，所采诗文别集既多，自不能必其通体完善，或大端可取，原不妨弃瑕录瑜。如宋《穆修集》，有《掺帐记》，语多称颂，谬于是非大义，再所必删，而全集或录存，亦不必因此以废彼。惟当于提要内阐明其故，使去取之意晓然。诸凡相类者，均可照此办理。该总裁

---

① 《乾隆四十年十一月十六日谕》，载中国第一历史档案馆编：《乾隆朝上谕档》第8册，第91页。
② 《乾隆四十六年二月十五日谕》，载中国第一历史档案馆编：《乾隆朝上谕档》第10册，第383页。

等务须详慎抉择,使群言悉归雅正,副朕鉴古斥邪之意。①

"群言雅正"是"昭垂久远"的前提,为了"鉴古斥邪",收入《四库全书》的诸多书籍经重新厘定,分别削存,此为一例。修书也好、禁书也罢,无不体现了清廷"取其所需"、"为我所用"的原则,目的是树立对"风俗人心"的导向,维护清朝的统治。或有对书籍的分别削存,如对拟请抄录的王质《灵山集》,乾隆就指示:"内如《论和战守疏》及《上宋孝宗书》诸篇,词意剀切,颇当事理,竟宜付之剞劂,但其中亦有青词一种,并当一律从删。"摒弃"青词",反映了清廷的价值取向,在乾隆看来,只有经此处置,才能"用昭评骘之允"。

二、厘正诗体

乾隆四十六年(1781),四库馆进呈朱存孝《回文类聚补遗》,高宗阅及其中的《美人八咏》诗,批示"词义嫕狎,有乖雅正"。他认为"诗以温柔敦厚为教",该书"所列《丽华发》等诗,毫无寄托,辄取俗传鄙亵之语,曲为描写,无论诗固不工,即其编造题目,不知何所证据"。十一月初六日谕内阁:

> 朕辑《四库全书》,当采诗文之有关世道人心者,若此等诗句,岂可以体近香奁,概行采录?所有《美人八咏》诗,著即行撤出。②

---

① 《乾隆四十年十一月十六日谕》,载中国第一历史档案馆编:《乾隆朝上谕档》第8册,第91页。
② 《乾隆四十六年十一月初六日谕》,载中国第一历史档案馆编:《乾隆朝上谕档》第10册,第867页。

乾隆于《美人八咏》诗的批驳，引发了对收入《四库全书》各种诗集的详细检查。"厘正诗体"事小，关乎"道德"事大，之所以"崇尚雅醇"无非是为了培养符合统治者利益的"世道人心"。需要指出的是，对于这些在乾隆看来无益于封建文化发展的书籍，他虽然不提倡，并排斥在《四库全书》之外，但也没有一概销毁。

三、清查曲本、剧本

早在乾隆四十年间，因金堡《遍行堂集》案牵扯出《喜逢春传奇》一书。统治者感到，曲本流布与辗转饰演于民间，与风俗人心大有关系，因而警觉地嘱咐江南的督抚留心此事，在江宁、苏州两处查明类此书籍，但当时未引起足够重视。

事隔五年，在各督抚"实力查缴"，将众多"违碍字句之书籍"陆续解京的局面下，乾隆于四十五年（1780）十一月十一日降旨，清查剧本曲本之类书籍，曰：

> 因思演戏曲本内，亦未必无违碍之处，如明季国初之事，有关涉本朝字句，自当一体饬查。至南宋与金朝关涉词曲，外间剧本，往往有扮演过当，以致失实者。流传久远，无识之徒或致转以剧本为真，殊有关系，亦当一体饬查。[①]

剧本曲本受到检查的起因，在于其中关涉"明末清初"的事件，乾隆称之为失实的"新事新编"。而掌握此段历史的发言权，厘正纷杂的野史记载来统一言论，可谓乾隆禁书的初衷。除此之外他又列举道：

[①] 《乾隆四十五年十一月十一日谕》，载中国第一历史档案馆编：《乾隆朝上谕档》第10册，第276页。

> 剧本内如《草地》、《败金》等出，不过描写南宋之恢复及金朝退败情形，竟至扮演过当，称谓不伦，想当日必无此情理，是以谕令该盐政等留心查察，将似此者一体删改抽掣。①

剧本曲本成为查禁的对象，且殃及相关南宋与金朝的剧本，不能不说乾隆的行为已甚。

因苏州、扬州等处剧本集聚、演戏流行，遂将查禁的地域首先局限在此。此事的主要负责人之一两淮盐政伊龄阿派员有目标地搜访，查明应删改者删改，应抽撤者抽撤，陆续黏签呈览。同时提到：昆腔之外，有石牌腔、秦腔、弋阳腔、楚腔等项，江、广、闽、浙、四川、云贵等省皆所盛行，请敕各督抚查办。缘此，查办流传剧本的范围扩大到全国。伊龄阿的办理深得乾隆欢心，认为地方大员在经理事务时"自应如此"，同时也说明乾隆帝此前一再督饬和强调的悉心办理与认真检阅已经奏效，大吏们再也不敢坐视。

江南地区集镇繁富、文化发达，梨园演戏、剧本贩售在所恒有，所演之戏又以昆腔为主。但连界各省除受昆腔演戏风格影响之外，又发展出如伊龄阿所奏的具有地方特点的腔调，如安徽省怀宁县石牌镇，教习戏本即名为石牌腔等，成为检查的重点。当时，督抚们将清查流传剧本的谕旨下达到各地戏班，对属区内的演戏情况来一番实际调查，派专人查核缴到的戏本。四十六年（1781）四月初六日，江西巡抚郝硕奏：

> 江右所有高腔等班，其词曲悉皆方言俗语，俚鄙无文，大半乡愚随口演唱，任意更改，非比昆腔传奇，出自文人之手，

---

① 《乾隆四十六年五月二十九日谕》，载中国第一历史档案馆编：《乾隆朝上谕档》第10册，第492页。

剞劂成本，遐迩流传，是以曲本无几，其缴到者，亦系破烂不全抄本。现在检出之三种内，《红门寺》系用本朝服色，《乾坤鞘》系宋金故事，应行禁止；《全家福》所称封号，语涉荒诞，且核其词曲，不值删改，俱应竟行销毁。①

江西戏班流行"高腔"，演戏多在南昌府境内，其山隅偏僻之处"既无优伶，外间戏班亦所罕至"。郝硕甚至周全地部署界连江、广、闽、浙的江西各府，留心时来时去的到境戏班，以求"一体遵禁改正"。安徽巡抚农起以观玩为名，陆续查取阅看石牌腔剧本，发现"底本均系抄录，并无坊刻"，所存问题皆为"词句鄙俚不堪，上下文气扞格，语言杂错，不顾情理"之类，并无关涉清朝的字句。唯一饬禁的内容就是使用清朝服色扮演唐末五代的番邦妇女，及有"慢侮古昔圣贤"之处。可以看出，不论督抚们查出的违碍剧本数量几何，重要的是他们已完全领会了乾隆帝力求"端本维风"，教化"世道人心"的意图，而去积极地行动着。

历史上，明确查禁戏曲的事件最早见于南北朝时期的陈朝，而官方对戏曲书籍的查禁最早见于明代。②乾隆对剧本曲本的查办略显温和。时时刻刻强调"但须不动声色，不可稍涉张皇"③。两淮盐政图明阿在汇奏查办情形时曾提到：

窃照查办戏曲，昨奴才拟请凡有关涉本朝字句及宋金剧本

---

① 《江西巡抚郝硕奏遵旨查办流传剧本情形并黏签呈览折》（乾隆四十六年四月初六日），载中国第一历史档案馆编：《纂修四库全书档案》，第1327页。
② 参见赵维国：《书籍禁毁：一种文化现象的观照——兼论俗文学范畴的戏曲小说禁毁》，《中国文学研究》2003年第4期。
③ 《乾隆四十五年十一月二十八日谕》，载中国第一历史档案馆编：《乾隆朝上谕档》第10册，第295页。

扮演失实者，皆应遵旨删改抽掣，另缮清本同原本黏签进呈。其余曲本有情节乖谬、恐其诳惑愚民者，亦照此办理，若但系字句违碍，则祇将原本黏签改正进呈。①

上述详尽的办理方法奏报皇帝后，奉到"好！知道了。此亦正人心之一端，但不可过于滋扰耳"的朱批。然而，当图明阿在两淮设局倾力搜缴，将各种流传曲本尽行删改，装潢进呈，出现办理过头的举动时，乾隆又严厉训饬和及时纠正，指示他们"务须去其已甚"，"曲本内无关紧要字句，原不必一例查办"②。乾隆帝既想按己意将违碍之处剔厘净尽，"共臻一道同风之盛"，又始终不希望因查书滋扰引起社会波动，污累"盛世"之名，总是谆谆告诫，务须不动声色，希冀在平静表象之下将违碍之处一体更正，来实现"端风俗而正人心"以巩固统治。

四、严禁天文占验、妄言祸福之书

《天元玉历祥异赋》、《乾坤宝典》二书，系河南省解送请毁。前者署明仁宗制，后者不知撰著名氏。乾隆审阅后，认为"此等天文占验、妄言祸福之书，最易淆惑人心"，民间流传甚属不宜。遂于四十六年（1781）二月初四日，谕令全国一体查缴。③

其实，早在乾隆三十三年（1768），浙江巡抚就曾奏请将齐周华

---

① 《两淮盐政图明阿奏恭录勘办〈金雀记〉等剧本进呈折》（乾隆四十六年四月初九日），载中国第一历史档案馆编：《纂修四库全书档案》，第1328页。
② 《谕令图明阿等妥办流传剧本不得过当致滋烦扰》（乾隆四十六年五月二十九日），载中国第一历史档案馆编：《纂修四库全书档案》，第1358页。
③ 《乾隆四十六年二月初四日谕》，载中国第一历史档案馆编：《乾隆朝上谕档》第10册，第372页。

案所涉"妄言祸福"图书，追板销毁；三十五年（1770）正月，清廷审查钦天监藏书，拟销毁占验书18种。政府对此类书籍的排斥态度是一贯的，原因在于担心会对"风俗人心"造成扰乱，产生不稳定的社会因素。

禁书运动发展到此时，已无大规模的呈缴，基本上步入乾隆下令追缴某部或某类书，地方就相应执行的模式。自从乾隆在四十二年（1777）点名责备直隶的回奏迟缓后，该省遇事总是第一个禀覆，此次也不例外。随后，山西、河南、湖北、福建、广东等省相继说明了遵旨查办《天元玉历祥异赋》的情形。湖北巡抚郑大进还进一步提议，希望认真检查郡邑志乘中的类此内容，道：

> 臣伏见各郡邑志乘，每载象纬物异占验，事多附会穿凿，前蒙谕旨，将各志书中应禁诗文及其人事实书目详查芟削。现据各属赍缴，交局员校办，臣并督饬详细查明，如星野灾祥等门内，除记事有关征考，仍听存留，并偶被偏灾恭纪赈恤殊恩理宜敬载外，其有语涉占验不经，虽前古陈编并从芟撤，以仰副圣主厘正群言、牖民维俗之至意。①

禁书一事由"局员校办"，但郑大进迎合上意，表明自己亲自督饬"详细查明"。志乘中多有"星野灾祥"门类，但不是一概摒弃，要保留有关考证和"恭纪赈恤殊恩"的内容，只有删撤"占验不经"的部分，才能达到乾隆"厘正群言、牖民维俗"的目标。

---

① 《湖北巡抚郑大进奏遵旨查办〈天元玉历祥异赋〉情形折》（乾隆四十六年三月十五日），载中国第一历史档案馆编：《纂修四库全书档案》，第1320页。

第二节　欲将违碍彻底禁绝者

一、磨毁沿边石刻碑碣

《字贯》案的发生及乾隆对封疆大吏的迭次警示，有效地调动了地方官办事的积极性，禁书活动中查缴范围的扩大与督抚之刻意迎合有相当关系。

乾隆四十三年（1778）七月，据马兰镇总兵保宁奏：

> 石门地方有神祠，俗名将军庙，祀汉灵帝时中郎将孟谥，至明嘉靖、万历间重修立碑，其文内多有妨碍本朝之字，随将此碑掩埋。①

乾隆帝非常重视此项报告，认为保宁将违碍碑石掩埋土中的办法尚不完善，应：

> 将碑字尽行磨去，另拟碑文刊刻，叙述其神之事迹及土人立祠之意，既不使湮没无传，且不令字有违碍，方为两得。②

由此，考虑到直隶、山西一带沿边地方，"或建有列朝边将祠碑，或刻有边防碑记，其中触碍字面自所不免"，便于七月初九日廷寄直隶

---

① 《乾隆四十三年七月初九日谕》，载中国第一历史档案馆编：《乾隆朝上谕档》第9册，第227页。

② 《寄谕马兰镇总兵保宁将石门神祠碑字磨去另拟碑文改刻》（乾隆四十三年七月初九日），载中国第一历史档案馆编：《纂修四库全书档案》，第862页。

总督周元理、山西巡抚巴延三，令其派委晓事之员悉心勘查，磨毁改刻。自此，查禁的视角由纸质文献发展到石刻碑碣的违碍，后又诏谕奉天一带清查，地域范围超出内地十八省。

其实，乾隆椎毁违碍碑石早有先例，前述金堡、函可事件即是。虽然当时有"或有类此者，并着一体查办"的旨意，但未见地方大员续奏，直至马兰镇总兵保宁具奏陈情，才开始了沿边一带的大规模查缴。山西在八月廿五日回复了查办的情况，巡抚巴延三称：

> 查晋省雁平、归绥二道，所属朔平、宁武、大同三府暨归化等五厅，俱系沿边地方。该处祠宇关隘碑额内，恐有触碍字面，必须遴委晓事之员，详查妥办。臣谨遵谕旨，选委朔平知府张世禄，宁武知府沈之燮。此二员办事认真，颇属晓事，即饬就近亲赴，逐细履勘。遇有神祠门堡隘口所存门匾碑碣等项，务须详加考核。如有触碍字样，先行据实抄录呈验。臣覆加校阅，或应磨毁，或应改刻，均各细心区别，即行妥协办理。至腹里地方神祠碑额，恐亦有违碍之处，并饬各该馆知府一体确查妥办，倘或虚应故事，不行实力勘查，稍有疏漏，即严行参处。[①]

据雷梦辰《清代各省禁书汇考》，可知山西沿边一带查销了14种石刻诗文及流传拓本，分别是：谒晋祠登朝阳洞宿斋馆、揽然境轩、鹳楼、白云洞、望仙楼、谒文潞公祠、谒郭有道祠、谒洁惠侯祠、示河中诸子、汉汾阴祠、祭汤陵、祭西海庙、祭河渎庙、赠胡衣庵观察诗。后尹嘉铨案发，降谕销毁所有流传拓本，其竖碑摩崖之处查明磨毁。山西巡抚雅德于乾隆四十六年（1781）八月廿五日奏缴尹嘉铨石

---

① 台北"故宫博物院"编：《宫中档乾隆朝奏折》第44辑，台北"故宫博物院"1985年版，第653页。

刻7种，其中山西四种：上恒山北岳诗、上昭济庙诗、憩同乐亭诗、过三贤里诗。①

直隶总督周元理遍查保定、易州、永平、遵化境内的神祠门堡隘口，将碑碣门匾诗文中的违碍字句，开单进呈。乾隆命周元理将清单抄寄奉天府府丞李绶，希望他照此详悉确查、实心妥办，即行磨毁改刻。李绶奉旨查办，相当用心，很快便将凤凰、岫岩、宁海、旅顺等处查出的违碍字样开单奏呈。继之赴铁岭、开原、兴京、抚顺等处查办完结，返回盛京后便开始着手城内及承德县所属各界的清查。②李绶严饬下属磨毁净尽，对于应行改刻的，亦由李绶撰文发刻；盛京将军福康安一接到府丞的汇办咨文，便委员查验，并于巡视城工之便留心访询，亲诣查勘。李绶奋勉查办，陆续奏明应行磨毁改刻的违碍碑碣门匾达166件，因其办理此事之积极且卓有成效还受到乾隆帝的关注与赞许，并许诺"俟其办完此事加恩擢用"③。

奉天一带的查缴，由上可知遍历境内，细致之极。地方官员在办理此事中不敢有半点疏忽，既要杜绝违碍字样的遗漏，又要亲自监督字迹的磨毁净尽，以昭画一。一旦查得违碍字样，均需拓印碑模、开具清单，层层呈阅。如噶礼尔瑛查得宁远州、义州、锦县、广宁县各界内祠庙坟墓等处明季所立碑碣似涉违碍字样，便以碑模十一纸具禀福康安、李绶。④四十五年（1780）正月，查缴石刻碑铭的行动已波及京城，据步兵统领衙门奏："京城内外寺庙庵观碑碣，有文义违碍鄙俚者，应全行磨净。其有关庙讳、御名者，亦应将字磨去。"乾

---

① 雷梦辰：《清代各省禁书汇考》，第10、12页。
② 《奉天府丞李绶奏查办铁岭等处违碍碑碣情形折》（乾隆四十三年十一月二十五日），载中国第一历史档案馆编：《纂修四库全书档案》，第948页。
③ 《乾隆四十四年三月二十一日谕》，载中国第一历史档案馆编：《乾隆朝上谕档》第9册，第633页。
④ 《盛京将军福康安等奏委员查办磨毁碑碣已竣并复行查出违碍字样折》（乾隆四十四年五月初三日），载中国第一历史档案馆编：《纂修四库全书档案》，第1052—1053页。乾

隆首肯了这样的建议，命将碑身磨净的交往工程处刻碑及他用，字数磨毁无多的，重镌妥善的字眼。①

金石刻文，流传可考者甚多。征书活动中，先有安徽学政朱筠建议"金石之刻，在所必录"，"凡直省所在现存钟铭碑刻，悉宜拓取，一并汇送，校录良便"。陕西学政杨嗣曾曾以"金石文字，垂世久远，最足为考古之资"，多次提请拓取著录，但最终以"一时难以搜寻"，担心地方官办理不善"转滋纷扰"，而搁置不议。② 毋庸而论，此时将视线再次转向石刻碑铭，更多的是为了配合纂修四库的"厘正群言"，按照清廷的意志删改和禁毁"妨碍清朝的字面"，以树立乾隆心目中的封建文化体系。那些毁掉的碑文，现已无由得知，违碍字面确已惕厘净尽。李绶在回奏查办情形时曾提到：

> 将两次奉到谕旨及臣三次原折底稿清单，一并恭缴。至臣知照将军咨文，饬各地方官牌文，统俟事竣后收回销毁，遵旨毋庸存案。③

与那些阐明"去取之故"的处理违碍原则不同，石刻碑碣等实物的铲销，乾隆帝是不愿留下痕迹，使世人得知的。

二、删削全国郡邑志书

禁书活动的推动与展开，一方面是乾隆屡屡施压的结果，另一

---

① 《清高宗实录》卷一〇九八，乾隆四十五年正月初八日戊子，第719页。
② 《陕西学政杨嗣曾奏请拓取陕甘碑刻折》（乾隆三十八年六月二十日），载中国第一历史档案馆编：《纂修四库全书档案》，第131页。
③ 《奉天府丞李绶奏查办铁岭等处违碍碑碣情形折》（乾隆四十三年十一月二十五日），载中国第一历史档案馆编：《纂修四库全书档案》，第948页。

方面也是督抚大员们积极迎合所促成。

具体到查书方法上，先由江西巡抚海成发明"倍价购买"之法，后浙抚三宝"派教官赴原籍"搜书，均经乾隆推广全国，办有成效。四十四年（1779）十月二十九日，安徽巡抚闵鹗元又奏请删削全国的郡邑志书，也立刻得到了乾隆帝的响应。

各省通志及郡邑各志，于人物、艺文门内往往载及该地人著作姓名，或是在名胜、古迹门内编入前人游历题咏。如《江南通志》中就多载清廷严禁的钱谦益、金堡、屈大均等人的传记诗文。早在乾隆四十二年（1777），查缴禁书相当积极的江西巡抚海成，便提议各省一体查校志乘。四十三年（1778）年末，湖南巡抚李湖"率同司道检齐通省府州县志书内刊载本朝同历代所著书集名目，凡系从前未经呈缴者，俱汇单抄发该州县，饬令照单查缴解省，填派委员悉心校阅"，认为"按图索骥"较"委员泛查"更为切实。但当时乾隆帝不置可否，仅仅批示了一句"知道了"。

此前，各省对志乘的运用更多在于便利追查饬禁的内容，如盛京将军弘响据《盛京通志》查出千山和尚函可的字号、行迹，将其诗文、事迹逐一删除。乾隆对李湖的提议未做回应，是因为一体删改郡邑志乘未到合适时机。至闵鹗元奏请时，乾隆称："从前各省节次缴到应毁书籍，经朕发交馆臣覆勘，奏定应行销毁者，俱经该馆陆续咨行各省。"历经五年的清查，禁毁书籍的篇目已经基本确定，为删销志乘提供了办理的依据。

当时，闵鹗元请奏道：

> 所有应毁各书，当杜绝其流传，即不应复存其名目，俾得污简册而惑人心。……而现在查出悖妄各书名目，列入该府县志乘亦复不少。若不逐一芟除，诚恐贻惑后世。所有馆臣核明应销各书，将来恭奉钦定后，似应通行各省，逐一查明。凡省

志及郡邑各志内,如有登载应销各书名目及悖妄著书人诗文者,一概俱行铲削,俾不致流传贻惑,似于人心风俗实有裨益。①

乾隆以纠正"人心风俗"获得至治的理念,已经被他的臣僚们深刻领会。闵鹗元的奏报表达了将"悖妄"铲销净尽的决心,这让乾隆十分满意,褒以"所奏甚是"。并传谕"各督抚,将省志及府县志书悉心查核,其中如有应禁诗文而志内尚复采录并及其人事实书目者,均详悉查明,概从芟节,不得草率从事,致有疏漏"。从此正式开始有系统地清查各省郡邑志书。

三、统一填补空格书籍

四十五年(1780),乾隆在阅及应抄之沈炼《青霞集》时,发现该书凡违碍字样一律空格,便发交阿桂、和珅查核填补。这样的现象使他隐隐担心,民间此类书籍一定不少,"俱应酌量填补"。考虑到自行查添难以整齐划一,便于十一月二十日廷寄各省督抚,嘱:

> 详查各种书籍内有不应销毁而印本留有空格者,概行签出解京。俟交馆臣查明酌量填补后,仍行发还。其有版片者,即著各督抚遵照所填字样补行填刻,以归画一。②

《青霞集》八本,空格未填处"四十余签",编修人员的疏漏显而易见,乾隆指示:总校·编修仓圣脉、分校·检讨王汝嘉降二级调

---

① 《安徽巡抚闵鹗元奏请通饬铲销志乘所载应销各书名目及诗文折》(乾隆四十四年十月二十九日),载中国第一历史档案馆编:《纂修四库全书档案》,第1119页。
② 《乾隆四十五年十一月二十日谕》,载中国第一历史档案馆编:《乾隆朝上谕档》第10册,第283—284页。

用，总裁·兵部侍郎曹文埴销去加一级，免其降级，以责编修之用心不专。①

印本留有空格的书籍反映了该书的出版环境与时代特征。随后，军机处颁布的全毁书目中，赫然罗列诸种因空格而殁灭的书籍，否定乾隆"填补后仍行发还"的承诺。空缺的内容显然是在清廷看来悖犯、触碍字面，以孔鼎《孔正叔集》、邱维屏《邱邦士集》、邢昉《石臼集》为例，这些书的作者均为明末诸生，诗文又是入清朝所作。或有入清朝后将前以印行的书籍铲毁，如《寒支初集》、《二集》，更有多种文献，军机大臣"以上下文义核之"，认为空格均为指斥。后期覆校各阁《四库全书》，是否有空格亦是检查的重点。由对空格书籍的检查很自然地牵涉书中墨涂的现象，明人撰书如刘日杲《问花斋集》、胡允嘉《柳堂遗集》、邓澄《东垣集》、吴仁度《奏议》等，均因书中的墨涂改动之处显系指斥而见毁。②

查办空格书籍，虽有遵旨寄信前来的明令，但据现有材料，仅仅山东、山西、直隶、河南、贵州、陕西、广东、广西几省相继回奏了办理空格书籍的情形。不见江浙等大省的回音，非"人文渊薮"且相对偏僻的省份积极表现，是禁书以来一直存在的现象。但此时，对江南等省的怠慢表现未见乾隆片言只语的批评，热心部署此事的陕西巡抚毕沅却接到皇帝"此等事当尽心而不宜滋扰"的指示。

四十六年（1781）间，云南解送空格书籍12种；陕西毕沅奏明7部，共56本；次年，广东又查出《唐诗笺注》等8种。乾隆想统一填补空格书籍，"化洽同文"的理想，无疑也只是理想。想要普天下的类此书籍，汇聚京师，"以归画一"，单靠一条行政命令，是难以实现的。

---

① 《谕未看出〈青霞集〉空格未填之仓圣脉等着降级调用》（乾隆四十五年十一月二十七日），载中国第一历史档案馆编：《纂修四库全书档案》，第1235页。
② 参见（清）姚觐元：《清代禁毁书目·补遗一》，第191页。

小 结

伴随乾隆关于建立封建文化体系的考虑不断成熟，四库禁书的第二阶段，清查范围已经超出政治范畴，而涉及道德、风俗等层面，其中剧本、曲本、天文占验等书就是典型的代表。

这一阶段虽然未发生严重的文字案件，但清查的范围却扩大到所有文字，包括石刻碑碣，乾隆欲将自视的违碍问题彻底禁绝，以整顿"世道人心"，实现国家的长治久安。

第四章　禁书活动的逐步松弛与封建文化样本的完善

乾隆四十六年（1781）十二月，第一份四库全书告成，随之四库馆、军机处陆续刊刻奏准禁书书目，成为明确的查禁标准。此后"毋庸查办"的案件剧增，禁书呈缴渐少。

自乾隆四十六年（1781）末，至五十九年（1794）十月两广总督长麟最后一次汇奏查无《御批通鉴纲目续编》（以下简称《续编》），为禁书活动的最后阶段。查缴《续编》成为此阶段主要任务，循年终汇奏之例，乾隆欲完善此书为"读史之指南"。

当七阁《四库全书》全部告成，随之而来的是高宗对其撤改与复检的指示，欲树其为封建文化的样本。其间，既有乾隆对四库馆臣的责罚，亦有以纪昀为首者迎合上意，寻章摘句苛刻至极。此时，督抚们仍上奏屡请展限以求搜缴净尽，乾隆更是几次敦促江南官员，欲将查禁工作"毋庸定以期限"地执行下去，与禁书活动实际上的消歇形成反差。

第一节　纠偏文字案件

乾隆四十六年（1781）十二月初六日，卷帙浩繁的《四库全书》

第一份编纂完竣；十七日，《永乐大典》内散篇整理已毕；总纂、总校、覆校、分校等人"照例议叙"。此时，武英殿及翰林院、方略馆等处负责新纂的书籍陆续办完，分别刊刻，或有未能完成者，也限定了时间加紧纂办。八年来，乾隆热心于编纂事宜，"每进一编，必经亲览，宏纲巨目，悉禀天裁"，谨慎于"随时训示"，期望于"昭示方来"，如今已见成果。①

与此同时，地方督抚再无大规模的汇奏禁书情形。任何活动均有发展规律，缴书高潮过后自然趋于平缓，究其原因，第一份《四库全书》的告成，意味着对书籍的甄核选择告一段落；次年，四库全书馆和军机处就分别开出了应行全毁或抽毁的书目通行各省，使查办工作有了明确的依据，禁书呈缴在数量上骤减。此外，四十六年（1781）以来，先是发生了甘肃回民起义，接着该省捐监情弊暴露，牵涉众多官员，不能不让乾隆感慨万千，甚至在避暑山庄著《知过论》一文，以示检讨。在此背景之下，乾隆严禁诬告刁风，对地方官热心于指摘文字，显得有些"吹毛求疵"的奏报，一一指示"毋庸查办"。

一、严禁诬告刁风

早在乾隆初年，有感于雍正朝的文字狱，曹一士奏曰：

> 比年以来，小人……往往挟睚眦之怨，借影响之词，攻讦诗文，指摘字句，有司见事风生，多方穷鞫，或致波累师生，株连亲故，破家亡命，甚可悯也。……述怀咏史，不过词人之习态，不可以为援古刺今。即有序跋偶遗纪年，亦或草茅一时

---

① （清）永瑢等：《四库全书总目·凡例》第一则，第17页。

失检，非必果怀悖逆，敢于明布篇章。使以此类悉皆比附妖言，罪当不赦，将使天下告讦不休，士子以文为戒。①

四库禁书期间，相继发生的《字贯》、徐述夔案均与告发相关，要案在"树立悖逆样本"、推动禁书颇见成效的同时，也带来了恶劣的影响，四十三年（1778），即有乾隆不愿助长告讦习风的正式告谕。

如今，查缴禁书的高潮已过，如果再出现诬告成风的局面，必然会扰乱社会安定，这既非乾隆初衷，更需严厉禁绝。

四十六年（1781）十一月，福建海澄县民周铿声控告在籍知县叶廷推纂辑《海澄县志》，将其祖叶逢春传记、碑文载入，词语狂悖。署理巡抚杨魁认为该案虽系挟嫌妄控，但碑文中"皇清"二字下未书年号，仅记"岁在丁亥"，请旨严究审办。杨魁前经办案错谬，受到严责，如今对于文字案件的奏报仍是相当谨慎，不好掌握乾隆对于判定违碍的尺度，那就宁严毋宽，把是否有罪的最终决断权推到皇帝那里。乾隆认为，该案中签出的违碍语句并无悖逆，只系剿用腐烂，叶廷推无罪，周铿声照谋反罪斩立决，周氏家属给功臣家为奴。②

次年三月，河南光州萧万载于都察院呈控祝万青家祠匾对语有违碍，并告光州知州隐匿不解。祝氏本系武生，匾额曰"豆登常新"，对联称"吾祖吾宗，贻厥孙谋；若裔若子，增其式廓"。在乾隆看来，匾对杂凑字句、文理不通，但并无违碍，情有可原。于是道："若如此吹求字句，天下何人得自解免？此案所控情节，看来竟属险诈诬罔，断不可因此拖累无辜，致长刁风。"上述两案发生后分别特颁谕旨，令各督抚通行晓谕，宣示臣民，警告不可助长诬告刁风。

---

① 赵尔巽主编：《清史稿·曹一士传》卷三〇六，中华书局 1977 年版，第 10527 页。
② 郭成康、林铁钧：《清朝文字狱》，第 371 页。本章有关文字案件的写作，多参考该书。

二、"字句微疵,并非有心违悖者"毋庸查办

乾隆四十七年(1782)三月,署理湖南巡抚李世杰奏:常德府知府何泽禀报龙阳县监生高治清刊出《沧浪乡志》,语多悖妄。并密往各家搜讯,将高治清父子生监斥革,作序之教授翁坰解任质讯。

乾隆认为,此事办理太过,详悉指出李世杰种种失当之处。签出的违碍字面如"幕天席地"、"玉盏长明"俱系"相沿已用",甚至"德洋恩溥","运际升平"等本系颂扬之词,无干例禁。对于书中称"曾父王"及名字内有"弘远"、"弘开"触犯避讳者,乾隆显得尤为宽容,以为乡愚无知,不足深责。总之,该书上交时奏称的"语多悖妄"之处,经皇帝审查后均为"字句微疵"。

此时,乾隆着意强调地方大员们在查办禁书时应存区别对待之心,指示曰:

> 外间刊刻书籍,如果有实在违悖不法字句,自应搜查严办。……各省查办禁书,若俱如此吹毛求疵,谬加指摘,将使人何所措手足耶!此事总因李世杰文理不通,以致办理拘泥失当如此。朕于此等字句微疵,从不肯有意推求。所谓不为已甚之素志,实天下人所共闻共见者,李世杰何未见及此!①

乾隆判定《沧浪乡志》"不过无识乡愚杂凑成编,并非有心违悖者可比",毋庸查办,牵连诸人一概宽免,再次将其"不为已甚"的办事态度传达给各省督抚,希冀他们用心把握。隔一日,再降谕旨,告知

---

① 《乾隆四十七年三月十四日谕》,载中国第一历史档案馆编:《乾隆朝上谕档》第11册,第83页。

地方大员在办理类此书籍时应留心检阅,不得"任听庸劣幕友属员谬加签摘,以致拘泥失当,滋扰闾阎"。并由办理禁书一事推及经理地方事务,提醒他的官僚们"若皆似此草率,漫不经心,何以胜封疆重任耶?"①。

关于此案,江西巡抚冯应榴的奏覆颇能体会君主的意图,道:"自后核办禁书,不得拘泥吹求,办理过当,及轻听讦告,致长刁风。其有实在违背诗文书籍,必实力查缴,毋许片纸只字存留,又不得指为无碍,稍滋轻纵。"②两广总督巴延三曰:"嗣后凡遇一切书籍,臣当更加详慎,不敢无故吹求,亦不敢因奉此旨,稍存宽纵。"③如果说,乾隆在查缴禁书的宽严标准上一直存在着让地方难以把握的矛盾,那么,《沧浪乡志》案可谓一个转折点。此后的事态发展证明,借文字案件来推动禁书搜缴的高峰时期已过,乾隆对告讦事件与办理太过的事情开始严行纠正。

三、"诗意牢骚,并非公然毁谤本朝者"毋庸查办

上述三起文字案件中,乾隆均重在强调地方办理者应悉心甄别,"毋得拘文牵义",表明了高宗态度的转折。可偏有不识时务者,遇到自认为稍有问题的书籍便热心办理。乾隆四十七年(1782)四月二十日,安徽巡抚谭尚忠奏,歙县知县杨祈迪查出已故贡生方芬所著《涛浣亭诗》,语多狂悖,拟请重罪处置。

---

① 《乾隆四十七年三月十六日谕》,载中国第一历史档案馆编:《乾隆朝上谕档》第11册,第86页。
② 《护理江西巡抚冯应榴奏覆钦遵毋庸查办〈沧浪乡志〉谕旨缘由折》(乾隆四十七年四月初六日),载中国第一历史档案馆编:《纂修四库全书档案》,第1554页。
③ 《两广总督巴延三奏钦遵谕旨嗣后一切书籍自应区别办理折》(乾隆四十七年四月二十日),载中国第一历史档案馆编:《纂修四库全书档案》,第1557页。

五月初三日,乾隆批示"办理殊属失当,若别无不法字句,即可毋庸办理"。并对签出的违碍诗句,做了一番细致的解释与澄清,称:

> 方芬诗集内有"征衣泪积燕云恨,林泉不共鸟啼新",又"乱剩有身随俗隐,问谁壮志足澄清",又"蒹葭欲白露华清,梦里哀鸿听转明"等句,虽隐约其词,有厌清思明之意,固属狂悖。但不过书生遭际兵火,迁徙逃避,为不平之鸣,并非公然毁谤本朝者可比。方芬老于贡生,贫无聊赖,抑郁不得志,诗意牢骚则有之,况其人已死,朕不为已甚。若如此即坐以大逆之罪,则如杜甫集中穷愁之语最多,即孟浩然亦有"不才明主弃"之句,亦岂得谓之悖逆乎?此等失意之人,在草泽中私自啸咏者甚多,若必一一吹求,绳以律法,则诗以言志,反使人人自危,其将何所措手足耶?①

乾隆首先承认了方芬诗句中隐约的"厌清思明之意",但又归结为"牢骚"所致,非"公然毁谤",甚至抬出杜甫、孟浩然的诗句来做比拟,证明方芬的诗句与"悖逆"无关,让我们不得不感慨于君主对"违碍"的任意解释。此时,"固属狂悖"的诗文不再"绳以律法",乾隆明显想去改善查缴禁书以来"人人自危"的局面。

经历了一系列的"办理太过"事件,乾隆又一次强调道:"朕凡事不为已甚,岂于言语文字反过于推求?各省督抚尤当仰体朕意。""尤当"二字,无疑是在暗示地方官们:禁书一事火候已够,不再想继续扩大事态了。

---

① 《乾隆四十七年五月初三日谕》,载中国第一历史档案馆编:《乾隆朝上谕档》第11册,第162页。

四、"语句鄙俚,并非谤毁悖逆者"毋庸查办

乾隆四十七年(1782)五月十三日,广西巡抚朱椿折奏称:查获崖州海富润携带汉文《天方至圣实录年谱》等书5种14本;抄写回经新旧大小共21本,有无违碍不能识辨,据该犯口音以汉字记其名。①

朱椿在未能识辨违碍的情况下,便向两广总督巴延三、江苏巡抚闵鹗元、两江总督萨载等发出咨查的讯息,且奏明君主,有其特殊的原因。上年正月十二日,甘肃循化厅撒拉尔回人苏四十三聚众起义,七月初六日,反清起事方被镇压,是乾隆时期的一件大事。朱椿于十一月三十日,新任广西巡抚,如今遇到与回教相关的情事,自然不敢疏忽怠慢,声称:"恐系甘省漏网逆党,以此煽感人心,现在逐一严究,从重究拟。"②

朱椿先行咨查各省,相关省份不待乾隆下发谕旨,便积极投入到对书籍及作序之人的追缴中,与朱椿的心理无异。两江总督萨载当即转饬江苏抚臣究审,江苏巡抚闵鹗元飞饬江宁、松江等处部署此事。巴延三派人前往崖州海富润家内严密搜查,所获并非违禁之书,别无不法字迹。同时,查清了乾隆三十九年(1774),海富润曾在省城礼拜寺从马尚仁攻读什么经典,有无聚众引诱之事。江南提督保宁奏明寻查作序之浙江华亭改绍贤的过程。就在闵鹗元恭折具奏审办情形的第二日,接到了让他出乎意料的诏书。

上谕中,乾隆首先指责朱椿"所办殊属过当",签出的所谓违碍字句,"大约鄙俚者多,不得竟指为狂悖",各省督抚此后遇有此类

---

① 《广西巡抚朱椿折奏》(乾隆四十七年五月十三日),载原北平故宫博物院文献馆编:《清代文字狱档》,第736—738页。
② 《乾隆四十七年六月初三日谕》,载中国第一历史档案馆编:《乾隆朝上谕档》第11册,第200页。

鄙俚书籍，俱不必查办。其次，重在澄清上年甘省苏四十三的聚众起义，系新教与旧教相争起衅，并未借助经典来"煽惑"，曰："苏四十三系回教中之新教，即邪教也，今已办尽根株，至于旧教回民，各省多有，而在陕西及北省居住者尤多，其平日所诵经典，亦系相沿旧本，并非实有谤毁，显为悖逆之语"，"若必鳃鳃绳以国法，将不胜其扰"。最后，重申了自己"办理庶政，不肯稍存成见"的"不为已甚"态度。

接到朱椿咨会后，不能"仰体圣意"、矜张办理的闵鹗元、萨载等人分别受到乾隆帝的责备。在乾隆看来，朱椿初任巡抚，遇事茫无主见，不足深究，但萨载等人久任封疆，"在督抚中尚属老成历练、明白晓事之人"①，不应处理问题"不达事体"②。

针对此案，在短时间内迭降诏书，乾隆分明想用对此事的宽大处理，来安抚回众，不愿激化矛盾，维护社会安定。谕曰：

> 地方大吏遇有奸民倡立邪教，及惑众敛钱之事，自当实力严查究办，务净根株，以除风俗人心之害。若回教民人各省多有，毋论西北省份居住者固多，即江省一带，零星散处，其饮食作息与平民相等，不过不食狗豕肉耳。如以传习经卷与邪教悖逆之书一例查办，则安分守法之回民转致无所措其手足。且从前山东王伦及甘省王伏林等滋事不法，回民中即有首先奋勇打仗者，即上年苏四十三之事，其旧教回民倡议率众协同官兵剿捕为出力，经朕节次奖赏。则朕之视回教民人皆吾赤子，各省督抚安得歧而二之乎？现在此案查拿之改绍贤诸人虽已据萨

---

① 《乾隆四十七年六月二十二日谕》，载原北平故宫博物院文献馆编：《清代文字狱档》，第746—748页。
② 《乾隆四十七年六月初九日谕》，载原北平故宫博物院文献馆编：《清代文字狱档》，第744—745页。

载折内声明业经遵旨概行省释，其书籍板片亦即给还，并当出示详晰晓谕回民务各循分守法，各安本业，毋致惊惶扰累。①

查缴禁书严办与否，与社会背景息息相关。若脱离了对时代背景的解读，亦不能很好地梳理乾隆在禁书期间的心态。很多时候，正如戴逸先生所指出的："乾隆帝像是一个矛盾的综合体。"②他一面担心查办回教书籍会引起新的动乱，一面又对地方邪教存有警惕之心，因而在上引谕旨末加上了这样一段话：

> 但各省督抚若因有此旨，遂致因噎废食，将地方实系邪教重案，亦藉词镇重姑息养奸，竟致不办，则是误会朕意，不度事理。将来发觉时恐不能当其罪也，将此通谕中外知之。③

上述情形，折射出地方督抚对文字案件宁愿办理过严，也不愿失之"宽纵"的心理。但此时乾隆于文字案件的审办往往"加恩宽免"，指斥封疆大吏的"办理失当"。一方面是事件本身的性质确有不值追究之处，另一方面也与当时的政治形势、禁书进程的变化密切相关。

第二节　完善"读史之指南"

乾隆四十七年（1782）间，四库馆、军机处奏准禁毁书目的相

---

① 《乾隆四十七年六月二十二日谕》，载原北平故宫博物院文献馆编：《清代文字狱档》，第746—748页。
② 戴逸：《乾隆帝及其时代》（插图本），中国人民大学出版社2008年版，第33页。
③ 《乾隆四十七年六月二十二日谕》，载原北平故宫博物院文献馆编：《清代文字狱档》，第748页。

继颁布，使各省的查缴工作有据可依。此后，除个别官员仍在刻意搜求外，大部分省份再无呈缴，禁书高潮消退。但查禁工作却未全行停止，转而进入新的领域，即历经十二年、遍及十八省的《御批通鉴纲目续编》（以下简称《续编》）中《发明》、《广义》等内容的抽改，欲树立其为封建文化的样本，体现了删禁与编纂的并行不悖。

一、抽改《御批通鉴纲目续编》

四十七年（1782）十一月初七日，乾隆颁布诏书，曰：

> 朕披阅《御批通鉴纲目续编》内《发明》、《广义》各条，于辽金元三朝时事多有议论偏谬及肆行诋毁者。《通鉴》一书关系前代治乱兴衰之迹，至纲目祖述麟经，笔削惟严，为万世公道所在，不可稍涉偏私。试问孔子《春秋》内有一语如《发明》、《广义》之肆口嫚骂所云乎？向命儒臣编纂《通鉴辑览》，其中书法体例有关大一统之义者，均经朕亲加订正，颁示天下。如"内中国而外夷狄"，此作史之常例，顾以中国之人载中国之事，若司马光、朱子义例森严，亦不过欲辨明正统，未有肆行嫚骂者。朕于《通鉴辑览》内存弘光年号，且将唐王、桂王事迹附录于后，又谕存杨维桢《正统辨》，使天下后世晓然于《春秋》之义，实为大公至正，无一毫偏倚之见。至于东夷、西戎、南蛮、北狄因地而名，与江南、河北、山左、关右何异？孟子云：舜为东夷之人，文王为西夷之人，此无可讳，亦不必讳。但以中外过为轩轾，逞其一偏之见，妄肆讥讪，毋论桀犬之吠，固属无当，即区别统系，昭示来许，亦并不在乎此也。况前史载，南北朝相称，互行诋毁，此皆当日各为其主，或故为此讪笑之词。至史笔系千秋论定，岂可逞私臆而废公道乎？

> 夫历代兴亡，前鉴不远，人主之道，惟在敬天勤民，兢兢业业，以绵亿万载之丕基。所谓"天难谌，命靡常，常厥德，保厥位"，诚不在乎区区口舌之争。若主中国而不能守，如宋徽、钦之称臣、称侄于金，以致凌夷，南渡不久，宗社为墟，即使史官记载曲为掩饰，亦何补耶？所有《通鉴纲目续编》一书，其辽金元三朝人名、地名，本应按照新定正史一体更正；至《发明》、《广义》内三朝时事不可更易外，其议论诋毁之处，著交诸皇子及军机大臣量为删润，以符孔子《春秋》体例。仍令黏签进呈，候朕阅定。并将此谕冠之编首，交武英殿照改本更正后，发交直省督抚各一部，令各照本抽改。将此通谕中外知之。①

按照上述旨意，军机大臣即将"皇上阅定的二册，悉心酌核，拟改各字用黄签注明黏贴，并于书头黏签标识"，因《续编》人名、地名应行改易之处较多，便交四库馆"查照辽、金、元三史，画一更正"。同时，尚书房亦加紧挖补填写皇家各处陈设的《续编》，包括宫内各处12部，圆明园、三山、热河、盘山等处32部，武英殿库贮94部，甚至苏州行宫陈设的两部《续编》，也被查明换回。

陆续挖补之际，恰有广西巡抚朱椿进京陛见，便先行委托其顺道带给几省，随后各省督抚均领到删改后的样本两套，全国进入统一抽改。到四十九年，军机处又将《续编》遗漏未改各条，行知各省，足见乾隆帝对此书的重视程度，他希望"总在不动声色，使外间流传之本一体更正，不致遗漏，亦不得滋扰"。②

---

① 《乾隆四十七年十一月初七日谕》，载中国第一历史档案馆编：《乾隆朝上谕档》第11册，第461—462页。
② 《乾隆四十八年三月二十四日谕》，载中国第一历史档案馆编：《乾隆朝上谕档》第11册，第627页。

军机大臣据《千顷堂书目》查明,《续编》中《发明》系明余杭周礼撰,其书于弘治中进呈;《广义》系华亭张时泰撰,官秀水县训导,其书于嘉靖中进呈,当时交史馆附刻《续通鉴》后,现在送京销毁的书籍内也有此书。乾隆帝虽然承认辨明正统是作史的常例,但他认为《发明》、《广义》内"肆行嫚骂",其"议论诋毁之处",非更正不可,以求符合"孔子《春秋》体例"。现据研究者比勘,诸皇子和军机大臣所做的实际"删润"却是如下情形,例:

> 《发明》、《广义》中凡言及"《春秋》谨华夷之辨"、"《纲目》所谨者华夷之辨"、"君子所最谨者华夷之辨",以及未加领悟的"存华夷之分"、"正华夷之分"其中的"华夷之辨"或"华夷之分",几乎无一例外,全部被"删润"成了"轻重之辨"、"仁暴之辨"、"尊卑之辨"、"中外之辨"、"统系之辨",或"正统之义"、"大一统之义"、"辑和之义",乃至"无信之盟"、"用兵之事"等,显得特别令人瞩目。
>
> ……
>
> 纵观《续编》全书,凡是《发明》、《广义》所作阐发中言及"内中国外夷狄"、"内夏外夷"、"中国而夷狄者"、"夷狄而中国者"、"背夷向华"、"背夏即夷"、"用夏变夷"、"渐染华风"、"戎夏杂处"等言论或语辞,皆已悉数窜改,更不用说"贱夷狄尊中国"、"贵华贱夷"或者"攘夷"、"攘夷狄"了。①

据此,乾隆在上谕中所表达的以"内中国而外夷狄"为作史常例以及

---

① 梁太济:《乾隆皇帝与康熙〈御批通鉴纲目续编〉》,《暨南史学》2004年第3辑,第349—350页。

《春秋》之义的认同已显得牵强。①

《四库全书总目》内,《御批通鉴纲目》及《前编》、《续编》的提要汇在一处,《续编》部分称:

> 至商辂等《通鉴纲目续编》,因朱子凡例、纪宋元两代之事,颇多舛漏。六合之战,误称明太祖兵为贼兵,尤贻笑千秋。后有周礼为作《发明》,张时泰为作《广义》,附于条下。其中谬妄,更不一而足。因陈仁锡缀刊纲目之末,亦得同邀乙览,并示别裁。乾隆壬寅(四十七年),我皇上御制题词,纠正其悖妄乖戾之失,以辟诬传信。复诏廷臣取其书,详加刊正,以协于至公,尤足以昭垂千古,为读史之指南矣。②

厘正后的《续编》,清理了在高宗看来的谬妄之处,其理想是要让此书成为"读史之指南",这也是抽改《续编》持续时间较长的原因之一。

就在各省遵旨删改《续编》、年终汇奏之际,云南巡抚刘秉恬揣摩上意,奏请推而行之,将"各省所有《御撰通鉴纲目三编》及《明史》一书,无论流传之本,与夫坊间翻刻板片,凡有元朝人名均按照《纲目续编》改定字样,详加校对,分别更正,俾归画一,而示来兹"③。其实,早在乾隆四十年改辑《明纪纲目》时,就已颁旨改正《明史》与《纲目三编》中的"对音讹舛,译字鄙俚"之

---

① 关于《续编》内容的更多抽改情形,可参见梁太济:《乾隆皇帝与康熙〈御批通鉴纲目续编〉》,第343—359页。该文未见查缴中提及的陈仁锡刊本和宋莘刊本,改易部分的引文对照皆据明万历二十一年归仁斋刊本与影印文渊阁《四库全书》本。因该文写作在先,此处参考其成果,不再赘述。
② (清)永瑢等:《四库全书总目》卷八八《史部·史评类》,第755—756页。
③ 《云南巡抚刘秉恬奏请将〈通鉴纲目三编〉等书中元朝人名一体更正折》(乾隆五十年四月二十六日),载中国第一历史档案馆编:《纂修四库全书档案》,第1877页。

处，至四十七年（1782）完竣。但因尚未刊刻成书，因而没有统一查缴，但地方大员在禁书过程中迎合上意、推波助澜之情态于此可见。

二、追查板片、翻刻本与改刊缴换

《续编》并非官刻，为原任吏部尚书宋荦奉敕校刊进呈。下令删缴该书的第二日，乾隆便传谕河南巡抚李世杰向宋荦子孙追查该书板片，然一无所获。因宋荦曾任江苏巡抚，遂又请闵鹗元饬查，板片果然存贮在织造衙门。当乾隆确知，此书板片并无刷印之事，亦无翻刻，才放下心来。

虽《续编》原板并无翻刻，但该书在书肆盛行之处翻版广为流传。江西巡抚郝硕即称，"金溪县坊贾呈缴书板一副，现在照本逐条铲改，俟改竣日覆核明确，同板片一并发还该坊，听其售卖"。乾隆褒扬郝硕的办理得当，并传谕江苏、安徽、浙江、福建各督抚，曰：

> 《通鉴纲目续编》流传已久，在北五省及边省或未必翻刻，至江苏、安徽、浙江、福建等省书肆本多，必有翻刻板片刷印售卖、希图获利者，若于刻板内铲改，则既可免抽换之烦，而改正流传更可永远画一，各该省曾否如此办理，何以未据奏及。①

铲改板片，免去"抽换之烦"，从根上解决了查禁问题，乾隆以一贯

---

① 《乾隆四十八年七月二十一日谕》，载中国第一历史档案馆编：《乾隆朝上谕档》第11册，第754页。

的口吻,督饬办事不速的江南督抚们留心访查《续编》的刻板。

此后,先是山西巡抚农起汇报,《续编》有一种翻刻之本在民间售卖,未经载有"御批"字样。山西并非文化发达之地,翻刻板本已在流传,加之尚未得到其他省份有关此版本的具奏,使乾隆帝不由指名责问:

> 《通鉴纲目续编》山西省尚有翻刻之本,业据农起查明改正,况江浙为人文之薮,书贾云集,刻书翻板,是其长技,外间自必有流传翻刻之本。全在该督抚实力搜查抽改,认真办理。著传谕萨载、富勒浑、闵鹗元、福松等再行饬属留心访查,将翻刻板片一体抽改,铲削更正。①

擅长"刻书翻版"的江浙没有查出《续编》的翻刻之本,乾隆自然认为是督抚们没有去认真办理、实力搜查的结果,这也是他在禁书活动中始终强调的问题。随之直隶总督刘峨也陈明查出不载"御批"字样的《续编》,愈使乾隆坚信:此种翻刻书籍、板片,各省均有流传,应当一体抽改铲削,再次下令:

> 各督抚饬属留心访查,将翻刻之板片、书本,务须全行查出,一律改正。其挖出正本、翻本书内违悖字样,毋论一、两页及二、三行或数字,均著收存汇齐,送京销毁,不致外间稍有流传,使无知诞妄之徒又行抄播,方为妥善。②

---

① 《乾隆四十八年十二月初十日谕》,载中国第一历史档案馆编:《乾隆朝上谕档》第11册,第923页。
② 《乾隆四十八年十二月二十日谕》,载中国第一历史档案馆编:《乾隆朝上谕档》第11册,第934页。

《续编》作为写入四库的一部书，乾隆的关注程度由上可见。同前期一样，乾隆尤为重视江浙对《续编》的挖改，年终汇奏稍晚，便要几番催促。关于该书的任何"违悖"之处，都要"送京销毁"，坚决杜绝外间抄播、流传之事。可以说，要用写入四库的钦定之本统一言论，"以正视听"，是乾隆始终不变的想法。

《续编》中对辽、金时事持论偏谬之处，集中在七、八两函内。与前期的查禁书籍均需解京不同，此书的流传之本及坊间翻刻板片挖改后，书、板仍发还本家。四十九年十二月，署理两江总督闵鹗元奏：

> 见每页挖改自数字至百十字不等，其间字体之大小、笔画之参差，不能尽行匀称合式，且坊间原刷书本纸张甚薄，零星黏补，既不平正，又易脱落，兼之书数既多，办理不能迅速，校对亦易讹漏。似应将第七、第八两函改正之本，照原板式样一律刊刻，并遵旨将恭奉订正续编上谕一道，并《发明》、《广义》题辞一篇，冠列卷首，刷印成帙，以成完本，换给缴书之家，……俾藏书之家闻知，一经呈缴，即可领得完善之本，自必踊跃呈换，可期搜缴净尽。①

这样的换缴方法，乾隆大加赞赏。次年正月，便寄谕浙江等督抚将《续编》改正本照原板样式刊印换给缴书之家。其实，早在乾隆四十八年，始终积极于查缴禁书的江西省已有改刊之本，但仅"将坊刻原板照依改本，逐条铲改"，当时的安徽巡抚富躬曾委员购回一百

---

① 《署理两江总督闵鹗元奏覆搜缴〈通鉴纲目续编〉情形并进呈刷印样本折》（乾隆四十九年十二月二十四日），载中国第一历史档案馆编：《纂修四库全书档案》，第1840—1842页。

部,陆续缴换。如今,安徽再次派人赴苏购买改正刊本。

三、《御批通鉴纲目续编》汇奏统计

查缴《续编》,各省情况不一,抽改数量亦大有区别,如广东据各属申报,"因本数繁多,价值稍贵,绅士不肯出资购买,是以藏本甚少"①。截至五十二年,军机处将各省挖改《续编》数目开单进呈,合计2027部。②笔者统计历年各省汇奏《续编》合计2845部,详见下表③:

表4-1《御批通鉴纲目续编》内《发明》、《广义》抽改、调换情形一览表

年份 数量 省份	乾隆四十八年	四十九年	五十年	五十一年	五十二年	五十三年	五十四年	五十五年	五十六年	五十七年	五十八年	合计
直隶	173部	5部	无	无	无	无	无	无	无	无	无	178部
山东	7部	2部	1部	3部	3部	4部	无	7部	3部	3部	缺载	33部
河南	17部	54部	19部	27部	无	无	无	无	无	无	无	117部
山西	95部	78部	无	无	无	缺载	无	无	1部	缺载	无	174部
甘肃	2部	无	无	无	无	无	无	无	无	无	无	2部
陕西	28部	8部	12部	5部	5部	7部	无	5部	3部	2部	2部	77部
湖南	16部	17部	8部	7部	5部	缺载	无	3部	2部	2部	2部	62部

---

① 《两广总督巴延三等奏抽改〈通鉴纲目续编〉数目折》(乾隆四十八年十二月十三日),载中国第一历史档案馆编:《纂修四库全书档案》,第1759页。
② 参见王重民:《办理四库全书档案》(下),第17—19页。
③ 最早对各省奏缴《续编》做出统计的是黄爱平教授,参见《四库全书纂修研究》,第66页。笔者在此基础上,补充了各省历年抽改情形。又,数量统计与前述梁太济撰文尚有不同,遂再列之。

续表

省份\数量\年份	乾隆四十八年	四十九年	五十年	五十一年	五十二年	五十三年	五十四年	五十五年	五十六年	五十七年	五十八年	合计
湖北	9 部	3 部	11 部	12 部	1 部	缺载		3 部	1 部	1 部	2 部	43 部
江西	189 部	21 部	无	115 部	83 部	缺载		11 部	3 部	无	2 部	424 部
安徽	38 部	16 部	88 部（残 74 本）	47 部（残 260 本）	2 部（残 13 本）	4 部（不全 47 本）		残 16 本	残 14 本	2 部	无	197 部（不全 424 本）
江苏	113 部	53 部	32 部	58 部	31 部	79 部		18 部	7 部	11 部	19 部	427 部
福建	72 部	42 部	10 部	无	无	无		无	无	无	无	124 部
浙江	110 部	64 部	135 部	95 部	18 部	144 部		12 部	3 部	13 部	2 部	596 部
广东	17 部	6 部	无	无	无	缺载		无	无	无	58 年无	23 部
广西	8 部	3 部	无	无	无	无		无	无	无	无	11 部
云南	11 部	43 部	29 部	无	2 部	无		无	无	无	无	85 部
贵州	12 部	4 部	无	无	无	无		无	无	无	无	16 部
四川	缺	缺	24 部	73 部	20 部	缺		缺	缺	缺	缺	117 部
宫内各处陈设	12 部											12 部
武英殿库贮	94 部											94 部
圆明园、三山、热河、盘山等处陈设	32 部											32 部
合计												2845 部

第三节 复审《四库全书》

第一份《四库全书》于乾隆四十六年（1781）十二月六日首先告成，随后二、三、四份全书历经三年陆续缮竣，至五十二年（1787）四月十七日，续办的江浙三阁全书也全部完成。七阁全书的编纂前后十四年，不可不谓巨大的文化工程。然而，就在该书全行告竣的五十二年（1787）三月，乾隆抽阅进呈书籍时，发现李清《诸史同异录》中"妄逞臆说"，后又见文津阁《四库全书》中"讹谬甚多"，由此引发了对《四库全书》的撤改与大规模复校，而办理《四库全书》的皇子、大臣等也受到严厉的责罚。① 高宗对复审《四库全书》的格外关注，证明了乾隆朝最大的文化工程对于树立封建文化样本的重要意义。

一、撤毁李清、周亮工等人著作

五十二（1787）年三月，续办的三份全书即将完成，四库全书处将部分书籍恭呈皇帝审阅。怎料抽览之下，乾隆立刻发现了他所认为"妄诞不经，阅之殊堪骇异"的问题，即李清《诸史同异录》一书内，称清世祖章皇帝与明崇祯四事相同。随即提检文渊、文源两阁所贮该

---

① 关于《四库全书》的复校，黄爱平《四库全书纂修研究》第七章中已有详细的考察。其中言："《四库全书》的复校，是在七份全书纂修、缮写完毕后进行的一项大规模的校勘工作。内廷四阁全书和江浙三份全书的复校都先后进行过两次，校阅出不少讹脱错谬甚至漏写、抵换之处，在一定程度上提高了《四库全书》的质量。"（第190页）需要说明的是，对于复校中出现的字句舛误、漏写，乃至捏造阙文，伪本抵换、删改提要等问题，本书不涉及，读者可参阅《四库全书纂修研究》。

书，发现已删去此条，系"覆校官·编修许烺初阅时签出拟删，是以未经缮入"，续办之书未照底本缮写。在乾隆看来，《诸史同异录》"一无可采，何以仅从删节，仍留其底本"，应将"所有四阁陈设之本及续办三分书内，俱著撤出销毁，其《总目提要》亦著一体查删"[①]。

李清，江南兴化人。乾隆按照他一贯的捐躯死节的"忠义"标准，认为李清既在明朝为官，"当明社沦亡，不能捐躯殉节，在本朝食毛践土，已阅多年，乃敢妄逞臆说，任意比拟。设其人尚在，必当立正刑诛，用彰宪典。今其身既幸逃显戮，其所著书籍悖妄之处，自应搜查销毁，以杜邪说而正人心"。禁书活动期间，"以人废言"的例子在所不鲜，李清收入《四库全书》的另外三种著作，即《南北史合注》、《南唐书合订》、《列代不知姓名录》一并遭到撤毁。同时，函告江浙等省督抚饬属访查此项书本，并留意李清有无其他著作。军机处奏准全毁书目中，尚有题名碧水翁撰的《甲乙编年录》一种，记福王称号南京始末，经查"李清别号碧水翁"，遂毁之。

撤毁《诸史同异录》的谕旨中，对各级办书人的责罚占了大量篇幅，称：

> 其承办续三分书之侍读恭泰、编修吴裕德虽系提调兼司总校，但率任书手误写，均难辞咎。所有办四库全书之皇子、大臣，及总纂纪昀、孙士毅、陆锡熊，总校陆费墀、恭泰、吴裕德，从前覆校许烺，俱著交部分别严加议处。至议叙举人之监生朱文鼎，系专司校对之人，岂竟无目者，乃并未校出，其咎更重。朱文鼎本因校书特赐举人，着即斥革，以示惩儆。[②]

[①] 《乾隆五十二年三月十九日谕》，载中国第一历史档案馆编：《乾隆朝上谕档》第13册，第738—739页。

[②] 《谕内阁将〈诸史同异录〉从全书内撤出销毁并将总纂等交部议处》（乾隆五十二年三月十九日），载中国第一历史档案馆编：《纂修四库全书档案》，第1992页。

办理《四库全书》，系总纂纪昀、陆锡熊，总校陆费墀等专司其事，如今出现乾隆定性的重大"讹谬"事件，纂校各员均难辞咎。在乾隆看来，虽"办大事不能无小疵"，但想要成就他心目中的"巨典"，一直以来靠的是纂校诸臣尽心尽责的"办理完善"。如今，这些人的不能"详加细阅"，失其考订之责，让乾隆有些气恼。

五十二年（1787）五月，内廷四阁全书的复校工作陆续开始。受撤毁李清著述的影响，复校人员很快便签出了文津阁《尚书古文疏证》内的引用钱谦益、李清之处，及查文渊阁、文源阁所贮该书，其中"李清一条未经削去，钱谦益十五条俱经原校官删改，但仅去其姓名，而仍存其议论"，乾隆责令由纪昀划一削去，"或删数字，或删全条"，赔写归入各份全书。与此同时，详校官们从文渊阁签出王士禛《居易录》内钱谦益二条、李清二条，王士禛《古夫于亭杂录》内李清一条；文源阁签出《绎史》内李清序一篇，亦由纪昀一并赔缮。① 后内廷四阁全书的覆勘，陆续签出陆陇其《松阳讲义》"引吕留良语未经删削"，吴其贞《书画记》"所载《春宵秘戏图》语涉猥亵"，周亮工《读画录》中诗句"人皆汉魏上，花亦义熙余"，"语涉违碍"等处。

吴其贞《书画记》本不涉及政治，但其对看到《春宵秘戏图》真迹有详细的介绍，以致违犯了清廷教化臣民的道德主张，而受到严禁。至于周亮工的诗，犯忌在"义熙余"之处。"义熙"是晋安帝的年号，义熙十四年，安帝为其大臣刘裕所杀；后刘裕做了皇帝，建国号为宋，陶渊明即生活在此时。据称，陶渊明在义熙以后所写作品，不用王朝年号，以示不臣服于宋。前有陶渊明的典故，再看"花亦义熙余"原指所看到的花也是前朝遗留下来的，或可认为连花都不肯臣

---

① 《礼部尚书纪昀等奏详检删削并赔缮〈尚书古文疏证〉等书折》（乾隆五十二年六月十一日），载中国第一历史档案馆编：《纂修四库全书档案》，第 2022 页。

服新朝,况人乎。清廷自然认为其中有对清朝不满的因素。① 受《读画录》牵连,列入四库的周亮工著作《书影》、《闽小记》、《同书》、《印人传》均奏定应毁。以上签出各书,除吴其贞、周亮工著述全毁外,其他均因引用乾隆极厌之人的言语而遭遇抽毁,但尚未排除在全书之外。

撤毁的李清、周亮工、吴其贞著作共10种。纪昀的处理办法是,将其列入史部别史类的《南北史合注》补入李锴《尚史》,用潘永因《宋稗类钞》替换《诸史同异录》和《不知姓名录》,"不见抽换之迹",其余各书"均以衬纸方法匀出所缺册数,未再增补"。乾隆原定七阁全书均照此办理,但在实际操作中却并未全行撤出,"如文宗阁《四库全书》,便收有《书影》、《同书》二种,文澜阁《四库全书》,还收有《读画录》、《印人传》、《同书》、《书画记》四种"②,而撤出的禁书也堆置宫中,没有销毁。

这一阶段,对书籍中"违碍"内容的查缴,在质与量上均不能与前期同日而语。乾隆本人为完善《四库全书》,使其成为封建文化的样本,可谓殚精竭虑,但中央一级办理人员的执行力度亦不过如此,臣属们的"日久生懈"让乾隆斥骂不已,古书却又赖此得存,使我们今日借以反观乾隆的文化政策。

二、纪昀重校"明季国初"之书

出现李清《诸史同异录》一事,及阎若璩《尚书古文疏证》"应删不删"之处,总纂纪昀面对乾隆的严厉批评,"惶骇战惧,莫知所为",除赶办赔写之外,为了表明自己"不辜任使",五十二

---

① 参见陈正宏、谈蓓芳:《中国禁书简史》,第226—228页。
② 参见黄爱平:《四库全书纂修研究》,第189—190页。

年（1787）六月十一日，提请重校《四库全书》中"明季国初"之书，曰：

> 伏查四库全书，虽卷帙浩博，其最防违碍者多在明季、国初之书。此诸书中经部违碍较少，惟史部、集部及子部之小说、杂记，易藏违碍。以总目计之，不过全书十分之一、二。当初办之时，或与他书参杂阅看，不能专意研寻；或因誊录急待领写，不能从容磨勘，一经送武英殿缮写之后，即散在众手，各趱功课，臣无从再行核校。据今李清、阎若璩二书推之，恐其中似此者尚或不免。现在虽奉旨派员详校，但诸书杂阅不能专力于明季、国初，又兼校讹字、脱文、偏旁、行款及标记译语，亦不能专力于违碍。至交臣核定，臣惟查所签之是非，其所未签更不能遍阅，恐终不免尚有遗漏。臣中夜思维，臣虽年过六旬，而精力尚堪校阅，且诸书曾经承办，门径稍熟，于违碍易于查检。不揣冒昧，仰恳皇上天恩，予臣以悔罪自赎之路，准将文源阁明神宗以后之书，自国朝列圣御纂、皇上钦定及官刊、官修诸编外，一概责臣重校。凡有违碍即行修改仍知会文渊、文津二阁详校官画一办理，臣俱一一赔写抽换，务期完善无疵。臣断不敢少有回护，至他日再蒙圣鉴指出，自取重诛。①

年过六旬的纪昀自认通行覆阅明末各书，"不敢少有回护"，可谓"专力于违碍"，得到高宗的首肯。加之"诸书曾经承办，门径稍熟，于违碍易于检查"，无疑有助于实现乾隆"违碍可以全除，秘籍益臻精善"的目标。"最防违碍"的明末清初之书大约占《四库全书》的

---

① 《礼部尚书纪昀奏沥陈愧悔并恳恩准重校赔缮文源阁明神宗后诸书折》（乾隆五十二年六月十一日），载中国第一历史档案馆编：《纂修四库全书档案》，第2023—2025页。

十分之一二,纪昀先忙于手头的核签之事,两个月后开始"独自常川在园",静心细阅文源阁应勘之书。

又历时两月,纪昀覆勘明末清初之书的工作告毕。十月初三日,军机大臣复将纪昀所奏"应行撤毁及语意可疑等书"详细审校,缮写清单进呈,如下:

一、《国史考异》,系考订明太祖、成祖两朝国史之是非。其中引钱谦益之说甚多,而不著其名,且词相连属,难以删削,应行撤毁。

一、《十六家词》内,纪昀所指邹祗谟《满江红》词一首,辞意愤激,然并无谤讪之意,似可毋庸抽毁。惟书内有龚鼎孳所著词一种。查龚鼎孳所著全集业经销毁,不应复存此词,应一律抽毁,改为《十五家词》。

一、朱彝尊《曝书亭集》并无违碍。惟纪昀指出《谭贞良墓表》内所称"贞良百折不回,卒保其发肤首领,从君父于地下"等语,似有语病,应一律抽毁。

一、吴伟业《绥寇纪略》、陈鼎《东林列传》二书,均无违碍,而内外之词称谓有乖体制,应一律改正。

一、黄虞稷《千顷堂书目》多列已毁之书,应行一律删削。

一、姚之骃《元明事类考》、仇兆鳌《杜诗详注》,俱袭引钱谦益撰著,而去其姓名,应一律删削。

一、朱鹤龄《愚庵小集》,纪昀所指《书元好问集后》一篇,意在痛诋钱谦益,持论未为失当。诚如圣谕,若于推许钱谦益者既经饬禁,而于诋訾钱谦益者复事苛求,未为允协。惟朱鹤龄未与钱谦益绝交之前,往来诗文,有赠某先生诗等作,又《笺注李义山诗注序》内红豆庄主人皆系指钱谦益,应一律删削。其全集仍应拟存。

一、吴绮《林惠堂集》间有近于慨叹兴亡之语，多系文人习套，并无谤讪，仍应拟存。

一、叶方蔼《读书斋偶存集》，语无违碍。纪昀指出《南海子》诗"何当小住三千岁，再见桑田变海时"二语，诚如圣谕，此系文人习用套语，仍应拟存。

一、王士禛《精华录》内《秋柳》诗，所用白门、梁园、琅琊、洛阳、灵和殿、永丰坊，皆咏柳习用故典，似无所指，仍应拟存。

一、查慎行《敬业堂集》内《殿庭草》绝句"春风吹绿花砖缝，下有陈根几百年，惆怅履綦行迹尽，雍和门外浴堂前"。详其词句，似系偶然寄托，尚无别意，仍应拟存。

再，臣等查王士禛集内有《赠一灵道人》绝句一首，查一灵道人即系屈大均。又查慎行集内有《清明后一日同戴田有游南池》一首，查戴田有即戴名世，其诗均不应存，应行挖改抽换，以昭画一。①

军机大臣将纪昀查出的12种书，区分为"应行撤毁、删销及毋庸议毁"三类。其中撤毁书仅一种，即引用钱谦益言论较多的《国史考异》，删销、抽毁书均因受钱谦益、龚鼎孳、屈大均、戴名世等人的牵连，甚至有些书并无违碍，仅仅是"似有语病"或"有乖体制"。通观整个清单，不难看出军机大臣从客观事实出发，纠正了纪昀"宁滥勿缺"的查书结果，对其签出的不当问题，均一一更正，如称吴绮《林惠堂集》"多系文人习套，并无谤讪"、叶方蔼《读书斋偶存集》"系文人习用套语"、王士禛《精华录》内《秋柳》诗"习用典

---

① 《军机大臣奏遵旨阅看纪昀奏毁各书并缮清单进呈片》（乾隆五十二年十月初三日），载中国第一历史档案馆编：《纂修四库全书档案》，第2065—2067页。

故，似无所指"、查慎行《敬业堂集》内《殿庭草》绝句"系偶然寄托，尚无别意"等，均应拟存。对于军机大臣的审校结果，乾隆表示赞同，并指示七阁全书均照此办理。

三、乾隆重罚陆费墀

纪昀折奏重校"明季国初"之书时，同为纂修四库责任人的陆锡熊正逢出学差，陆费墀丁忧回籍，乾隆认为他们二人置身局外，"实不足以昭平允"，便于纪昀上折的次日，谕令"文渊、文源、文津三阁书籍所有应行换写篇页，其装订挖改各工价，均由纪昀、陆锡熊二人一体分赔"。至于陆费墀曾出任提调、总校，乾隆特别强调，"其咎亦更重"。陆氏经办内廷三阁书籍，熟悉体制，乾隆为了防止盐商承办江浙三阁书籍反需延请陆费墀代为办理，令陆氏"自出己资"，赔办江浙三阁书籍"所有面页装订、木匣刻字等项"工价，以"示惩儆，服众心！"①并嘱咐江浙地方官严加查察，不得暗中津贴帮办。六月十三日，乾隆专谕谴责陆费墀的"为之已甚"，称：

> 朕以办理四库全书，右文典学，美富皆赅，事甚宏巨，当谕军机大臣等，若纂校诸臣果能办理完善，即侥幸数人，成此巨典，亦所不究，是以陆费墀不数年间洊升侍郎，受恩尤重，该员既邀不次超迁，自应倍加感奋，即所缮书籍不能免些微鲁鱼亥豕之讹，亦应大局完整，足备披览。今竟舛谬丛生，应删不删，且空白未填者竟至连篇累页，荒唐若此，该员所司何

---

① 《乾隆五十二年六月十二日谕》，载中国第一历史档案馆编：《乾隆朝上谕档》第13册，第873—874页。

事？是陆费墀实有应得之咎。①

八月二十日，乾隆又以四库书籍缮写出现的诸种问题，责备道：

> 陆费墀由编修不数年间擢至卿贰，王燕绪屡经获咎后，复赏给编修，办理总校，得邀优叙，洊升侍讲。伊等既蒙恩迁擢，自应倍加感奋，悉心校办。今四库书籍缮写潦草，讹脱错谬违误之处，不可枚举。而于各省采进书籍，又漫不经心，致将有印底本遗失甚多。即此办理草率，伊二人实难辞咎。是陆费墀、王燕绪所得处分，俱由自取，岂可复为宽贷。其别有牟利餍爵之私，亦不深咎矣。②

说实话，纂办《四库全书》中出现的诸种问题，并非个别人的责任，如此庞大的文化工程应是成于众手，而非乾隆所说的"侥幸数人"。陆费墀因不能查出《四库全书》内所收书籍的"违碍"及讹错之处，有负"迁擢"，受到重罚。然乾隆所指出的陆氏"专办四库全书一切事宜，众人之进退，皆出其手"，及上引谕旨中"其别有牟利餍爵之私，亦不深咎矣"之语，预示着重罚陆费墀另有他因。

甘心认罚的陆费墀，于文汇、文宗二阁"两下照看，妥协此事"。乾隆以"全书中种种荒谬舛错"，陆费墀不能看出妥办，将其从重治罪，不能不给纪昀等人带来心理上的压力，与上文所述纪昀的查勘过头有着一定的因果联系。五十二年七月六日，御史莫瞻箓曾

---

① 《乾隆五十二年六月十三日谕》，载中国第一历史档案馆编：《乾隆朝上谕档》第13册，第877—878页。
② 《乾隆五十二年八月二十日谕》，载中国第一历史档案馆编：《乾隆朝上谕档》第13册，第957页。

奏请详校江浙三阁书籍，至十月间"签出错谬甚多"。面对"累牍连篇"的错误，乾隆厉言道："是办理此书并不实心校阅，竟以稽古佑文之举为若辈邀恩牟利之捷径，大负朕意。"① 乾隆四十九年（1784）始，陆费墀经管江浙三阁全书的续缮工作，如今问题诸多，是以该诏书中，又点了陆费墀的名。陆氏赔办书籍，往来于江浙二省，面对乾隆的几番重责，"既奔波劳累，又忧愤交加，不久便于五十五年（1790）去世"②。

第四节　禁书活动不是尾声的尾声

四库禁书末期，有一项内容往往是被忽略的，即销毁坊间删本经书。五十四年（1789）七月，乾隆"以坊间刊刻小本讲章及套语策略易滋士子侥幸弋获之心，且易于怀挟"，令各省一体禁止，并查缴销毁已经刻印者。五十七年（1792）七月，从山东学政翁方纲所请，以三月为限，再次查禁坊刻删本经书。③ 五十八年（1793），乾隆重申此意，以"整饬士风，崇尚实学"，完善封建文化体系。其间，就连御制的《乐善堂全集》，乾隆也下令各省布政司收回曾经的颁发原本及书坊翻刻并官刻本，全行交送军机处，命以二十三年（1758）乾隆重加详定者为准。④

查缴禁书之初，两江总督高晋即会同江苏巡抚萨载奏言，应

---

① 《乾隆五十二年十月十五日谕》，载中国第一历史档案馆编：《乾隆朝上谕档》第14册，第30页。
② 参见黄爱平：《四库全书纂修研究》，第106页。
③ 《清高宗实录》卷一四〇九，乾隆五十七年七月丙辰条，第940页。
④ 《军机处为即行汇缴〈御制乐善堂全集〉原本事致各省布政使札文》（乾隆五十五年九月二十五日），载中国第一历史档案馆编：《纂修四库全书档案》，第2200页。

"按照钦部事件通行各府州之例,再限六个月"实力稽查,希望通过立限办理,督促地方官尽心搜罗。对此,乾隆在折中批示"即限满之后,亦仍应留心"!① 后王锡侯、徐述夔两案相继发生,正式颁诏"予限二年,实力查缴"。两年间,禁书呈缴在达到高潮后逐渐减缓,但是被调动起积极性的地方大员们,仍然屡请展限。

四十五年(1780)年底,值两年限期届满,暂署两江总督陈辉祖称,"江南地方书籍繁多,各属尚在源源购缴,并未禀报搜罗已尽,若遽为停止,转恐尚有遗漏,应请再为展限一年,俟临时再行察核具奏"。②

四十六年(1781),闽浙总督陈辉祖、署云南巡抚刘秉恬、江苏巡抚闵鹗元相继奏请展限一年查缴禁书。

四十七年(1782),四库全书馆、军机处将应行全毁并酌量抽毁各书名目陆续出台,各省转入照单严查后,安徽巡抚更是历年奏请展限。

事实上,除《续编》外,乾隆五十(1785)、五十二年(1787)各省并无书籍呈缴,五十一年(1786)也仅仅57部,预示着全国范围内的禁书活动趋于消歇。此时,乾隆回到查禁的起点,再次着意督饬江南的督抚们,去"逐细搜访,不得稍有遗留"。五十三年(1788)五月初四日,乾隆借隶属两江的安徽省来说辞,道:

> 据陈用敷奏查缴应禁各书并请展限一年折称,抵任后,各属先后缴到《通纪编年》等书三十种,计一百零七本,可见历年呈缴尚未净尽,请再予展限一年,俾得率属广为咨访等

---

① 《江苏巡抚萨载奏遵旨查办伪妄遗籍折》(乾隆四十年二月二十二日),载中国第一历史档案馆编:《纂修四库全书档案》,第 341 页。
② 《暂署两江总督陈辉祖奏续缴应禁书籍并请展限一年折》(乾隆四十五年十二月初十日),载中国第一历史档案馆编:《纂修四库全书档案》,第 1242 页。

语。……安徽尚非大省，应禁之书，历年犹未能缴搜净尽。江苏、江西、浙江省分较大，素称人文之薮，民间书籍繁多，何以近来总未据该督抚等续行查缴？岂该三省于应缴之书，业已搜查净尽，抑该督抚于此等事件，视为无关紧要，竟不伤属认真查办耶？著传谕书麟、闵鹗元、何裕城、琅玕等，各严饬所属，悉心查察。如应禁各书，该省尚有存留之本，即行解京销毁，务宜实力查办，俾搜查净尽，毋得久而生懈，视为具文。①

这份诏书目标十分明确，以安徽省的"历年呈缴尚未净尽"，来责问江苏、江西、浙江三省的坐视此事，不能认真"续行查缴"。对于乾隆的点名批评，三地督抚自然不敢怠慢，相继迅速回禀了查缴情形。

五月十三日，浙江巡抚琅玕首先奏覆了该省的情况。他回顾道：浙省从三十九年（1774）至四十九年（1784），十年间先后奏缴禁书共24次，计538种。对于四十九年（1784）后的再无呈缴，该抚给自己找的理由是："或系各属因限期已满，奉行不力，而藏书之家亦因查禁稍懈，匿不呈出，均未可定。"最后自然是一番如何再去实力查缴的表白。②三十日，两江总督书麟汇报了江宁、苏州书局两处收缴违碍书籍的情况，并认为："藏书家咸知功令森严，自必早为呈缴。其穷乡僻壤，恐尚未尽周知，或有断简残编，束于败箧之中，亦未可定。"③将深入续查的目标锁定在僻壤穷乡。随后，江西巡抚何裕城报告了自己为了让查禁一事"人人知晓"、违禁之书"源源缴出"而施

---

① 《乾隆五十三年五月初四日谕》，载中国第一历史档案馆编：《乾隆朝上谕档》第14册，第286页。
② 《浙江巡抚琅玕奏覆浙省查缴违禁书籍情形折》（乾隆五十三年五月十三日），载中国第一历史档案馆编：《纂修四库全书档案》，第2122—2124页。
③ 《两江总督书麟奏覆遵旨收缴违碍书籍情形并缮单呈览折》（乾隆五十三年五月三十日），载中国第一历史档案馆编：《纂修四库全书档案》，第2127页。

行的种种方法。面对乾隆的责问，他更是保证除了按照应禁书目实力查收，"即不在通行书目之内，而语句违碍不应存留者，亦即查出分别奏毁"①。可见，当禁书活动接近尾声，江南的大员们仍在神经紧张地应付乾隆的追问，而乾隆也在禁书一事上验证着他的官僚们办事的尽心尽责程度和得力与否。

怎奈相隔一年，乾隆再次借安徽说事，曰：

> 陈用敷奏请展限查缴禁书折内，据称现在各属缴到书籍为数无多，似已搜罗殆尽，惟续查出之《休园省录》等书饬行未久，恐穷乡僻壤或未周知，不敢以年限已满遽停查办，请展限一年，再加逐细访查等语。江浙违碍各书，节经该督抚等查出解京销毁，并屡行展限，饬令地方官查办，现虽据奏缴到书籍为数无多，然亦未必竟至搜罗净尽，或地方官日久生懈，并不实力访查，亦未可定。况江苏省续行查出《休园省录》等书，现在查禁未久，僻远处所或未及周知呈缴，自应宽为查办。江浙为人文之薮，书籍繁多，地方官只须将应毁之书查销净尽，原可毋庸定以限期。著传谕书麟、闵鹗元、陈用敷、何裕城、琅玕等务宜严饬所属，随处留心查访，如有应行查禁各书即迅速饬缴销毁，不使稍有留遗，断不可稍存懈怠，拘泥期限，徒为虚应故事。②

上引谕旨的主题在于，当呈缴禁书的"为数无多"成为现实，乾隆却提出新的目标，即"搜罗净尽"。仅仅依靠江南大吏来完成乾隆"将

---

① 《江西巡抚何裕城奏覆查办违禁书籍并缮书目清单进呈折（附清单一）》（乾隆五十三年六月初六日），载中国第一历史档案馆编：《纂修四库全书档案》，第2129页。
② 《乾隆五十四年五月十七日谕》，载中国第一历史档案馆编：《乾隆朝上谕档》第14册，第883—884页。

应毁之书查销净尽"的愿望，无疑是不现实的，但乾隆却始终坚持与坚信着能够实现。乾隆认为，地方官的"实力访查"和假以时日是"查销净尽"的前提，因此在禁书活动持续十五年之后，他断然提出了"毋庸定以限期"的查书宗旨。

无限期的查缴禁书，不过是乾隆的理想，但多少有一点效应。该年十月，浙江奏呈禁书146种，计1535本；次年五月，又上缴禁书271种，计4008本。另，江西省继任的巡抚姚棻、陈淮，仍坚持于五十五年（1790）至五十八年（1793）间仍四次奏称各属续收的应毁书籍，只是数量已少，且均为原禁应毁书，再无新获。

五十八年（1793）十月十九日，江西巡抚陈淮续收应毁书13种，是禁书活动中的最后一次呈缴。让我们感到费解的是，当各省罕有违碍书籍呈缴，查禁活动几乎变成了《续编》的年终汇奏时，君主却未曾下过任何停止查缴的命令。甚至从五十年（1785）至五十七年（1792），乾隆对各省查缴《续编》的奏报往往加以批注，内容如出一辙，即"仍应留心"、"毋致遗漏"、"勿久而懈"等语，更是透露出他的重视。此时，禁书运动实际上的消歇与乾隆帝力求完善封建样本的想法，形成鲜明的对比。

小　结

禁书活动在本阶段逐步趋于松弛，或者说其目标更偏重于完善和树立封建文化样本，对《续编》的经年抽改，对《四库全书》成书的复检，都是最好的诠释。同时，也恰恰印证了本书第一章所提到的"修书与禁书并举，而以修书为主"的观点。修书与禁书的并行发展，其最终目的一致，即建立乾隆所设想的封建文化体系与标本。

档案中最后一次关于禁书的朱批，时间为乾隆五十九年（1794）

十月初八日，当两广总督长麟奏本年查无《续编》时，乾隆却批示"妥实为之，莫过急"。对图书的检查工作此时已历经二十年，这样的批抹多少折射出乾隆并不认为他实现了检查天下所有图书，按照他的意图决定取舍的理想。

作为阅读奏折的当下反映，年终汇奏上的朱笔批抹，背景是对禁书的查缴，有些内容却分明是对官员的不满与责备。五十一年（1786）间，山东历城县发生斩绞重犯越狱事件，后又有山东按察使司监反狱，斩犯单大经等脱械逸出，并持械拒捕之事。因而，当山东巡抚明兴汇奏查改《续编》之际，乾隆责问道："汝分内之事，尚不实心经理，此何益？"又，"汝本分事尚弄不清，何况此？"[①]表达了清帝对地方官员办事不力的怨责。

禁书活动中皇帝与大吏的矛盾始终清晰可见，二者的关系既折射在全国性的禁书过程中，又在其间进行着不断地调整。对官吏的严行控制，既是实现禁书目标的手段，又成为禁书过程中所要达到的目的之一。

---

① 《山东巡抚明兴奏查改〈续编〉》（乾隆五十一年十二月初九日）、《署理山西巡抚明兴奏本年查改〈续编〉》（乾隆五十二年十一月二十四日），载中国第一历史档案馆编：《纂修四库全书档案》，第1980、2098页。

第五章　四库禁书标准与全毁书分析

作为在乾隆控制之下的四库禁书活动,其发展始终循着编纂"千古纲常名教"之典籍和构建封建盛世文化体系的方向。缘此,对于查禁工作中出现的问题与偏差,乾隆相当重视,相继限定禁书的基本标准。

如何解析乾隆帝的禁书标准,如何多视角、多层面地去观察长达近二十年的四库禁书活动的内涵,从禁书书目及禁书本身入手无疑是重要途径。每一种书籍究竟因何具体原因被列入全毁或是抽毁?四库禁书除了重在清理关涉"明满关系"、"满洲早期历史",以及内含"反清思想"的书籍,是否还有其他的内容与标准?本章将以"军机处奏准全毁书"为中心,就这一问题做出分析。

第一节　禁书基本标准的三次限定

一、千字谕旨初定查书标准

乾隆四十一年(1776)十一月十六日,查缴禁书执行两年有余之际,一份包罗众多内容的诏书通谕中外,兹录全文:

前因汇辑四库全书，谕各省督抚，遍为采访。嗣据陆续送到各种遗书，令总裁等悉心校勘，分别应刊、应钞及存目三项，以广流传。

第其中有明季诸人书集，词意抵触本朝者，自当在销毁之列。节经各督抚呈进，并饬馆臣详悉检阅，朕复于进到时，亲加批阅，觉有不可不为区别甄核者。如钱谦益在明已居大位，又复身事本朝，而金堡、屈大均则又遁迹缁流，均以不能死节，靦颜苟活，乃托名胜国，妄肆狂狺，其人实不足齿，其书岂可复存？自应逐细查明，概行毁弃，以励臣节而正人心。若刘宗周、黄道周立朝守正，风节凛然，其奏议慷慨极言，忠尽溢于简牍，卒之以身殉国，不愧一代完人。又如熊廷弼受任疆场，材优干济，所上封事，语多剀切，乃为朝议所挠，致使身陷大辟。尝阅其疏内，有"洒一腔之血于朝廷，付七尺之躯为边塞"二语，亲为批识云"观至此为之动心欲泪，而彼之君若不闻，明欲不亡，得乎？"可见朕大公至正之心矣。又如王允成《南台奏稿》，弹刻（劾）权奸，指陈利弊，亦为无惭骨鲠。又如叶向高为当时正人，颇负重望，及再入内阁，值逆阉弄权，调停委曲，虽不免责贤之备，然观其《纶扉奏草》，请补阁臣疏至七十七上，几于痛哭流涕，一概付之不答，则其朝纲业脞，更可不问而知也。以上诸人所言，若当时能采而用之，败亡未必若彼其速。是其书为明季丧乱所关，足资考镜，惟当改易违碍字句，毋庸销毁。又彼时直臣如杨涟、左光斗、李应升、周宗建、缪昌期、赵南星、倪元璐等，所有书集，并当以此类推。即有一、二语伤触本朝，本属各为其主，亦只须改酌一、二语，实不忍并从焚弃，致令湮没不彰。至黄道周另有《博物典汇》一书，不过当时经生家策料之类，然其中纪本朝事迹一篇，于李成梁设谋甚害，具载本末，尤足征我朝祖宗行事正大光明，实大有造于明人，而彼转逞狡谋阴计，以怨报德。伏读《实录》，我太祖高皇帝以七大恨告天，师直为壮，神戈所指，肇造鸿基，实自古创业者所莫及。虽彼之臣子，亦不能变乱黑白，曲为隐讳，存其言并可补当年记载所未备。因命馆臣酌加节改，附载《开国方略》后，以昭征信。

近复阅江苏所进应毁书内，有朱东观编辑《崇祯年间诸臣奏疏》一卷，其中多指言明季秕政，渐至瓦解而不可救，亦足取为殷鉴。虽诸书中多有乖触字句，彼皆忠于所事，实不足罪，惟当酌改数字，存其原书，使天下万世，晓然于明之所以亡，与本朝之所以兴。俾我子孙永念祖宗缔造之艰难，益思兢兢业业，以祈天而永命。其所裨益，岂不更大，又何必亟毁其书乎！

又若汇选各家诗文，内有钱谦益、屈大均辈所作，自当削去，其余原可留存，不必因一二匪人，至累及众。或明人所刻类书，其边塞、兵防等门，所有触碍字样，固不可存，然只需删去数卷，或删去数篇，或改定字句，亦不必因一、二卷帙，遂废全部。他若南宋人书之斥金，明初人书之斥元，其悖于义理者，自当从删，涉于诋詈者，自当从改，其书均不必毁。使无碍之书，原听其照旧流行，而应禁之书，自不致仍前藏匿，方为尽善。①

通读该谕旨，其核心在于如何处理地方呈送遗书内的触碍问题。回顾两年来的汇辑全书工作，四库馆在校核书籍时，遇到诸多问题亟需统一的处理意见，而各省遵奉过于宏观的指示刻意搜求，一直没有具体的标准，执行中难免出现种种偏差。可以说，上引诏书既是对编纂

---

① 《乾隆四十一年十一月十六日谕》，载中国第一历史档案馆编：《乾隆朝上谕档》第8册，第468—469页。

《四库全书》工作的总结与指示,也指明了此后检查"违碍"书籍的根本原则、具体方向。

首先,无论是编纂全书,还是查缴禁书,都离不开"区别甄核",后者又统一在前者之下,即删削与毁弃均以服务《四库全书》编纂为目的。乾隆在该谕旨伊始即表明,以纂修四库为纲,在悉心校勘的基础上区分不同情况予以处理,对于明人所著书籍中,词意诋触清朝的,应不容置疑地加以销毁,言来"理直气壮"。

其次,对明代文集、奏疏需区别对待。特别是那些"为明季丧乱所关,足资考镜"的奏疏,应改易字句,毋毁原书,存其为明亡清兴之殷鉴,保留此等文字,是为了证明前朝之必亡。至于"当时具疏诸臣内,在明已登仕版,又复身事本朝,其人既不足齿,其言不当复存,自应概从删削",由此引发了乾隆欲于国史内另立《贰臣传》一门之前古未有的想法。乾隆以苛责"不能死节"立论,可谓挖空心思,存与禁,皆以"励臣节而正人心"为目的。

再次,黄道周《博物典汇》一书,各省均按禁书呈缴,咨查在案。乾隆为我所用,谕令将该书酌加节改,附载《开国方略》后,以补记载未备。到本年十二月初一日,大臣们已将黄道周《博物典汇》、朱东观选辑《明末诸臣奏疏》重新缮写,进呈御览。①

最后,就如何处理汇选诗文中如钱谦益等乾隆视为"首恶"之人的作品,类书中边塞、兵防等门的"触碍字样",及"南宋人书之斥金,明初人书之斥元"等问题,做出只须删削一二,不必累及全部的指示。乾隆希冀对存世文献一一清检,目标是想让他心目中的"无碍之书,听其照旧流行,应禁之书,不致仍前藏匿"。

倘无此旨,禁书之规模,不知又要扩大几倍。

---

① 《户部尚书丰升额等奏缮写〈博物典汇〉等书并装订进呈折》(乾隆四十一年十二月初一日),载中国第一历史档案馆编:《纂修四库全书档案》,第557页。

二、"查办违碍书籍条款"再定禁书标准

如果说查书标准的初定,其考虑的重心在于处理编书中遇到的"违碍"问题,那么经过《字贯》、徐述夔两大要案,面对数量剧增的"违碍书"上缴,亟需确定明晰的禁书标准,来统一地方省份的查禁活动。

《四库全书》开馆后,陆锡熊与纪昀"同司总纂"①。陆氏《宝奎堂集》中有"为总裁拟进销毁违碍书札子",以探讨的口吻,罗列了各类违碍问题的处理办法,今摘录如下:

> 臣等查照原签,详细酌核,此等违碍各书,凡明季狂吠之词,肆意罔悖,俱为臣子者所当发竖眦裂;其有身入国朝,为食毛践土之人,而敢于逞弄笔端,意含愤激者,尤天理所不容,自当凛遵训谕,务令净尽根诛,不得使有只字流传,以贻风俗人心之害。
>
> 至若明初著作,于金元每多偏谬之词,虽议论乖僻已甚,究非指斥可比;又如明人时代在嘉隆而上,则尚属本朝龙兴之前,或其书偶述边事,大抵系指鞑靼、瓦剌、朵颜等部,《明史》可证,并非干碍,即措语太涉荒唐,原不妨量以删节,不必概行全毁。
>
> 又明末福王所称年号,现在《御批通鉴辑览》内已经载入,其杨陆荣之《三藩纪事本末》并经奉旨存留,凡书中偶涉三王称号而词气尚无违悖者,似亦当分别办理。
>
> 又如类书之分门类事,丛书之分部标目,志传之分人记载,及各选本之胪列诸家,俱与专系一人一事必须全毁者有异。此

---

① 赵尔巽主编:《清史稿》卷三二〇,第 10771 页。

等遇有违碍,亦只需酌量抽毁,似毋庸因此概废其书。

又若钱谦益、屈大均、金堡、吕留良等诞悖已极,其言散见他部者固断不容稍有存留,至在他人,情状稍轻,所有违碍之处,业将本集销毁,其诗文别见,查无触悖者,似亦不必悉事查销,用昭差等。

又如明代印本而中及庙讳字样,雍正以前印本而中及御名字样者,在当时本无豫避之理,只须在板片内敬谨缺改,似亦毋庸概将原书签摘,徒事纷纭。

又或一人而数书者,彼此原不相妨;两书而同名者,前后亦多迥异。此等均需详核区分,不可彼此牵连,致乖平允。

如此分别酌办,于辟邪距之中,仍寓进退权衡之意,似于事理更为详慎。①

陆锡熊的札子,首段即明确指出必应销毁书的标准,即在清廷看来的肆意罔悖的"明季狂吠之词",及"身入国朝,为食毛践土之人,而敢于逞弄笔端,意含愤激者"。尽管陆氏对这类违碍书籍的表述显得有些笼统,但要对达到"务令净尽根诛"的目标,说得却毫不含糊。通观该札文,其大量篇幅,着眼于纠正地方查缴中"稍涉拘泥"之处,陆锡熊提议的"分别酌办",后来大都被乾隆采用。

乾隆四十三年(1778),四库全书馆正式公布了"查办违碍书籍条款",共九条,这是查书标准初定的谕旨和陆氏札书完善、条化的结果。其中,前八条涉及查办禁书的检阅标准:

奉(督抚)二宪饬发四库馆查办违碍书籍条款。查各属解送违碍书籍,除字句狂谬,词语刺讥,必应销毁,及明季国初

---

① (清)陆锡熊:《宝奎堂集·为总裁拟进销毁违碍书札子》,《续修四库全书》集部1451册,第57—59页。

人诗文集内有触悖者，其全书即不应存留外，其余有应行分别办理之处，谨拟立条款开列于后。

一、自万历以前各书内偶有涉及辽东及女直、女真诸卫字样，外省一体送毁。但此等原系地名，并非指斥之语，现在《满洲源流考》内亦拟考核载入，似当分别办理。如查明实止系记载地名者，应签出毋庸拟销。若语有违碍者仍行销毁。

一、明代各书内载及西北边外部落者，外省不明地理，往往概入应毁之处。但此等部落，自《明史》鞑靼、瓦剌、朵颜等传所载，实无干碍。似应查明签出，勿庸拟销，若有语涉偏谬者，仍行销毁。

一、明末宏光年号，业经载入《通鉴辑览》，其《三藩纪事本末》一书载有三王年号，亦已奉旨留存。如各书内但及三藩年号字样，而别无违碍字句者，应查明签出，勿庸销毁。

一、钱谦益、吕留良、金堡、屈大均等除所自著之书俱应毁除外，若各书内有载入其议论者，选及其诗词者，原系他人采录，与伊等自著之书不同，应遵照原奉谕旨，将书内所引各条签明抽毁，于原板内铲除，仍各存其原书，以示平允。其但有钱谦益序文，而书中并无违碍者，应照此办理。

一、吴伟业《梅村集》曾奉有御题，其《绥寇纪略》等书亦并无违碍字句，现在外省一体拟毁，盖缘与钱谦益并称江左三家，曾有合选诗集，是以牵连并及。此类应核定声明，毋庸销毁。其《江左三家诗》、《岭南三家诗》内如吴伟业、梁佩兰等诗选亦并抽出存留。

一、凡类事及记载之书，原系门各为目，人各为传，不相连属。即有违碍，不过中间一门一传，其余多不相涉，不必因此概毁全书。应将其违碍之某门某传查明抽销，毋庸全毁。

一、各违碍文集内所有奏疏，现在遵旨将其中剀切可取者另行摘存,其全部仍应请毁外,至如专选奏议,如《经济文编》之类,专载对策如《明状元策》之类,所载多自明初为始,似亦当分别办理。应将其中有违碍字句各编查明抽毁,其余仍应酌存,以示区别。

一、凡宋人之于辽金元,明人之于元,其书内记载事迹有用敌国之词、语句乖戾者,俱应酌量改正,如有议论偏谬尤甚者,仍行签出拟销。

原注:此条款无发出年月,似与上谕旨(笔者注:即乾隆四十三年十一月初一日"谕内阁著通谕各督抚予限二年实力查缴违碍书籍")有关,遂附录于此。①

四库馆以规范化的形式,正式限定了对违碍书籍的具体处理原则。除特别指出"字句狂谬,词语刺讥,及明季国初人诗文集内有触悖者"应毁全书外,着重强调了"应行分别办理之处"。

首先,销毁书籍重在"语意违碍"之处。经过一段时间的查缴,发现此前地方官们上奏的请毁书籍办理过于偏颇,相当一部分本不在应毁之列。条款中几次点了"外省"的名,如止系记载地名"偶有涉及辽东及女直、女真诸卫字样",或不明地理以为"明代各书内载及西北边外部落",或将并无违碍字句的《绥寇纪略》一体送毁,或一有涉及"三藩年号字样"的书籍便要毁弃的做法,均需更正。

其次,重点人物如钱谦益、吕留良、金堡、屈大均等人的自著书籍,一概毁弃。若他人书中牵涉上述人及文章,均需抽毁。尚有对书籍中"剀切可取者"抽存的处理办法。

上述条款,与军机处节次颁行各省的查禁书目相较,无疑要细致、详慎得多。更为重要的是,馆臣们拟定的条款,在客观上保证了

---

① 王重民:《办理四库全书档案》,第60—61页。

许多书籍排除在应禁书之外，或是不被全毁。但是酌量改易清廷认为的"乖戾语句"，及撤出销毁"议论偏谬"的内容，确使许多书籍已非当初的面目，令人扼腕痛惜。

三、中央公布奏准禁书书目三定禁书标准

中央承办禁书的机构分设三处：一是办理《四库全书》处，专司查办各省采进之遗书；二是军机处，专司办理各省督抚呈缴的请毁书籍；三是红本处，专司办理内阁固有旧书。[①] 其中，对地方奏缴书籍，四库馆与军机处经过认真查核，于四十七年、四十八年两年间分别颁布了应行全毁、抽毁书的目录，使各省的查办工作有了更为明确的依据。

（一）四库馆臣重检存目底本，出台查禁目录

四十五年（1780）四月十三日，乾隆指示将存目书籍的底本清查后发还各省藏书之家。五月，四库馆正总裁、大学士英廉以该类书籍"卷帙浩繁"，"恐其中或尚有应毁字句"，奏请覆检，以保万无一失。于是，派纂修翰林戴衢亨、蔡廷衡、潘廷筠、王春煦、吴裕德、吴省兰、汪如洋、程昌期、吴舒帷、吴锡麒、孙希旦、陆伯焜、陈万青等十三员，将各省解送之明代以后各书，详细磨勘。迟至四十七年（1782）二月始查阅完毕，英廉向乾隆帝汇报了结果，称：

> 共看出应行销毁书一百四十四部，应酌量抽毁书一百八十一部。臣同该总纂纪昀等逐加覆核，理合开具略节清单，同原书三百二十五部、二千一百二十三本，一并缴进请旨，分别销

[①] 参见雷梦辰：《清代各省禁书汇考·序》，第1页。

毁。……其应毁各书,恐外间尚有流传之本,仍开单行知令各督抚一体查缴销毁。①

与书目清单相核,上引材料中提到的部数,也是四库馆应行全毁、抽毁书的种数。从奉旨覆检发还书籍,到查办完竣,历时近两年,一则"各省所进遗书,重复错乱,堆积如山,清理殊难"②,再则可推知查核的仔细程度。即便如此,乾隆帝对于四库馆清理遗书的工作仍不完全放心,看到英廉奏折后,当下批示:"将抽出应毁篇页存览,其应发回原省各书,著发出再行查看。"月余之后,遂有英廉再奏,称重新详核应行抽毁书,"实在并无违碍字句",与全毁书一并开列清单,告知地方督抚严行查禁。③

四库馆应禁书目的出台,标志着各省解送的明代以后书籍的违碍之处基本查明,其中复检存目发还书籍时,提调遗漏送阅丁炜所著《问山集》,后经乾隆阅看,指出"字句谬妄之处",撤出销毁。④因此全毁书数量增至145种。这些书作为当初的四库备选书,其数量远不及军机处所公布的全毁书。

(二) 军机处汇总节次奏准,刊行应毁书目

各省陆续奏缴的违碍书籍,按照程序均先解送军机处,由军机处转交总纂纪昀、陆锡熊等协同各纂修进行查阅。必应销毁的书籍,

---

① 王重民:《办理四库全书档案》,第82页。英廉特别提到,经检查并无干碍的存目和重本各书,共计9416部,应令各督抚遇便领回。从数量上看,全毁、抽毁书仅占存目底本的3.5%。
② (清) 阮元:《梧门(法式善)先生年谱》,载北京图书馆编:《北京图书馆藏珍本年谱丛刊》第119册,北京图书馆出版社1999年版,第434—435页。
③ 王重民:《办理四库全书档案》,第84页。
④《军机大臣奏列入全书存目之〈问山集〉字句谬妄请即撤毁片》(乾隆四十八年四月十七日),载中国第一历史档案馆编:《纂修四库全书档案》,第1727页。

再由军机大臣详细阅看后开单，行知各省督抚，令其按单严查。

军机处的应毁书目先是节次颁布，后汇总刊刻而成，笔者据姚觐元《清代禁毁书目（补遗一）》所载，条列十次奏准的具体情况，因其附有书目，可与档案材料互为补充，缺憾的是并无具奏时间，如下：

表 5-1 军机处十次奏准应毁书目情形表

次数	数量	备注
第一次	《明通纪》等 62 种，均系必应销毁之书，同原书 392 本，作为一次进呈。重本通计 4389 本又未钉 14 部，又 32 卷	有奏底，有书目
第二次	《三朝要典》等 68 种，均系必应销毁之书，同原书 402 本，作为一次进呈。重本通计 1254 封，又 145 本。再外省送到奉旨应毁之屈大均、金堡各书 18 封	有奏底，有书目
第三次	《抚齐牍草》等 24 种，俱系应毁之本；又据各该纂修等于遗书内查出《存笥小草》等 46 种，亦均系必应销毁之书；同原书 462 本，汇作一次进呈。重复之本 1448 封又 428 本	有奏底，有书目
第四次	《确菴文稿》等 48 种	无奏底，有书目
第五次	《尤癯稿》等 59 种	无奏底，有书目
第六次	应毁重本及王锡侯《字贯》等书，共 7106 部，装成 263 箱。各省续行解到及存馆遗书内复查得 17 种，必应销毁	有奏底，无书目
第七次	《督师纪略》等 23 种	无奏底，有书目
第八次	将各省送到违碍书籍并四库馆遗书及三通馆旧存各书详细检阅，查有《柱史小草》等书 50 种，俱系必应销毁之书，同原本 311 本进呈请旨销毁。已经奏毁各书重本装成 30 箱。经雨沾湿，难以翻揭分别者计有□箱，一并缴进销毁	有奏底，有书目
第九次	《南州草》等 58 种，俱系必应销毁之书，同原本 384 本进呈请旨销毁。已经奏毁重本各书装成 217 箱，缴进销毁	有奏底，有书目
第十次	据各省送到应毁重本甚多，逐一查明，装成 68 箱缴进销毁。再查现在送到各书内，有从前未经奏毁之《明纪略鼎脔》等 21 种，均系必应销毁之本，同原书 199 本，一并进呈，请旨销毁	所载书目多于奏底数量

按照上述节次开出的全毁书目，军机处对地方的请毁书籍分批分次地销毁于武英殿字炉，笔者依据《纂修四库全书档案》，将乾隆四十八年（1783）前有明确销毁时间的材料汇总如下：

表 5-2　军机处节次销毁地方请毁书籍一览表

序号	时间	数量	《档案》
1	四十一年十二月二十四日	《明通纪》等 62 种，系必应销毁之书，计 392 本 重复之本计 4389 本，又未钉 14 部，又 32 卷	三六〇
2	四十五年十月二十五日	应毁重本，装成 130 箱 沿途雨湿霉烂者，装成 60 捆	七一九
3	四十五年十一月二十七日	《秘书》、《兵衡》等 90 种 应毁重本 182 种，装成 95 箱	七三一
4	四十六年五月二十八日	应毁重本，装成 80 箱。江西省送到宁都州罗教案内起获经卷 48 种，装成 1 箱	七九〇
5	四十六年十二月十四日	应毁重本 66 箱	八三四
6	四十七年十月二十日	应毁重本，尹嘉铨所著各书，装成 70 箱。重本中经雨水沾湿霉烂，难以翻阅者，计 16 捆	九二三

时至乾隆四十七年（1782）年底，在禁书呈缴"重本居多，续获者渐少，似于查办违碍各书已可得十之八九"的前提下，军机大臣奏请将全毁、抽毁各书摘开书目刊行，称：

> 臣等查各省解毁书籍内，有沿途经雨水沾湿成块难于翻阅者，业经奏明将原捆缴进销毁，无凭开列书名外；其阅过奏定之全毁、抽毁各本，实在共七百八十九种，应请摘开书目，各注明撰人姓名，汇刊成册，通行各该省，令其遍加晓谕，庶乡曲愚民不致冒昧收藏，自干法禁，而按目查考，搜缴更当净尽，

无复稍有遗留矣。谨另缮清单一并进呈，俟发下即交与武英殿刊刻颁发。嗣后如有应毁新本，再行随时增刊续入。①

军机处颁布了应毁书目清单，令全国"画一办理"。各省的请毁书籍，除"经雨水沾湿成块难于翻阅"的直接销毁外，其余均经过了仔细的审阅。789 种书籍经"阅过奏定"，刊刻成册，通行地方清缴，其中全毁书 749 种，占绝大部分；抽毁书 40 种，包括 5 种地方判定错误、"毋庸销毁"的书籍。

乾隆五十七年（1792），军机处续行公布了奏定"必应全毁书"50 种。尚有一部分全毁书目不在上文所述之内，即专案查办中的禁毁书籍及石刻，如下表所示②：

表5-3 专案查办所涉禁毁书籍与石刻数量表

著者	数量	著者	数量	著者	数量
钱谦益	7 种	屈大均	8 种	金堡	4 种
吕留良	9 种	王锡侯	13 种	徐述夔	12 种
专案查办各书	20 种	卓长龄	9 种	戴移孝、戴昆	5 种
尹嘉铨	119 种	李清	4 种	孔继汾	2 种
石刻	21 种（山西 18 种、甘肃 2 种、山东 1 种）				

合计应毁书 212 种，应磨毁石刻 21 种。当时，钱谦益、吕留良、屈大均、戴名世、王锡侯、尹嘉铨等所撰诗文往往是不必黏签，一概见毁的。

（三）红本处公布应毁书籍名目

今人在检阅内阁档册时，发现乾隆四十八年（1783）九月《检

---

① 《军机大臣福隆安等奏请将阅过全毁抽毁各书摘开书目刊行片》（乾隆四十七年十二月初十日），载中国第一历史档案馆编：《纂修四库全书档案》，第 1693—1694 页。
② 此表统计依据为姚觐元：《清代禁毁书目》，第 90—100 页。

查红本处办应销毁书籍总档》一本,内载前后七次应销毁书籍的书名、著者、内容及销毁原因,共计76种。①编者刊入《清代档案史料丛编》时,曾与四库馆、军机处禁毁书目对校,发现红本处书目有10种属重复著录。

四库馆、军机处、红本处奏准应禁书目的刊行,可谓禁书标准的三定。如果说前两次的标准制定更多地在纠正查缴工作中的偏差,那么此次通行各省的严格区分全毁、抽毁的书目清单,成为后续查禁工作的明确依据。

事实上,按目查书后各省上缴禁书骤减。奏准的全毁书究竟因何而禁,下文将以军机处的奏准全毁书为例,加以说明。

第二节 严禁"诋触本朝者"

清理所谓内含民族思想、反清言论的书籍,是四库禁书活动的重心。乾隆对内容特别"违碍"、诋触清朝的书籍,甚至专谕各省"一体查办"。但多数专案查办的禁书,究竟违碍几何,谕旨中均语焉不详,现以《六柳堂集》释例。

四十三年(1778)闰六月,山西巡抚巴延三查获《六柳堂集》一书,呈缴后乾隆认为此书"语多悖谬",即行降旨,曰:

> 袁继咸既籍隶江西,则其所刊书籍,本省必有存留。著传谕郝硕留心访觅,务将其书本及版片悉行查出,解京销毁。至《六柳堂集》一书,既久经刊板,流播山西,其余各省自必有流

---

① 中国第一历史档案馆编:《清代档案史料丛编》第七辑,中华书局1981年版,第256—264页。

传之本，而江南、浙江尤书籍所汇聚，更宜访查。著传谕江浙两省督抚实力查缴，毋稍疏漏，并令各省督抚一体确查，均勿以具文塞责。①

该谕旨对《六柳堂集》的"悖谬"之处，并无半点说明，仅仅指示访查作者的原籍及该书的流播之处，令各督抚"毋以具文塞责"。如今，《六柳堂遗集》的清钞本仍存，检寻其中字句，或许会对当时清廷所忌讳者有更为感性的认识。

袁继咸（1593—1646），字季通，号临侯，明宜春县寨下横塘村人。天启五年进士，授行人，历任御史、礼部员外郎、山西提学佥事、湘广参议等职。他性格刚直，以敢于忤逆当权宦官闻名朝野，深孚众望。崇祯十五年升兵部右侍郎兼右佥都御史，驻节九江，为总督江西、湖广、应天、安庆军务的封疆大吏。②袁氏曾职任山西，遂有著述流播此处。《六柳堂遗集》的序，题遗民张自烈撰，其中谈到该书命名的缘由，曰：

> 临侯曾大父鲁训公成化为丙戌进士，景慕晋陶靖节，年四十隐不仕，自称六柳居士。临侯少壮读书六柳堂，克绳祖训，耻事二姓。③

这样直白的表达，既可从中探知袁继咸行事之根源，也可了然清廷严禁其文字的理由。

---

① 《乾隆四十三年闰六月十七日谕》，载中国第一历史档案馆编：《乾隆朝上谕档》第9册，第197页。
② （清）张廷玉等：《明史》卷二七七《袁继咸传》，中华书局1974年版，第7085—7086页。
③ （明）袁继咸：《六柳堂遗集·序》，《四库禁毁书丛刊》集部116册，第398页。

《六柳堂集·续录》附家僮禀帖，可知明清易代之际，继咸之所为，兹录全文：

> 郭四字禀相公：前自三月接相公谕帖，属小人用心服侍老爷，不离左右。此奴辈分内事，不须相公谆谆丁宁。讵忽报左宁南要护□帝太子与黄澍爷带兵马下南京，进城挟老爷同行。不料月初四日，左宁南老爷大疾死于舟中，其子总爷左梦庚假称左老爷卧病在床，代替管事，随即开舟行至池阳。老爷不肯进兵，然后退师胭脂港。得闻虏追闯贼到九江，左镇将官异心。十三日，左镇私自送款降虏，即领虏骑来挟老爷。老爷见虏王号哭，欲自尽不得，只得于六月初三日见虏。长揖不□□，虏王亦不敢屈，席地盘坐，即设宴老爷。老爷说斋素，不肯吃，即设斋茶，老爷又不肯吃。力劝老爷仍做九江总督，老爷说：历事三朝断无事二姓理，不忠不孝，何足为人？惟以死自誓。若要我做官，除非解下这颗头来。虏挟老爷云：不仕将何顾？老爷答云：归田力耕奉二亲。虏云：你归践何人土、食何人水？老爷云：夷齐曾饿首阳。一拱而别，临舟投水。左虏二营兵慌忙下河，捞起左总爷，送衣更换，送药二剂。老爷不服药，不吃水米七日，恐无生路。小人死生不得自主，□小人父母皆年老，乞相公念犬马微劳，柴米缺少时常赈济，感恩不浅，谨禀。家人郭四禀。①

上引材料中，"左宁南老爷"即宁南侯左良玉。弘光元年，左良玉由武昌起兵讨伐南明权臣马士英，欲胁迫袁继咸参与兵谏，遭断然拒绝。不料左良玉暴病身亡，其子左梦庚秘不发丧，率部投降了清廷，并献

---

① （明）袁继咸：《六柳堂遗集·续录》，第413页。

出袁继咸邀功。袁继咸断然拒绝清军的设宴、委职，投水自尽未果。继而，清军将袁继咸押解北京。他效仿江西老乡、南宋官吏、诗人谢枋得（字叠山）那样欲绝食以全节义。袁继咸喟然叹曰："天不欲余为叠山，敢不为文山哉？"他仿文天祥的《正气歌》而作《正性吟》：

> 序：或有劝余委蛇求还者，作《正性吟》解之。昔文山歌正气，余吟正性，气刚性合，方黄虽烈，可敬不则也。
>
> 天地治乱，理数循环。湛兹正性，鼎鼎两间。有怀乡哲，炳耀青丹。
>
> 维唐中叶，秀耸两颜。越在宋季，文山叠山。成仁取义，大德是闲。
>
> 哀我逊国，方黄臭兰。名成族圮，刚中良难。淑慎以往，学问攸关。
>
> 我心耿耿，我性闲闲。从容慷慨，途殊道班。居易俟之，敢幸生还。①

清兵入关后，继咸心中"惟有矢文山之节，以一死报二祖列宗"，尝曰："大官好做，大节难移。成仁取义，前训是依。文山叠山，仰止庶几。"其民族气节为后人敬仰，称他是文天祥式的民族英雄，与文山、叠山并称为"江右三山"。

袁继咸的诗中，可谓满篇都是忠于明朝之词，如"许身酬旧主，留发表明臣"（《题张秋旅舍壁》）、"臣心不二，九死不移"（《寄别友人·序》）、"誓不事二姓"（《绝笔六·与二亲生诀书》），其自言"旧国兴亡泪未收"，"忠臣岂以道途颠沛贰其心"（《题德州马氏壁感主人之贤》），愿学"丞相从容死，燕市万古纲"（《文山先生》）。

---

① （明）袁继咸：《六柳堂遗集》，第408页，以下所引诗文均见该书，不再一一出注。

乾隆四十年（1775）间，清廷臧否人物之标准转向力主表彰忠义，袁继咸亦因其气节，在四十一年（1776）被清廷追谥为"忠毅"。一方面要表彰他的气节，一方面又要各省一体收缴他的著述，原因何在呢？从《六柳堂集》中可窥知一二，其中曰：

> 呜呼！余在江州舟中自死者三矣，恨不得死，不为清臣，甘为清民。犹眷念二人之在堂也。宁为明鬼，并不愿为清民，不忍往见九庙之邱墟也，吾自尽臣谊，岂博忠名哉？"（《六月十八夜书》）
>
> 愧无子卿毡，敢堕汉臣节。（《幽居雪日》）
>
> 葭死葭律动长安，犹记衣冠拜紫鸾。此日近臣新宠泽，貂裘骏马不知寒。（《至日感怀四绝》）
>
> 周公之宇鹡鸰巢，……堂中今日主翁非。（《除夕前一日晓闻鹡鸰声心异作鹡鸰行》）
>
> 耐寒强起著衣裳，海曙迟迟远放光。月首三阳仍夏历，春正万古重周王。忍谁北面同呼祝？且戴南冠独拜飏。寒草迎曦烟渐释，长陵松柏郁苍苍。（《元日》）

据称袁继咸拘押北京囚禁后，仍戴明帽、着明服。面对"山河到处惊殊俗"，他誓不出仕，顺治三年离世。如今通读其诗文，满篇"系怀明朝、诋触清朝"字眼，大概便是"语多悖谬"之所指。清廷既想以表彰前朝的忠义人士，来使时人效忠当朝，又恐此类文字流播遗患，激起反清情绪，便要销毁净尽。这看似矛盾的两个方面，恰恰证明了本文开篇所提到的禁书的必然性与有限性。这也是四库禁书过程中，多仅涉其书，而未株连众人的原因所在。

明末清初著述中暗含的民族意识、反清思想，是四库禁书期间清廷所严厉打击的目标，袁继咸之《六柳堂集》只是其中一个典型的例子。乾隆帝的目标是要将他认定的诋触清朝的书籍查销净尽，以实现其教化"臣民"的理想。而那些未被湮灭的书籍，又使我们得以探知清人入主中原时，尚存气节之人的精神究竟何如。

第三节　抽选与禁毁明季奏疏

章炳麟言："乾隆焚书，无虑二千种，畸重记事，而奏议文献次之，其阴鸷不后于秦矣！"① 乾隆对大量明季"奏议文献"的清理确是事实。基于特殊的时代背景，面对边事纷扰、国家变故，明代官吏纷纷上疏，献言献策，这些触及时事的种种疏稿，成为四库禁书的重要内容之一。

与其他禁书一概销毁的政策不同，乾隆对明季奏议类文献中"剀切可取者"采取了"另行摘存"的原则。正如《四库全书总目》"诏令奏议"类小序所言：

> 夫涣号明堂，义无虚发。治乱得失，于是可稽。此政事之枢机，非仅文章类也。②

奏议的价值，在统治者看来非同寻常文章，而乾隆本着以明臣所言，证明朝之必亡的思路，在四库禁书活动中决断着此类文献的取舍。

一、抽选"足资考镜"的明季奏疏

上谈及"禁书标准初定"时，引乾隆四十一年（1776）十一月

---

① 章太炎：《訄书·哀焚书》，载《章太炎全集（三）》，上海人民出版社1982年版，第322—324页。

② （清）永瑢等：《四库全书总目》卷五五《诏令奏议类小序》，第492页。

十六日谕旨，说明乾隆针对各省上缴的请毁书籍，曾指示要区别办理。该谕旨中高宗列举了诸如王允成《南台奏稿》、叶向高《纶扉奏草》等彼时直臣的书籍，视其为"明季丧乱所关，足资考镜"，并言若明朝君主"当时能采而用之，败亡未必若彼其速"。因而，乾隆对诸种奏疏中"乖触字句"显示出"宽宏大量"态度，称"即有一二语触伤本朝，本属各为其主，亦只须改酌一二语，实不忍并从焚弃，致令湮没不彰"①。其中，特别提到朱东观所辑《崇祯年间诸臣奏疏》一书，曰：

    其中多指言明季秕政，渐至瓦解而不可救，亦足取为殷鉴。虽诸书中多有乖触字句，彼皆忠于所事，实不足罪，惟当酌改数字，存其原书，使天下万世，晓然于明所以亡，与本朝之所以兴。俾我子孙永念祖宗缔造之艰难，益思兢兢业业，以祈天而永命。其所裨益，岂不更大，又何必亟毁其书乎！②

乾隆说得十分明白，不忍亟毁的明人书籍，是因其内含了"指言明季秕政"之处，证明了明朝的"渐至瓦解而不可救"。乾隆是想，既把它当作教化当今臣民的现成教材，更是要向世人宣告，清朝代明是天命所致，是理所当然。

  时隔两年多，当各类明季奏疏从地方源源不断地汇缴中央，乾隆产生了新的想法，即主张改易明臣奏疏中痛切敷陈明朝"秕政"的

---

① 实际上，乾隆所列举的"直臣"著述，并未逃脱焚弃的命运。四库馆全毁书目赫然开载：《刘念台奏疏》（明刘宗周撰）、《杨忠烈集》、《杨大洪集》（明杨涟撰）、《左少保文集》（明左光斗撰）、《落落斋遗稿》（明李应升撰）、《周来玉奏疏》（明周宗建撰）、《从野堂存稿》（明缪昌期撰）、《赵忠毅集》（明赵南星撰）等。
② 《乾隆四十一年十一月十六日谕》，载中国第一历史档案馆编：《乾隆朝上谕档》第8册，第468—469页。

"较有关系者",编为《明季奏疏》,并认为这是与办理违碍书籍并行不悖的政策,目的同样是为了"使天下万世晓然于明之所以亡",以证清朝政权建立的必然性。同时,乾隆希望以自己所归结的明朝败亡的原因,来教育子孙后代"永为殷鉴",用心可谓深远。

究竟何为"明亡清兴之殷鉴"的可选内容,下面的"拟选各篇目录清单"或许能更清楚地说明:

> 宋祯汉《西台疏草》内拟选六篇:《魏忠贤不宜予荫》、《论加派扰民之弊》、《请去权珰魏忠贤》、《再请斥退魏忠贤》、《都城劫盗叠见营务废弛》、《论大计滥举纵贪之弊》。
> 高推《柱史小草》内拟选三篇:《盗贼充斥法纪废弛》、《极边民瘗日甚新饷苦累难支》、《论延安失守抚臣欺君冒功隐罪》。①

凡是明末臣工的奏疏暴露了当时朝廷腐朽,都可以在"改易违碍字句"后保留下来,成为现在的"殷鉴"。经改易、选录后的余书则统统销毁,即便乾隆谕旨中钦点的书籍也不例外,以下可做对照。如谕旨称:

> 如徐必达《南州草》所载奸商、奸珰结贿欺君诸疏,俱持论不挠,极为忼直。又如萧近高《疏草》内载其劾大珰潘相等以矿税扰民,宋一韩《掖垣封事》亦有劾东厂及税监李凤、梁永等蠹国病民诸疏,均属详明剀切。又侯震阳《天垣疏略》,以客氏再入禁中,抗章极论,并及于沈㴶之交通内臣,亦能侃侃不阿。虽其间若徐尔一之《九八分疏》,极口诋斥孙承宗,而

---

① 《军机大臣奏呈〈明季奏疏〉拟选各篇目录并将原书缴进销毁》(乾隆四十五年十一月十四日),载中国第一历史档案馆编:《纂修四库全书档案》,第1229—1230页。

于温体仁、霍维华等则曲加赞誉,是非倒置,此外亦不过撷拾陈言,以图荧听,固无足取。其余谠论危言、切中彼时弊病者,实俱无惭骨鲠。①

乾隆对上述奏疏的肯定之词,并未使其免于毁禁,"军机处奏准全毁书目"同时载:

> 《南州草》明徐必达撰。必达官应天府尹,取前后所上奏疏及案牍公移之类,编为此集,中多干犯触悖字句,应请销毁。
> 《萧近高疏草、文草》明工部侍郎萧近高撰,其奏疏类皆案牍常谈,文笔亦甚冗蔓。中间挖空字句甚多,均系指斥之词,应请销毁。
> 《天垣疏略》明侯震旸撰,乃其为给事中时所上奏疏。中有空字处及违碍字面,应请销毁。
> 《九八分疏》徐尔一撰,乃所上留中疏稿四首及书札二通,指斥之语不可胜数,应请销毁。②

徐尔一尚有其他奏疏,如《恢辽局势》、《东江略节》、《龙飞二疏》,因"多狂悖之语"列入全毁书目。清廷一面称《九八分疏》"切中彼时弊病者,实俱无惭骨鲠",一面称其"指斥之语不可胜数",可知奏议类文献的禁毁,绝非因一二语触伤清朝。

因悖碍字面、诋触之语甚多而遭禁的明人奏疏类文献尚有多种,如:刘献之《畿南疏草》,吴焕《西台奏疏》,申用懋《中枢疏草》,方震孺《按辽奏疏》、《辽事颠末》,刘士祯《秉丹堂奏疏》,沈珣

---

① 《乾隆四十四年二月二十五日谕》,载中国第一历史档案馆编:《乾隆朝上谕档》第9册,第588—589页。
② 本章所引"军机处奏准全毁书目",均参见姚觐元:《清代禁毁书目·补遗一》。

《沈侍御疏稿》，张辅之《张司空奏疏》，陆完学《抚浙疏草》，李若珪《抚郧疏稿》，李化龙《辽东奏议》，马嘉植《奏疏》，李清《谏垣疏草》，朱由本《藩政疏草》等。

二、纂辑《明名臣奏议》

四库禁书期间，乾隆对明人奏议类文献的重视程度有增无减，所选篇章往往亲自裁断。四十六年（1781）十月，考虑到历代名臣奏疏均有选刻之本，遂派纪昀等人将选出的明神宗以后各奏疏，归入《明名臣奏议》，按其朝代，一体编纂。他不厌其烦地在诏书中重申纂辑此书的用意，即选择"关系前代得失者，固可援为法戒"的明臣奏疏，来证明"明季之所以亡，与我朝之所以兴"①。

《明名臣奏议》的编录，以乾隆诸皇子及其总师傅蔡新等为总裁，以皇孙、皇曾孙之师傅、翰林等为纂修、校录，"每成一卷，即恭呈御览，断以睿裁"。次年四月二十五日，该书恭进，谕令武英殿将其写入《四库全书》，并交聚珍版处排印。《四库全书总目》为《明名臣奏议》撰写的提要，指陈明季弊病，阐述了以明亡为"殷鉴"的一贯宗旨，曰：

> 盖敷陈之得失，足昭法戒。而时代既近，殷鉴尤明。将推溯胜国之所以亡，与昭代之所以兴者，以垂训于无穷，故重其事也。考有明一代，惟太祖以大略雄才，混一海内。一再传后，风气渐移。朝论所趋，大致乃与南宋等。故二百余年之中，士大夫所敷陈者，君子置国政而论君心，一札动至千万言，有如策论之

---

① 《乾隆四十六年十月二十七日谕》，载中国第一历史档案馆编：《乾隆朝上谕档》第10册，第852页。

体。小人舍公事而争私党，一事或至数十疏，全为讦讼之词。迨其末流，弥增诡薄。非惟小人牟利，即君子亦不过争名。台鉴哄于朝，道学哗于野。人知其兵防吏治之日坏，不知其所以坏者由阁臣奄竖为之奥援。人知阁臣奄竖之日讧，不知其所以讧者由门户朋党为之煽构。盖宋人之弊，犹不过议论多而成功少。明人之弊，则直以议论亡国而已矣。然一代之臣，多贤奸并进，无人人皆忠之理，亦无人人皆佞之理。即一人之身，多得失互陈，无言言皆是之事，亦无言言皆非之事。是以众芳芜秽之时，必有名臣硕辅，挺出于其间。群言淆乱之日，必有谠论嘉谟，揳拄于其际。所谓披沙简金，在乎谨为持择也。是编禀承训示，辨别瑕瑜。芟薙浮文，简存伟议。研求史传，以后效验其前言，考证情形，以众论归于一是。譬诸童谣妇唱，一经尼山之删定，而列在六经。一代得失之林，即千古政治之鉴也。至于人非而言是，不废搜罗。论正而词乖，但为删润。圣德之广，一善不遗。圣度之宏，大公无我。尤非寻常所可测量矣。①

这里，首先讲明了乾隆重视明季诏令奏议类文献的原因，即暴露明朝之流弊，推溯其亡国之原因，转为清朝之殷鉴。同时将审定名臣奏议的重要性，提升到孔子删定六经的高度，以证其必要性与重要性。此外，亟为辑录《明季奏疏》，成为"千古政治之鉴"，也显示了清廷希其统治长久的愿望。

不仅如此，高宗为凸显"明代宦官流毒事迹"，命将《明朝宫史》照依原本抄入《四库全书》，"以见前明之败亡，实由于宫监之肆横。则其书不足录，而考镜得失，未始不可，借此以为千百世殷

---

① （清）永瑢等：《四库全书总目》卷五五《史部·诏令奏议·钦定明名臣奏议》，第502—503页。

鉴"。① 乾隆所有的努力,都是为了说明明朝之腐朽与必亡,清朝之贤明与必然代替旧朝。事实上,早在徐述夔案结案之际,乾隆就下达了一份千字诏书,刻意剖析了他的臣民不应系恋前明的理由,道:

> 逆犯徐述夔身系举人,且自其高曾以来,均在本朝食毛践土,厚泽涵濡,乃于所作《一柱楼诗》各种,敢于妄肆诋讥,狂诞悖逆,实为覆载所不容。至其诗内怀想胜朝之语,无非藉以为名,不可信以为实。即以前明政事而论,并无可以动民系恋者。如洪武开基,严刑峻罚,永乐篡逆,瓜蔓抄诛,士民无不含怨。又如洪武因苏松嘉湖各府为张士诚固守,迁怒及民,浮粮加重,寖至末季,征敛日增,累及天下,民多愁苦嗟怨。此皆见于史册者,有何可以系感之处,而追念不忘乎!至我本朝,列圣相承,爱养百姓,赈灾蠲缓,厚泽频施,而江浙浮粮之额节经裁减,以除民害。朕践阼至今四十三年,普免天下钱粮三次,普免漕粮二次,其他灾赈之需动辄数百万,穷簷疾苦,叠沛恩膏,小民具有天良,岂有不知感戴,转属念于前朝全无恩德及民之理?此不过抑郁无聊之人,自揣毫无进路,遁而为此,与匹夫匹妇之自经沟壑无异。而读书失志之徒,遂讬言怀想前朝,以为万一败露,犹可藉以立名,其肺腑真可洞鉴。此等鬼蜮伎俩,岂能匿于光天化日之下!若无知者以此辈为真有追怀故国之思,转为若辈所愚矣。②

高宗节取史册中明朝之陋政,对比清朝之与民施恩,来说明那些"托

---

① 《乾隆四十七年四月十七日谕》,载中国第一历史档案馆编:《乾隆朝上谕档》第11册,第128页。
② 《四十三年十一月二十七日谕》,载中国第一历史档案馆编:《乾隆朝上谕档》第9册,第467—468页。

言怀想前朝"之人的言论，不过"藉以为名，不可信以为实"，可谓诡辩之极。

三、禁毁其他奏议

清人有一种观点，认为"明人之弊，则直以议论亡国"。今人赵园在其研究中曾言："明臣奏议，好为'一揽子方案'，动辄'五事'、'十事'。难免于《明史》所说的'冗而无当'。"并称："一个在今人看来有趣的现象是，即使到了危机时刻，士人也仍有余裕推敲、品评文字——甚至对于奏议。"①

据笔者统计，尚有一类奏疏，除了言辞"悖犯"之外，还被清廷冠以"空谈"、"无可采"，而终遭全毁。如：

> 《辽筹》明张鼐撰。皆其所上奏疏，并拟诏论及书札之文，大都纸上空谈，不足征信，且中多悖犯之语。
> 《明奏议》明秦骏生辑，乃坊刻陋本。大抵当日空谈浮议。内多全篇悖犯之处。
> 《平平草》明过庭训撰。书中皆有疏稿，类多摭拾陈言，无所建白。第二本议辽左疏内尤多指斥之语。
> 《阅新阁疏草》明张元始撰，皆其于崇祯间官给事中时所上奏疏，不过摭拾浮谈，并无建白，且语多悖碍。
> 《督戎疏纪》明李守锜撰。乃其于崇祯间提督京丰戎政时所上奏疏，中多指斥字句，奏疏亦无可采。
> 《燕诒阁集》明金声撰。书中多指斥字面，奏疏内亦无可采录。

---

① 赵园：《制度·言论·心态——〈明清之际士大夫研究〉续编》，北京大学出版社2006年版，第41—42页。

这些书进入清廷禁毁的视野，其大前提仍是文字上的诸多悖碍，但从对每种书的附语中，也可看到清廷评判此类书籍的另一价值取向。

抽存与禁毁明人奏疏之际，尚有收缴与严禁清朝大臣刊刻奏疏一事。乾隆四十三年（1778），慧贤皇贵妃之侄、高斌之孙高朴扰累回人、偷贩官玉案发，查抄时一并检阅到其名下书籍，中有已故大学士黄廷桂奏疏。乾隆遂下令各省督抚详悉晓谕，确查各大臣家如有曾经镌刻奏疏者，即将板片、书本一并缴出。

乾隆之所以严禁大臣刊刻奏疏，因其"乃明季陋习，甚至真伪混淆，深为世道人心之害"。更为重要的是，黄廷桂之子黄检在刊刻其父奏疏时，擅自将雍正朱批删改，且"止载嘉奖而不载训饬"，对朱批的妄行增减，让乾隆极为反感和不满。当原任大理寺卿尹嘉铨，将刊刻其父尹会一奏疏二本及板片奏缴请毁时，乾隆以其"大率发交部议者居多，原可无庸慎密，即其中间有训勉之旨，亦不过随事批示，非必不可宣露于外者"为由，排除在销毁之列外。并以此证明自己的"不为已甚"，要内外臣工深喻他的本意。①

第四节 严审明代谈兵、谈边之书

一、存、毁明代兵书的标准异同

明代边疆不宁，时人喜言兵事、热议边情。据学者统计，明代兵书大概有1023部，10716卷，但《四库全书》仅著录5种，55卷，只占明代兵书的千分之五。②相对于"谈兵"的日常化和繁富的明代兵书，清代官方对其的整体评价并不高。除戚继光《练兵实纪》、

---

① 《乾隆四十四年三月二十三日谕》，载中国第一历史档案馆编：《乾隆朝上谕档》第9册，第634—635页。

② 戴逸、张世明：《18世纪的中国与世界·军事卷》，第15—16页。

《纪效新书》外,《总目》对其他三种著录之书的评价如下:

> 《武编》,十卷,明唐顺之编:是编虽纸上之谈,亦多由阅历而得,固未可概以书生之见目之矣。
>
> 《阵纪》,四卷,明何良臣撰:明代谈兵之家,自戚继光诸书外,往往捃摭陈言,横生鄙论,……惟良臣当嘉靖中海滨弗靖之时,身在军中。目睹形势,非凭虚理断,攘袂坐谈者可比。在明代兵家,犹为切实近理者也。
>
> 《江南经略》,八卷,明郑若曾撰:然所列江海之险要,道路之冲僻,守御之缓急,则地形水势,今古略同,未尝不足以资后来之考证。究非纸上空谈,检谱而角觝者也。①

在四库馆臣看来,直接的军事经历,是衡量谈兵资格的标准之一。那些"由阅历而得"、"可资后来之考证"的文字,非"纸上空谈"者可比。

《四库全书总目》卷首《凡例》,第十四条具体谈到著录明代兵书的基本原则,曰:

> 明之曲士,人喜言兵,《二麓正议》欲掘坑藏锥以刺敌,《武备新书》欲雕木为虎以临阵,陈禹谟至欲使九边将士,人人皆读《左传》。凡斯之类,并辟其异说,黜彼空言,庶读者知致远经方,务求为有用之学。②

"明体以达用"的选书标准于此可见。又,《四库全书总目》兵家类序言称:

---

① (清)永瑢等:《四库全书总目》卷九九《子部兵家类提要》,第839—840页。
② (清)永瑢等:《四库全书总目·凡例》第十四则,第18页。

> 今所采录,惟以论兵为主。其余杂说,悉别存目。古来伪本流传既久者,词不害理,亦并存以备一家。明季游士撰述,尤为猥杂。惟择其著有明效,如戚继光《练兵实纪》之类者,列于篇。①

在清官方看来,"猥杂"的"明季游士撰述"并不切实用。这样一概而论的评判,让我们觉得多少有些偏颇。

具体到明万历以后,研究者指出:"明末科试,策问有以兵事为问者。策问谈兵,可知兵事之为急务;问计于书生,则可证以书生为知兵。凡此,都使得'兵'之为话题,'谈兵'这一行文普遍化、日常化了。"② 国家把自身面临的急务,策问于士人③,而明末清初革故鼎

---

① (清)永瑢等:《四库全书总目》卷九九《子部兵家类小序》,第835页。
② 赵园:《制度·言论·心态——〈明清之际士大夫研究〉续编》,第84页。
③ 四库禁书过程中,清理了一批明人所撰、"违碍"处甚多的场屋策问类书籍,其中一部分是坊刻本,今从全毁书目中拣择如下,可见一斑:

序号	书名	著者	评价及违碍之处
1	《揣摩成》		所载皆场屋表策,乃明季坊间刊行射利之本,原不成书。中间狂悖字句甚多
2	《二三场日笺》	明陈组绶撰	皆当时场屋表策,为坊间刊行射利之本,殊不成书。中间指斥字句甚多
3	《曝阁选》	明邹人(之)麟辑	皆场屋策表以备剿袭之用者。策内有指斥语
4	《治平会要》		系坊间所刻场屋策料,中间外译一门有干碍语
5	《策略》		明末人抄本策料,中多狂悖语
6	《诸子兵家言》	不题撰人姓名	坊间所刊策料之本。后又附注释一卷,编次冗杂浅陋已极,且有悖犯语
7	《名山业》	不撰编人姓名	俱系场屋策略,剽窃冗滥,本不成书。且中多指斥字句
8	《二三场旁训》	明冯晋允辑	场屋所用策略,中多狂悖语
9	《拾芥新声》	明顾起元选	皆以备场屋策论而设,本饾饤凑集之书,卷四中狂悖尤甚
10	《二三场合删》	不著编辑人姓名	皆明代场屋应用策科,书既冗陋不足观,字句尤多悖碍

新之际的纷乱局势,自然也备受时人关注,由此产生了一批谈兵著述。这些著述中,自然会涉及清朝建立前的史事,也难免触犯清廷的忌讳,因而成为禁书活动中的检查重点之一。摘选军机处奏准全毁书目中的"兵书"如下:

> 《诘戎践墨》明阮汉闻撰,乃所作谈兵之书,分为十类,杂引经史而加以论断,大抵纸上空谈,中间字句甚多悖谬之处,应请销毁。
> 《兵略》明陈象明撰,其书作于崇祯九年,取自古兵家言分类抄撮,体例与《武备志》相同,多系剿袭各书成文,了无发明之处。其辽东、蓟门诸类中语句尤多诋斥,应请销毁。
> 《兵镜》明吴惟顺、吴若礼撰。其书大抵剿袭兵家陈言,并无发明。末卷内语多狂悖,应请销毁。
> 《戎政先知》明江杏撰。皆剿窃兵家言凑集成书,中多悖碍字句,应请销毁。
> 《百将兵法》明顾其言撰。大抵抄撮他书而成,甚为拿陋。其刘挺(綎)一传尤多指斥字面,应请销毁。

以上诸书,内容狂悖或言语指斥清人之处尤多,是其见毁的直接原因。除此而外,从违碍说明中也透露了明季兵书存在着一些陈陈相因、少有创见、不切实用的状况。这样的评价与四库选择兵书的标准有着相似之处。

名列军机处抽毁书目的邓廷罗撰《兵镜备考》,各省请毁时签出的条目,经乾隆判定"俱系嘉靖以前事迹,且明史所载,尚无干碍,应请毋庸销毁"。可证"以时代为限"是存毁明代兵书的标准之一。四库兵家类存目收《兵镜》一书,内含"《兵镜备考》八卷",提要曰：

> 于《孙子》十三篇中摘其要语为纲，而罗列史事以互证其说，摭拾颇为丛杂。①

《兵镜》共十一卷，内容"殊嫌窜乱旧文"。事实上，四库馆臣对载于兵家类存目的27种明代兵书，评价皆不高，号为"杂书"。如并列"全毁书目"与"四库存目"的明李盘撰《金汤借箸》（一名《金汤十二筹》），军机处全毁书目中称其：

> 皆剿撮兵家唾余，不过纸上空谈。

《四库全书总目》则具体指出：

> 所言皆团练乡勇，扞御土寇之计。杂引古事以证之，多不切合，亦颇支蔓。如无粮无水不可以守，三岁童子能知之。而胪列前代绝粮绝水之故实，以为鉴戒。连篇累牍，殊为浪费笔墨。所列飞枪飞刀诸法，及以桐油鸡卵抛掷敌船，使滑不能立诸计，亦颇近戏剧也。②

易代之际的军事对抗，为明人谈兵更添热情，但是"也如明末朝廷的仓促应敌，明末士人的有关纂辑，或也因应付过于紧迫的需求而无暇拣择"③。

---

① （清）永瑢等：《四库全书总目》卷一〇〇《子部兵家类存目提要》，第846页。
② （清）永瑢等：《四库全书总目》卷一〇〇《子部兵家类存目提要》，第846页。
③ 赵园：《制度·言论·心态——〈明清之际士大夫研究〉续编》，第85页。

二、以颜季亨《九十九筹》为例

乾隆四十三年（1778）十二月初九日，清帝特降谕旨，令各省追缴"较寻常违禁各书更为狂悖不法"的《九十九筹》。该书名列军机处奏准全毁书目，附载说明如下：

> 《九十九筹》明颜季亨撰。乃所作论兵之书九十篇，故以为名。此本仅六十篇，查勘目录似无缺佚，盖当时刊刻未完。其词气佻纤，不出明季恶习。中多悖碍字句，应请销毁。

对该书"词气佻纤，不出明季恶习"的判断，自是清人当时的眼光，但也正因是当时人的评价，才有助于我们摆脱今人的视角，来理解四库禁书暗含的标准。档案中有一份材料，殊可宝贵，兹录全文：

> 臣等遵旨将明颜季亨所撰《九十九筹》十卷，附《时务体要》一卷，详加检阅。查季亨出处始末未详，据其书中自叙，盖温体仁门下士也。明季山人墨客多往来塞上，以觊觎进用，故季亨是书亦主于大言耸听，侥幸功名。中如《任用参军》、《搜求隐侠》、《擢用豪杰》三篇，语语皆为游士地，其志趣庸妄，可以考见。其第二篇力诋熊廷弼，第六篇力雪王化贞，第九篇于熊、王功罪恣意颠倒，第十二篇至谓廷弼之不进兵，盖欲存本朝以自重，任情污蔑，变乱是非，知为迎合时局之小人矣。
>
> 至其所列诸筹，大抵鄙陋迂愚，不过腐儒策略，而妄谬之处尤多。即所列拒我诸筹，如第十六篇，称本朝制胜由于善占太乙术，欲求通太乙法者相敌。不知神武睿谟，所向克捷，从

未尝藉小术以决胜，季亨乃欲求效于占卜，与儿童之见何异？第二十篇欲以锐兵绕出长白山后，不知长白山灵区奥境，人迹罕通，本朝一统幅员，常时惟循望祭之礼，虽遣人穷历高深，曾至其地，亦未至山之后也。明兵脆弱，安能绕出其后乎？且长白山后去兴京、盛京绝远，即绕出其后，又何为乎？第二十三篇欲于潮河川多设石墩以碍马足，不知本朝威武奋扬，策骑腾骧，陟险峻如履平地，岂区区数石所能阻耶？第三十四篇欲以舟师泛海，攻我根本，不知登莱之舟，岂能跨越大瀛，溯图门、松花、鸭绿诸江，逆流而抵我国？纵使间关幸达，孱卒孤悬，有坐而受缚耳！尚何能以一矢相向哉！第三十七篇欲用车战，第三十八篇欲用火攻，不知本朝长于骑射，出入若神，既非拘守阵图为车所能御，亦非结聚营寨为火所能焚，实皆梦呓语也。第二十九篇欲修长城，以防我冲突，不知本朝统兵入边，皆其所守之各关隘，如历无人之境，并未由长城残缺处逾越而进，虽修城何益？第四十一篇欲行保甲以杜我间谍，第三十三篇欲获我间谍，饵以富贵纵归，以为彼用，不知本朝用兵不恃间谍，而八旗子弟大义素明，即或偶为所得，亦断非彼富贵所能饵，更见其计之左矣！至于五十六篇欲刊一报仇之帖，遍贴于官民之堂中，使之触目警心，共图恢复，尤不足当一噱也。

至其自谋之术，第五十八篇欲令富民助饷，不知明之乱亡正由于加派，当时有痛切谏止者，黎民皮骨仅存，而更重征以敛怨，其筹若行，不过速天下之叛耳！又第六十七篇欲议海运，不知若由内洋，则胶莱旧河，当明初太平之时屡修复之，尚不能就，岂乱离之世所能？若由外洋，则其时朝鲜久臣服于我，辽沈皆归我版图，而万艘来往，近我藩篱，直谓之为我转输可也，庸有利乎？而其尤谬者，如第五十三篇，欲练土兵以自固，不知本朝威捷震叠，旗锋所指，虽连营百万，顷刻皆摧，岂数百凋瘵残黎所能旅据？甚至欲赦罪人使从军，不知奸狷桀黠之徒，丽（罹）于法纲者本非一律，若杀人盗劫重犯，岂可屈法以贷其死？若情轻之犯，率多懦怯，又安能隶籍从戎？且彼素练之营兵，尚不足用，此辈既未训习，又复奸顽，较之驱市人而战之，其失更甚，遇我军峰，惟各鸟兽散耳！如是而腼颜自以为善策，不待有识者知其谬妄也。

总之，季亨此书，不但在本朝为狂吠，即在明代，亦当受妄言乱政之诛，不得谓之忠于所事，此宜急投水火，更无纤毫疑义者也。所有原书四本，仍行封固进呈销毁，并将指驳各条录呈御览，恭候钦定，即交部传抄，俾天下共知颜季亨《九十九筹》一书，不特诋斥本朝，理宜销毁，即其为明季所筹之策，荒唐乖谬，亦不足存，亟应通行禁毁，以正人心而息邪说。①

军机处的这份奏片，首先批驳颜季亨为"迎合时局之小人"，《九十九筹》则"主于大言耸听，侥幸功名"，为人与书做了定性。后文不惜笔墨，一一驳明该书"所列诸筹"和"自谋之术"，最后指出《九十九筹》不但诋斥清朝，即便诸策是为明所筹，也"荒唐乖谬"，通行禁毁是为了"正人心而息邪说"。

乾隆称《九十九筹》"较寻常违禁各书更为狂悖不法"，上引材料从清廷的角度多少说明一二。《四库禁毁书丛刊》收录该书，其两篇序文皆称"经世急切时务序"，目录前亦列此标题。《九十九筹》第一章墨涂之处甚多，大部分是"奴"、"酋"、"贼"之类的字眼，

---

① 《军机大臣等奏遵旨驳明颜季亨撰〈九十九筹〉等情片》(乾隆四十四年二月二十六日*)，载中国第一历史档案馆编：《纂修四库全书档案》，第1007—1010页。

考其内容有以下十个方面:"计治标本、早翻前局、急图胜局、穷究奴酋、参透奴情、觑破奴地、旁叙海西、推原女直、伤今辽患、溯昔辽迹。"① 这些试图追根溯源,考量清人实情,以图推翻的想法,显然触及了乾隆的痛处。同时,也使我们了然,军机大臣千言细致地逐条驳斥,恰恰证明了乾隆阅及此书的震惊和重视,甚至稍显底虚的心态。

三、禁毁与蓟辽边事相关的书籍

谈兵离不开谈边,明陈象明作于崇祯九年的《兵略》,就因其书"辽东、蓟门诸类中语句尤多诋斥",而列入全毁。明末清初,时势所造,著述边防、辽事者增多,多有对清人的诋触言语,亦是情理之中。到了四库禁书之际,乾隆便想彻底清查此类书籍。笔者整理全毁书目中关涉边事著述如下:

表5-4 因记载边事涉碍全毁书目

序号	书名	著者	评价及违碍之处
1	《明职方地图》	明陈组绶撰	内全辽图及说内均有指斥之词
2	《五边典则》	明徐日久撰	内蓟辽一门语多悖犯
3	《桓(垣)庚斋诗存》	明何允泓撰	其中蓟门边事诸诗,语极狂悖
4	《市南子》	明李元光撰	其二十一卷内典熊经略书及与辽东□诸书,原本俱有缺页,恐尚有干碍之处,应行令该督抚一并查明送毁

---

① (明)颜季亨:《九十九筹》,《四库禁毁书丛刊》史部第51册,第202页。

续表

序号	书名	著者	评价及违碍之处
5	《镇海春秋》	原本不著姓名，但题吴啸客撰	乃通俗小说，凡二十回，叙袁崇焕杀毛文龙始末，乃辽东攻战之事。书前并有图像，大抵荒唐悖谬之谈，指斥字句之处不可殚述
6	《全边略记》	明方孔照撰	第十卷中语多悖触
7	《中边图制考》《全辽考》	明先（仙）克谨撰	以边防关隘分绘成图，各附以说，中多狂悖语
8	《舆地图考》	明程道生撰	内九边一卷语多指斥
9	《皇极篇》《南极篇》	明文翔凤撰	翔凤作文以怪僻为宗，本无足取。集名皇极已属诞妄不经。其八卷江海稿中御边策内有狂悖语

蓟辽与清人的兴起相关，涉及此地、语涉触犯的书籍列入全毁，亦有因泛论边事而"语多悖触"全毁者。更有一些此类书籍被清廷附加上"剿袭陈言"、"纸上空谈"等理由，没有存留的丝毫余地。如称明冯应京《明经世实用编》，"皆抄撮明代典故共二十八类，多系剿袭成书无可采取，边防类中有悖碍之处"。又，明黄仁溥《经世要略》，"所记皆边防事宜，大抵纸上空谈，字句亦多违碍"。清代君主以胜利者的姿态来排查于统治不利的书籍，戕害文献，但同时，明末士人"侈谈边事"，"谈边"之书恐也有鱼龙混杂的现象。

第五节 以人废言

一、"人不足齿，其书岂可复存"

（一）全面清理钱谦益著述

钱谦益（1582—1664）字受之，号牧斋，江南常熟人。清顺治三年（1647）正月，官礼部侍郎，管秘书院事，充修《明史》副总裁。六月以疾乞归。"钱氏著述极富，尤以诗文，风行海内，士林奉为规范"。①

乾隆二十六年（1761），沈德潜选《国朝诗别裁集》，以钱谦益冠首，乾隆认为甚属不宜，但尚未查禁钱氏的著述。迟至八年之后，即乾隆三十四年（1769）六月，清廷大动干戈，全面下令查禁钱谦益的《初学集》、《有学集》，诏曰：

> 将《初学》、《有学》二集，于所属书肆，及藏书之家，谕令缴出，汇齐送京。至于村塾、乡愚、僻处山陬、荒谷者，并著广为出示，明切晓谕。定限二年之内，俾令尽行缴出。……其书板必当尚存，且别省或有翻刻印售者，俱著该督抚等，即将全板尽数查出，一并送京，勿令留遗片简。……不行举出百计收藏者，则其人自取罪戾。该督抚亦不可姑息，……其京城地面，着提督衙门、五城、顺天府，一体办理。②

并先后另降谕旨责令江苏、广东两地加快查缴，不得因循贻误。又责令致仕旧臣沈德潜、钱陈群缴出所藏钱谦益著述。

之所以短期内迭下诏书，禁毁《初学集》、《有学集》，是乾隆详阅钱氏著述后的直接反应，他评价道：

> 钱谦益本一有才无行之人，在前明时，身跻膴仕，及本朝定鼎之初，率先投顺，洊陟列卿。大节有亏，实不足齿于人类。朕从前序沈德潜所选《国朝诗别裁集》，曾明斥钱谦益等之非，

---

① （清）钱谦益：《初学集·程嘉燧序文》，《四库禁毁书丛刊》史部第114册，第2页。
② 《清高宗实录》卷八三六，乾隆三十四年六月丙辰，第155—156页。

黜其诗不录，实为千古立纲常名教之大闲。彼时未经见其全集，尚以为其诗自在，听之可也。今阅其所著《初学集》、《有学集》，荒诞背谬，其中诋谤本朝之处，不一而足。夫钱谦益果终为明臣，守死不变，即以笔墨腾谤，尚在情理之中；而伊既为本朝臣仆，岂得复以从前狂吠之语，刊入集中？其意不过欲借此以掩其失节之羞，尤为可鄙可耻。①

《初学》、《有学》二集中的诋毁清朝之处，是乾隆对钱氏的评价从"大节有亏"到"可耻可鄙"的直接原因。据近人徐绪典《钱谦益著述被禁考》的结论，在清朝统治者看来，《初学》、《有学》二集不惟字面触碍，述满洲起源为清室深讳，更有"奴狼也"、"臊狗奴"、"杂种小丑"等诋訾之处与钱氏的自誓之词尤为清廷不能容忍。②《初学集》中所书为例：

奴之游魂尚在，我之国耻未雪。
以余之不肖，当吾师出镇之日，不能裹粮荷戈，从幽并健儿，与奴酋接踵而死。……能不愧哉？
此身不共奴酋死，忍死幽囚可奈何？

诋触清廷的文字与情绪显而易见。作为统治者，乾隆帝绝不能容忍这样的著述流播，断然以打击在时人中颇有影响的钱谦益，来提倡"为立千古纲常名教之大关"的忠君与节义。

就在乾隆下令禁毁《初学集》、《有学集》后，军机大臣等奏，查汲古阁刻《十三经》、《十七史》、《唐诗鼓吹》、吴伟业《梅村集》、

---

① 《清高宗实录》卷八三六，乾隆三十四年六月丙辰，第155页。
② 参见徐绪典：《钱谦益著述被禁考》，《史学年报》1940年第3卷第2期。

王士禛《渔洋集》之类，俱有钱谦益序文，请求撤去。①想必是因了解乾隆对钱谦益的深恶，才使臣僚们不问钱氏序文中有无在清廷看来的"悖逆"言论，而曲意迎合一概请禁。但得到的批复却是：所有钱谦益序文，若语无悖谬，俱不必撤毁。②也就是说，该次查禁仅涉两种书籍，并未达到此后连其名字也厌见的程度。

乾隆由读到钱谦益的文字，始深厌其人，而四库禁书中，又因深厌钱谦益，而全面清理其著述及相关文字，可谓"以人废言"。在高宗看来，于明朝显居大位，又复身事清朝的钱谦益，其"进退都无据，文章那有光"，人不足齿，"其书岂可复存？"四十一年（1776）十一月，在纂修四库与查办禁书同时进行之际，乾隆确定了将钱氏著述一概列入全毁，若有他人采录，则签明抽毁的处理原则。四十三年（1778），又在四库全书馆"查办违碍书籍条款"第四条重申此意。

钱谦益饱含复明思想的著述和行动，陈寅恪先生曾有全面、准确地阐明，并认为"恕其前此失节之愆，而嘉其后来赎罪之意，始可称为平心之论"③。更有研究者将钱谦益的行为，概括为"随波逐流降清北上，毅然决然南归复明"④。钱谦益既身仕两朝在前，又南归复明在后，的确都是事实。以清廷的立场来看，乾隆自然不能允许这样的"有才无行"之人影响后世，妄为师表，遂有对钱谦益文字的一概封杀。

据陈乃乾《索引式的禁书总录》统计，因钱谦益而遭遇抽毁的

---

① 《清高宗实录》卷八四八，乾隆三十四年十二月壬子，第356页。
② 乾隆三十八年，高宗复校《续藏》时，钱谦益所著《楞严蒙钞》一种撤毁。所有经版书籍，均经一体删汰，"期于征阐宗门"。
③ 参见陈寅恪：《柳如是别传》，生活·读书·新知三联书店2001年版。
④ 杨海英：《钱谦益及其被禁毁的著作》，载何龄修、朱宪、赵放编：《四库禁毁书研究》，第161页。

书有 87 种。丁原基汇辑诸种资料，统计禁毁牧斋著述较详：全毁钱谦益著述 37 种、编刊 11 种，因著录牧斋诗文见毁者 51 种，因钱谦益序文题词见毁者 23 种，引钱谦益语见毁者 16 种，语涉钱谦益字样见毁者 16 种。① 况且，禁书期间各省遵奉圣谕，见有与钱谦益牵连之书籍一概呈缴，重本甚多。

（二）钱谦益与《贰臣传》

以"贰臣"一称辨名节，也发端于乾隆二十六年（1761）对钱谦益的谕责，高宗道："在前明曾任大僚，复仕国朝，人品尚何足论？"随着清朝统治的稳定，乾隆开始将忠义节气看得至关重要，钱谦益以明臣降清，则是大节有亏，违背了君臣纲常。

确定全面清理钱谦益著述后，紧接着乾隆令国史馆总裁于国史内另立《贰臣传》一门，欲将身仕两朝诸臣事迹"据实直书"，"为万世臣子植纲常"，着重提到"降附后潜肆诋毁之钱谦益辈，尤反侧奸邪，更不足比于人类"②。

四十三年（1778）二月，乾隆称"钱谦益行素不端，及明祚既移，率先归命，乃敢于诗文阴行诋毁，是为进退无据，非复人类"。因念列入《贰臣传》者"贤否邪正"判然各异，明令详加考核，将选入诸人分为甲乙二编，其深远用心又超出了"励名教而植纲常"，而"实欲为君者当念苞桑而保宗社"③。

五十四年（1789），又谕内阁将钱谦益等人从《贰臣传》撤去，不必立传仅为立表，以求达到"似此形同狗彘之徒，既不得炳丹青之

---

① 具体书目参见丁原基：《清代康雍乾三朝禁书原因之研究》，第 241—261 页。
② 《乾隆四十一年十二月初三日谕》，载中国第一历史档案馆编：《乾隆朝上谕档》第 8 册，第 479—480 页。
③ 《乾隆四十三年二月二十四日谕》，载中国第一历史档案馆编：《乾隆朝上谕档》第 8 册，第 934—935 页。

列,仍不能逃斧钺之诛,于彰瘅更为有益"①的效果。加之,五十六年(1791)三月,命国史馆馆臣将"凡身事本朝而在明朝仅登科第、未列仕版者,一概不列入《贰臣传》"。前后经三十年,最后确定了以"植纲常、辨名节"为目的,褒贬彰瘅历史人物的准则。

二、人品与文品

与纂修《四库全书》的选书标准相适,在全毁书目的说明中,除指出"触碍"之处,我们同样可以看到清廷对文品与人品之间联系的重视,从反面阐释着"文如其人"的说法。

如言沈长卿为"落魄狂生",所著《沈氏蘧说》"多有指斥之词";称明人王文垣乃"荒淫浪子",其《酗斗集》"大半猵狙倡优之词,本不足存";再有明应天布衣何光显撰《中兴全胜录》,于崇祯元年赴通政司投献,被清廷贬为"庸妄小人侥幸富贵之作"。

乾隆禁书的标准与《四库全书》的纂修原则,始终保持着一致性,在禁毁书中也相当重视对文风的评判,称明人钟惺"诗文纤佻诡僻,破坏风气",评价文翔凤"作文以怪僻为宗",不足取。以王在晋为例。王在晋,字明初,太仓人,万历壬辰进士。曾任经略,官至兵部尚书,事迹附见《明史·王洽传》。四库存目列其著述三种,如下:

《历代山陵考》一卷;②
《通漕类编》九卷,"大抵采自官府册籍,无所考订。在晋为经略时,值时事方棘,一筹莫展,逡巡移疾而去。盖好谈经

---

① 《乾隆五十四年六月初六日谕》,载中国第一历史档案馆编:《乾隆朝上谕档》第14册,第967—968页。
② (清)永瑢等:《四库全书总目》卷七七《史部地理类存目六》,第668页。

济而无实用者。是书殆亦具文而已"；①

《龙沙学录》六卷，"大率抄撮语录，无所发明，……在晋误国庸臣，而亦著书讲学，明季风气，观此可以知矣"。②

"误国庸臣"，是清廷对王在晋的典型评价，并由该人之著书、讲学，推及明季风气。

王在晋的著述涉及辽事居多，如《辽纪附述》、《评辽续记》、《评辽纪要》、《辽事实录》等，往往谈及用兵始末，均在奏准全毁之列。其中，全毁书目评价《辽事实录》，曰：

> 明王在晋撰，在晋植党误国，其人殊不足道，此乃所辑辽东用兵始末，多有意排抑孙承宗，盖专为文过饰非而作，并非实录，其间指斥字面，不可殚数，应请销毁。

清廷对王在晋的人品持否定态度，称其"殊不足道"，认为"指斥字面"尤多的《辽事实录》一书，名为"实录"，"并非实录"。

孟森先生对此书有过研究。称未读此书之前，以为：

> 在晋身任中枢，又代熊廷弼为经略，以在事之人，言当时之事，或能如马公《三纪》，于官书外，加明时事之委曲，则此当为不易得之珍籍矣。

然而读后才知此书：

> 拉杂挂漏，非为详当时之事变计，乃其自为攘功掩罪计。

---

① （清）永瑢等：《四库全书总目》卷八四《史部政书类存目二》，第724页。
② （清）永瑢等：《四库全书总目》卷九六《子部儒家类存目二》，第817页。

所蓄意诋毁者为孙承宗。专撰此书，以为造谤之用。其罗缕生平得意之奏疏，则最出力者为附和张鹤鸣，排挤熊廷弼，使怀抱真才、敢任边事者无所措手、掣熊之肘而使陷于罪；毁孙之名而自诉其不获恋栈之冤。岂止误国之庸臣，实小人而无忌惮之至矣！①

并言：

> 观此则知在晋之讲学，不增其人品之高，而适彰明季风气之劣。犹之《辽事实录》，无益于掩盖之技，而适留其闲居为不善之痕也。②

孟森先生认为，"三百年后此书复行，若视为辽事多一记载，则为甚谬"。这样的评价，既缘于孟森本人的学识与理解，又与《四库全书总目》的观点接近，不同时代人的相类评判，值得我们追问和深思。

见毁的王在晋著书，尚有《兰江集》、《海防纂要》及《王明初疏稿》、《经略疏稿》、《总部疏稿》数种。在清廷眼中，植党误国、党同伐异的"庸臣"王在晋，其记述既"不足凭"亦"无可取"，甚至开载王在晋祭文的《岱史》也被查出销毁。

客观地说，王在晋的书按照他的观点记叙当时的历史，保留了当时人对当时事件的看法，有助于我们回到历史场景。客观地评判四库禁书期间被禁书的价值，只有深入文本本身去探究，同时又要对其时代背景有精熟的了解，才能得出恰当的结论，这也是笔者继续研究的方向。

---

① 孟森：《三朝辽事实录评》，《明清史论著集刊》（上册），中华书局1984年版，第107页。
② 孟森：《三朝辽事实录评》，《明清史论著集刊》（上册），第130、134页。

第六节 禁毁关涉"党争"之书籍

一、明末党争与乾隆的禁书标准

翻看军机处对全毁书的说明，不难发现其中一部分内容与明代党争相关。①

历来认为，党争是明亡的原因之一。谢国桢先生总结道：

> 万历间是东林与三党相争的时期，天启间是魏党专横的时期，崇祯至永历是两党相轧的时期，康熙初年是党争的末路。②

乾隆即位以来，鄂尔泰、张廷玉两派党争甚烈，发生于二十年（1755）的胡中藻《坚磨生诗钞》案，被认为是高宗消除朝中党争之举。基于明亡的教训，乾隆较为关注朋党迹象，终其一朝，朋党始终未成气候。

全毁书目中对此类书籍违碍之处的说明往往失之笼统，却相当重视对作者的评价与书籍价值的衡量，而且这种评判又明显地表现出国家与帝王的取向。如称明杨士聪所撰《戊寅纪事》"大都门户攻击之语，不足取信"，又明夏允彝《幸存录》、夏完淳《续幸存录》"所纪皆明季封疆党祸始末，大都门户之见，不足尽凭"。

所谓"门户之争"，就是明末的党争，而党争主要的表现在于

---

① 吴哲夫：《清代禁毁书目研究》曾言及："检阅吴氏小残斋所藏传抄本禁书总目，有销毁书籍原由之说明，此书，得见凡涉明代魏忠贤及阉党书籍，皆在禁锢之列，不审何故。或疑有魏氏为人奸恶，清廷禁之，期收人心于万一。"惜吴哲夫先生仅仅摘录数条书目，未做任何分析，第62页。

② 谢国桢：《明清之际党社运动考》，第5页，本节内容多参考此书。

争取执政权。[①] 从全毁书目中可以清楚地看到乾隆对明代党争的反感，于阉党尤甚，甚至在毁书理由中不厌其烦地列举系属阉党的名姓，如：

> 《吾征录》明吴元辑。元名列《天鉴录》中，系属阉党。是书皆载万历天启间诸臣奏疏，各为评断。所列如王德、亓诗教、唐世济、范济世、霍维华、傅櫆、顾秉谦、李蕃、张纳、陈九畴、门克新、郭兴治、周维持、石三畏等悉系同类，而于当时正人并加丑诋，益为曲媚魏忠贤而作，不足传信。触悖字句尤多，应请销毁。
>
> 《万历天启集》明何乔远撰。乔远名列《天鉴录》中，系属阉党，所作亦粗率无可取。集中悖犯字句甚多，应请销毁。
>
> 《名山藏》明何乔远撰，乔远名列《天鉴录》，乃天启中阉党。其人本不足道，其书乃明代野史，亦多摭拾旧文，不足以备考证。内王享记第五卷内有悖犯之处，应请销毁。

是否名列阉党，成为禁书的标准之一。又如：

> 《三朝要典》明天启六年大学士顾秉谦等编纂，述梃击、红丸、移宫三案始末，附以论断。其书名为敕修，实一时阉党借以罗织正士献媚客魏，中间颠倒是非，天良灭绝，本应毁弃，又有狂悖之处，应请销毁。
>
> 《甲乙记政录》、《续丙记政录》明徐肇台撰，所录皆天启四

[①] 万历三十九年，顾宪成等所组织的东林党成立。明天启元年，宦官魏忠贤开始擅政。四年，张采、张溥成立应社。二张数年后合诸文社为复社。五年，毁全国书院，榜示东林党人姓名于全国。六年，颁布《三朝要典》。七年八月，崇祯帝即位，魏忠贤等伏诛。参见谢国桢：《南明史略·附录"大事表"》，上海人民出版社1957年版。

年至六年章疏批答，按日编载。盖据当时邸报而作。肇台为赵南星劾罢，故于魏忠贤乱政之时作此书以报复，且以媚珰。其跋称忠贤时公道大明，实为病狂丧心。其中指斥语尤多，应请销毁。

乾隆对那些迎合魏忠贤的人士与著述，指为"颠倒是非"、"病狂丧心"。顾秉谦是魏忠贤的爪牙，编纂《三朝要典》是"专门来骂东林，暴扬东林的罪恶"。崇祯即位，时局大变，又成了清一色东林党人的内阁，当时的编修倪元璐首请毁《三朝要典》。崇祯二年，公布魏党的罪恶，诏定逆案。军机处奏准全毁书目中，就有逆案所涉人物的著述，如：

《名山集》明张家玉撰。家玉为朱由榔兵部尚书，在增城殉难。而其官庶吉士时曾失节于李自成，名丽逆案，此集内亦多录唐、桂诸王敕谕，无关紧要。诗文内尤多干碍，应请销毁。
《餐微子集》明岳和声撰。和声为魏忠贤逆党案中人，其集本不足录，中多狂吠之词，应请销毁。

继东林而起，和阉党做坚决斗争的还有张溥、张采、陈子龙所组织的复社和几社。"那时一般读书人呼天如（张溥）为西张先生，呼张采为南张先生，谁也不敢称呼他们的名字。"① 时至四库禁书期间，高宗不止痛斥阉党，禁毁相关书籍，对复社中的领袖亦评价甚低，指责他们的人品，如称张溥"颇负才名而交通声气，为周延儒营求复相，人品不足取"，应销毁所著《七录斋集》；又言张采"本复社渠魁，专以声气交通，其人本不足重，且入国初尚存"，而所撰

---

① 谢国桢：《明清之际党社运动考》，第114页。

《知畏堂集》中挖空处甚多，暗含指斥。

事实上，复社极盛之时，掌握了极大的黜陟之权，钱穆先生认为，"东林以语录，复社以八股，其见之于文字虽异，其有意于以讲学而干政则一也"①。谢国桢认为：复社本来是士子读书会文的地方，后来反变成势利的场所，其中的党同伐异实在有取咎之点，但是到清兵入关，他们大部分转变为抗清的中坚人物。据此，乾隆禁毁其著述，亦有双重的原因。

乾隆反对"标榜声气"，遂有无锡严毂所撰《东林书院志》列入全毁书目，善于"交通声气"者如陈继儒，"文章亦不足称"。明时当国的沈一贯著有《喙鸣轩诗集》，全毁书目称"一贯执政之时党同伐异，遂开明党之风，其人品事业均无足取"。值得指出的是，乾隆对记载"朋党实迹"的书籍并不是一概而毁，地方上呈的请毁书在仔细辨别后，有的却留存下来，如长洲文秉撰《先拨志始》，就因作者熟悉明季朝政见闻，"所纪三案纷争及魏忠贤乱政本末，颇为详确"，而"毋庸全毁"。

上述书籍被禁，仍以其文字或多或少地"触碍"为前提。除此之外，清廷在四库禁书活动中，尚有我们曾经忽略的价值取向与评判标准，这也是笔者试图说明的内容。

二、乾隆对文字案件中"门户之见"的警惕

乾隆对"门户之见"的反对，不仅表现在对明代相关书籍的论定，还在四库禁书期间的文字案件中有所指示。一些案件虽因文字而起，定罪却与"门户之见"、"标榜声气"相关，现举两例。

乾隆四十六年（1781）三月，尹嘉铨为父请谥并从祀文庙。初

---

① 钱穆：《中国近三百年学术史》，商务印书馆1997年版，第86页。

起,请谥一事,乾隆念其"为父私请,姑免之",然奏请从祀文庙,已觉"大肆狂吠,不可恕"。及至阅及尹嘉铨《本朝名臣言行录》中的"名臣"之称,谕曰:

> 尹嘉铨竟敢标列《本朝名臣言行录》,妄为胪列,谬至品评。若不明辟其非,则将来流而为标榜,甚而为门户、为朋党,岂不为国家之害,清流之祸乎?①

这一事件的直接结果,是对尹嘉铨近百种著述的全面查禁,可证乾隆对臣子"标榜声气",转而"树门户"、"立朋党"的警惕之心。

同年十二月,河南巡抚富勒浑奏:生员程明諲为郑友清妄作寿文,内有"绍芳声于湖北,创大业于河南",语言悖逆,应照大逆凌迟处死。附程明諲供单叙述期间过程甚详。乾隆详阅此案情节后,做出这样的批示:

> 程明諲妄作寿文及圈点成语之处,不过文理不通,滥用恶套,与公然造作悖逆语言者有间。郑友清疑有违碍,用纸贴出,并未径行告讦,乃程明諲心生忿怒,率领生徒胡高同等辄肆拳殴,并写斥骂语言,黏贴街市泄忿,此等党同恶习,实启师生门户之见,于世道人心甚有关系,程明諲之罪实在于此。所有缘坐各犯,俱著宽免,无庸查办。其徒胡高同、杨殿材、王国华、李梦蓉等逞强肆殴,为师泄忿,均非安分之徒,即著照部议完结,以示惩儆。余依议。朕办理庶狱,一秉大公,所犯情罪,

---

① 《乾隆四十六年四月十八日谕》,载中国第一历史档案馆编:《乾隆朝上谕档》第10册,第454页。

悉视其人之自取。似此门户之见，尤宜整饬，以靖士风。①

巡抚所指出的悖逆语言，乾隆明确地定性为"不过文理不通，滥用恶套"，不值追究。但通谕中外的诏书中，大部分内容重在指摘程明諲师徒的"泄忿"行为，反映出乾隆对"师生门户之见"的深厌。

三、《四库全书总目》于"门户之见"的立场

为"人心世道"计而反对"门户之见"的立场，同样体现在《四库全书》的编纂宗旨上。《四库全书总目》卷首"凡例"即云：

> 汉唐儒者，谨守师说而已。自南宋至明，凡说经、讲学、论文皆各立门户。大抵数名人为之主，而依草附木者嚣然助之。朋党一分，千秋吴越。渐流渐远，并其本师之宗旨亦失其传。而仇隙相寻，操戈不已。名为争是非，而实则争胜负也。人心世道之害，莫甚于斯。伏读御题朱弁《曲洧旧闻》"致遗憾于洛党"。又御题顾宪成《泾皋藏稿》"示炯戒于东林"，诚洞鉴情伪之至论也。我国家文教昌明，崇真黜伪，翔阳赫耀，阴翳潜消，已尽涤前朝之弊俗。然防微杜渐，不能不虑远思深。故甄别遗编，皆一本至公。铲除畛域，以预消芽蘖之萌。至诗社之标榜声名，地志之矜夸人物，浮辞涂饰，不尽可凭，亦并详为考订，务核其真，庶几公道大彰，俾尚论者知所劝戒。②

不难看出，清廷认为"朋党之争"与"门户之见"是"世道人心"的

---

① 《乾隆四十七年五月初七日谕》，载中国第一历史档案馆编：《乾隆朝上谕档》第11册，第169—170页。
② （清）永瑢等：《四库全书总目·凡例》第十五则，第18页。

最大危害。在皇权绝对专制的时代，号称"太平之君"的乾隆考虑深远，在文化建设中贯彻着他欲消除潜在危险和隐患的意图。《四库全书总目》集部总序中，更是有如下议论：

> 大抵门户构争之见，莫甚于讲学，而论文次之。讲学者聚党分朋，往往祸延宗社。操觚之士笔舌相攻，则未有乱及国事者。盖讲学者必辨是非，辨是非必及时政，其事与权势相连，故其患大。文人词翰，所争者名誉而已，与朝廷无预，故其患小也。然如艾南英以排斥王、李之故，至以严嵩为察相，而以杀杨继盛为稍过当。岂其扪心清夜，果自谓然。亦朋党既分，势不两立，故决裂名教而不辞耳。至钱谦益《列朝诗集》，更颠倒贤奸，彝良泯绝。其贻害人心风俗者，又其鲜哉。今扫除畛域，一准至公。明以来诸派之中，各取其所长，而不回护其所短，盖有世道之防焉，不仅为文体计也。①

序言中阐述了门户构争与讲学的关系，以及讲学与权势相连的危害，表明了集部选择明代各书"各取所长，而不回护其所短"的标准，整饬"人心风俗"，或称"世道人心"是乾隆文治教化的终极目标。

鲁迅先生曾鲜明地指出：清朝虽然尊崇朱子，但止于"尊崇"，却不许"学样"，因为一学样，就要讲学，于是而有学说，于是而有门徒，于是而有门户，于是而有门户之争，这就足为"太平盛世"之累。②

---

① （清）永瑢等撰：《四库全书总目》卷一四八《集部总序》，第1267页。
② 鲁迅：《且介亭杂文·买〈小学大全〉记》，人民文学出版社1973年版，第41页。

小　结

查办禁书以来，地方呈缴的大量请毁书籍，是乾隆四十六年（1781）至四十八年（1783）间中央司办禁书各处的"奏准禁毁书目"相继出台的前提，此后四库禁书活动转入低潮。

尽管四库馆公布了基本的查办禁书标准，但只有深入禁书书目及禁书本身，才能真正弄清楚乾隆究竟因何禁书，并直接影响着我们去客观理解与评判禁书活动。

《四库全书总目·别集类序》曰：

> 今于元代以前，凡论定诸编，多加甄录。有明以后，篇章弥富，则删薙弥严。非曰沿袭恒情，贵远贱今。盖阅时未久，珠玑并存。去取之间，尤不敢不慎云尔。①

又《总集类序》曰：

> 今一一别裁，务归中道。至明万历以后，佥魁渔利，坊刻弥增，剿窃陈因，动成巨帙，并无门径之可言。姑存其目，为冗滥之戒而已。②

上述二序就严为去取有明以后的书籍，表达了一致的立场。

印刷业的发展与书籍流通的确在某种程度上造成了坊刻射利、

---

① （清）永瑢等：《四库全书总目》卷一四八《别集类序》，第1271页。
② （清）永瑢等：《四库全书总目》卷一八六《总集类序》，第1685页。

剽窃成风，及"篇章弥富，珠玑并存"的现象，但清廷对明代，特别是万历以后的书籍慎重选择，又与其禁书的行为、标准不无关系。乾隆想掩盖其祖先崛起之史实、剔除不利清廷统治的言论，或是出于典籍整理的宗旨，或是为"世道人心"考虑，均为实现教化其臣民，以期清廷统治长治久安的目标而服务。

事实上，尚有一些内容未能涉及，如乾隆对记载南明历史书籍的查禁等，平允的结论往往得益于细致深入的分析，而本书也仅仅是开了个头。

第六章　各省奏缴板片、书籍汇考及"禁书"辨析

第一节　搜缴禁书的机构与人员

一、设局

（一）省城设局

"外省采访遗书，各设公局办理"①，搜求禁书，既为征书、编书政策的延续，因而书局又有承查汇送违碍书籍的职能。如江宁布政使告示云：

> 如有……违碍各书，在苏、松、常、镇、太五府州属者，呈送苏州书局查办；其在江、淮、扬、徐、海、通六府州属者，呈送江宁书局查办；其在徽、宁、池、太、庐、凤、颍、滁、和、六、泗、广等府州属者，呈送安徽书局查办。②

两江地区是查缴禁书的重点，可知当时江苏设局二，江宁设局派员经

---

① 《谕内阁着各督抚盐政将拣存不解之书先行发还》（乾隆三十九年六月二十六日），载中国第一历史档案馆编：《纂修四库全书档案》，第217页。
② 邓实辑：《销毁抽毁书目・禁书总目・违碍书目・奏缴咨禁书目合刻》。

收，由江宁藩司闵鹗元（总局委员）查开书目，陆续送两江总督奏进；①江苏巡抚具折奏进苏州书局所获禁书。安徽设局一，在藩司衙门派委教官四员董理。②即便如中原地区的河南，"仍于省城开设总局，专委丞倅一员在局综理，并委教职二员分司校勘"③。

（二）延聘局员

归结各省汇报查办情况，书局中总要聘请有一定学问的人员，检查书籍是否有违碍之处。如浙江省，"延致丁忧在籍之翰林院侍讲沈初在局总理其事，并派拨明白晓事之教官数员分理"④。福建省，"延请告假在籍翰林叶观国、丁忧回籍知县黄佾，并遴选教职等官七员，就省设局，悉心校阅"⑤。江西巡抚海成则与局员南安府同知潘汝城等，公同校核。⑥

乾隆四十五年（1780），陕西省因普查通省志书之需，"派委试用知县一员、试用佐杂四员、教职五员，每日在于局内分手翻查"，同时派委现任陕西汉中府属留坝同知臧荣青专司覆核，此人"系进士出身，学问颇优，向在四川办理军需，并报销经费各案，甚属细致，且人亦解事"。巡抚刘秉恬又奏：

---

① 《两江总督高晋奏先后办理违碍书籍情形折》（乾隆三十九年九月十三日），载中国第一历史档案馆编：《纂修四库全书档案》，第 258 页。
② 《安徽巡抚闵鹗元奏覆查给还原书情形并呈续获违碍书籍折》（乾隆四十一年十一月二十二日），载中国第一历史档案馆编：《纂修四库全书档案》，第 555 页。
③ 《河南巡抚郑大进奏现在查办违碍书籍章程并遵旨予限二年办理折》（乾隆四十三年十一月二十八日），载中国第一历史档案馆编：《纂修四库全书档案》，第 954 页。
④ 《浙江巡抚三宝奏查办遗书及干碍书情形折》（乾隆三十九年九月初八日），载中国第一历史档案馆编：《纂修四库全书档案》，第 252 页。
⑤ 《闽浙总督钟音等奏不解遗书查无关碍字迹暨再派妥员查办折》（乾隆三十九年九月二十二日），载中国第一历史档案馆编：《纂修四库全书档案》，第 264 页。
⑥ 《江西巡抚海成奏进续得应选应毁书籍折》（乾隆四十年十一月十七日），载中国第一历史档案馆编：《纂修四库全书档案》，第 484 页。

前抚臣毕沅于乾隆四十一年因陕省纂修郡邑志乘，奏明将江苏省人就职州判庄炘发陕办理志书。嗣是又有浙江秀水县人由三通馆议叙县丞之王玘来陕，毕沅见其学问优颇，令与庄炘一同办理各处志书，臣于到任后，访知该员等自派办以来，甚属尽心尽力，不辞勤劳。嗣以庄炘丁忧回籍，惟王玘一人在陕，因系查书熟手，现亦派令在局与臧荣青等一体查核。①

书局延聘人员尚需几经挑选，以求深信之人，遂有江浙籍贯的人员赴陕查书，且经理数年，有"查书熟手"之称。此外，还有一种情况，即委任在署幕友经办查书。如两江总督高晋奏："署中幕友有浙江举人吴蒋源，学问渊博，人尚可信，凡送到各书，臣即交其逐一选择，遇有明末及国初人著作，更复留心翻阅，选定后仍送臣酌定。"②幕友亦称幕宾或师爷（口头称呼），是地方官雇佣的行政管理专家，其身份介乎学者与官僚之间。③因其首先是有知识的人，所以能胜任查书一事。

（三）县衙书局

乾隆四十四年（1779）正月，据扬州府兴化县知县多泽厚禀称，"奉文设局收缴违碍禁书，据局书沈殿三购得《虬峰文集》一部，系国初人李骥所著"。沈殿三供，"小的是兴化县礼房书办，本官奉文设局收缴违碍禁书，派小的在局经管"④。可知禁书期间，县衙门也设有收书局，负责查办本地区的家藏、书肆之书。但因笔者仅见一条材

---

① 《署陕西巡抚刘秉恬奏遵旨查办通省志书情形折》（乾隆四十五年正月二十四日），载中国第一历史档案馆编：《纂修四库全书档案》，第1149页。
② 《两江总督高晋奏先后办理违碍书籍情形折》（乾隆三十九年九月十三日），载中国第一历史档案馆编：《纂修四库全书档案》，第259页。
③ 瞿同祖：《清代地方政府》，法律出版社2003年版，第154页。
④ 原北平故宫博物院文献馆编：《清代文字狱档》，第359、365页。

料，未敢遽断当时各省州县均如此办理。当乾隆三十九年（1774）查出屈大均《广东新语》后，广东奏称"恐别项书籍销毁亦有未尽，密令礼房书办简上就屈姓之人体访"①。恐因缴收禁书与礼房书办所司相关，便委其在局负责②。

二、人员

（一）地保、牌甲

州和县作为一省之内的最小行政单元，它是查缴禁书的空间起点。地保、牌甲等州县官任命的代理人，承担着检查书籍的任务，"按户宣告"，任务是将禁书旨意宣播到家喻户晓。据瞿同祖考证，上述人员在地方行政中仅占非常次要的地位，大多仅有一些琐碎的，有时甚至不确定的职责。他们虽然角色卑微，却成为搜缴禁书的基层活跃者。

（二）教官、佐杂等

禁书期间，地方大员们均选派可信之员，督同所在地方分赴藏书之家、售书之肆、读书之人处详查，以免"假手胥役"，滋生弊端。如浙江省，"遴委明干诚妥之丞倅，并于每府遴派明白晓事之教职数员，令其分头剀切宣布，务使家喻户晓，访询无遗"③。再如广西

---

① 《两广总督李侍尧等奏查出屈稔浈等存留屈大均书籍及审拟情形折》（乾隆三十九年十月初四日），载中国第一历史档案馆编：《纂修四库全书档案》，第270页。
② 按中国官衙公务的传统划分，州县衙门的书吏们被编为六"房"：吏户礼兵刑工。书吏们因而分别被称为"吏房书吏"（吏书）、"户房书吏"（户书）等，分别处理与其特定办公室（房）相关的事物及公文。礼房负责祭祀仪式、寺观、学校、考试及荣誉授予（旌表）等。参见瞿同祖：《清代地方政府》，第70—71页。
③ 《浙江巡抚三宝奏查办遗书及干碍书情形折》（乾隆三十九年九月初八日），载中国第一历史档案馆编：《纂修四库全书档案》，第252页。

省,"于各属丞倅、佐贰、教职内,择其为人诚妥通晓文义者,亲往旧绅宦族及素以学问著名乡里之家,遵旨明白传谕,令其即行交出,并无干碍,并令向各亲友转传遵照"①。从各省汇奏中可以看出,教官、佐杂等人的主要作用仍在全面宣传禁书谕旨,开导民众呈缴家藏违碍书籍。

(三)藏书家、士绅

素称人文渊薮的省份不乏藏书大家,其对书籍的了解,使得地方大员在查缴禁书时,首先想到让藏书家"协同广为咨询,留心查觅"。如浙江省奏称:"因思素好藏书之家,其于搜访尤为熟悉,且为闾里之所听信,臣当传鲍士恭等到署,将上谕明白宣告。伊等咸深感奋,愿效访寻。臣即令其将家存各书,再加详检,并协同广为咨询,留心查觅,以期仰副圣主开诚布公、维持风教之至意。"②

(四)知府、知县

遇有专案查办、单独汇送之事,就需知府、知县等亲力亲为。如广西省岑溪县已故两浙盐运使高熊征、桂平县贡生陆显仁各所著书籍,就由梧州府知府温堡初、浔州府知府陆燰查送。③江阴县知县钟俨祖在收买旧书之陈璞文铺内,购得《太宗文皇帝本纪稿》一本,呈送到江苏巡抚萨载。④有的省份还"于试用知县内遴选诚妥数员,

---

① 《广西巡抚熊学鹏奏遵旨察访干碍藏书情形折》(乾隆三十九年十一月初七日),载中国第一历史档案馆编:《纂修四库全书档案》,第281页。
② 《浙江巡抚三宝奏查办遗书及干碍书情形折》(乾隆三十九年九月初八日),载中国第一历史档案馆编:《纂修四库全书档案》,第253页。
③ 《广西巡抚熊学鹏奏遵旨查办违碍书籍折》(乾隆四十年二月二十六日),载中国第一历史档案馆编:《纂修四库全书档案》,第352页。
④ 《江苏巡抚萨载奏购得〈太宗文皇帝本纪稿〉一本固封恭缴折》(乾隆四十年六月十一日),载中国第一历史档案馆编:《纂修四库全书档案》,第416页。

分派各府",查缴禁书。有的又因知府本身系翰林出身,如"前任常镇道袁鉴、现任太平府知府沈业富"能识古书,两江总督便嘱其留心购访。

第二节　各省奏缴板片汇考

书板的禁毁,起于乾隆三十九年(1774)湖北巡抚陈辉祖之奏。该年十一月三十日,陈辉祖查出《博物典汇》、《前明将略》各一部,在向乾隆的汇报中声明:

> 该二书既锓有版,此等鸱鸣狂吠,岂容潜匿流传。臣一面通饬各属,再行详查,并分咨各省,如有前书及版片,尽数销毁,以正人心而厚风俗。①

同日,安徽省缴到书籍九种,巡抚裴宗锡具奏时特意强调追缴书籍板片的情况,称"惟各项书籍均经刊板,此等悖逆伪妄板片,断不容其存留,贻惑后世",已由安庆府知府戴知诚缴到《田间》诗文二集板片,就地销毁,其他板片则通咨各省一体查起。此为禁书开始后板片的首查。乾隆批示:好!知道了。裴氏的做法分明是得到了赞许与鼓励。② 随后,江苏又出《雪屋集》书板。

上述三省先后具奏销毁书板事宜,始引起高宗的注意与重视。很快,便寄谕各省督抚,曰:

---

① 《暂署湖广总督陈辉祖奏清理遗书并查缴〈博物典汇〉、〈前明将略〉折》(三十九年十一月三十日),载中国第一历史档案馆编:《纂修四库全书档案》,第297页。
② 《安徽巡抚裴宗锡奏缴到伪妄书籍九种请旨销毁折》(乾隆三十九年十一月三十日),载中国第一历史档案馆编:《纂修四库全书档案》,第300—301页。

> 此等违碍书籍，不但印就书本，应行查禁，其版片自应一并销毁。但恐各省自行办理，尚未能切实周到。著传谕陈辉祖并各省督抚，遇有查出应禁书籍，一面将原书封固进呈，一面查明如有版片，即行附便解京，交军机处奏闻削毁。仍饬胥吏等无得借端滋扰。①

这里不仅确定了"违碍书籍"书本、书板并行销毁的查禁原则，而且要求将查出的书板，不问数量几何、路途远近，一概解送至京，交军机处销毁。

次年五月二十日，军机大臣奏，"查钟音、萨载、三宝、海成等俱有解到应毁书板，合并奏明，交武英殿铲去字迹，留板备用"。可知下令不到半年，福建、江苏、浙江、江西等省均有板片呈缴。对于陆续收到的书板，未见史料证明也要经过复检，或是区别应存、应毁乃至全毁、抽毁。

四十一年（1776）六月，大学士舒赫德奏明两江总督高晋所缴书籍板片，乾隆帝十分关心缴京板片的处理情况，追问道："此项板片，向来作何办理？"②舒赫德查明后据实陈情，曰：

> 三十八年军机处交到《初学集》等书板片，共二千九十八块，俱系市坊薄板，两面刻字，且经年久槽朽，不能改刻别项书籍。至四十年六月后陆续收到各省书板，并此次收存高晋解到之板片，统计一万八千七十八块，亦俱系两面刻字，每块只厚四五分，若再铲去字迹，仅存二三分，实不堪留存备用。应

---

① 《寄谕陈辉祖并各省督抚查明如有应禁书板片即解京销毁》（乾隆三十九年十二月二十三日），载中国第一历史档案馆编：《纂修四库全书档案》，第314页。
② 《大学士舒赫德等奏收到高晋续解违碍书籍及板片并呈原单片》（乾隆四十一年六月初三日），载中国第一历史档案馆编：《纂修四库全书档案》，第519页。

照本殿废板之例劈碎，交琉璃厂作为硬木烧柴之用。①

由上可知，早年饬查钱谦益各项书籍时，执行中已留意同时销毁板片，并初步确定了"其中或有尚可铲用者，作为刊刻别项书籍之用；其残损浇薄者，即行烧毁"的原则。禁书活动开启后，地方节次解京的板片，俱交武英殿分别办理，处理方式不外乎两种，即铲改应用和作为烧柴。实际执行中，又因绝大部分板片铲削后再无重新利用的可能，多劈碎"交琉璃厂作为硬木烧柴之用"了。

笔者检核《纂修四库全书档案》中的各省具奏板片情况，参以陈乃乾《索引式的禁书总录》中的板片统计，钩稽当时禁板之可考名目者，并附加了这些书籍的现存状况，如附录一所示。

从汇总结果来看，呈缴板片的种数有限，有目可考者为160余种，数量上远远少于各省汇奏的请毁书籍。如湖北省当时就称：截至乾隆四十四年（1779）四月，违碍书籍先后解缴过六千余部，而查获板片仅止《桃笑迹》及《明纪弹词》二种。② 这160余种名目清楚的板片中，有接近一半的书籍我们现在还能在《四库禁毁书丛刊》中看到，有64种属中央（军机处、四库馆、红本处、专案查办）奏准全毁书目，比例为40%。

禁书期间，地方究竟查缴了多少书板，前人研究早已关注到此问题，但结论多有不同。民国时陈乃乾取其"确曾奏缴而知其片数者"，统计禁毁书板目凡五十种，一万余片。③ 后赵录绰、郭伯恭、吴哲夫等学者依据军机处奏折中的统计，认为"若再加后数年所缴，

---

① 《大学士舒赫德等奏送呈朱笔点出各书暨解到板片仍交武英殿查办折》（乾隆四十一年六月初九日*），载中国第一历史档案馆编：《纂修四库全书档案》，第521页。
② 《暂署湖广总督·湖北巡抚郑大进奏查办违碍书籍板片情形折》（乾隆四十四年四月十六日），载中国第一历史档案馆编：《纂修四库全书档案》，第1031页。
③ 陈乃乾：《索引式的禁书总录·禁毁书板目》。

约在十万以上矣"。当时，军机处自己也公布了地方呈缴板片的统计数字，如下：

> 乾隆三十八年十二月起至四十五年十月，共收到应销板片五万二千四百八十块，俱系双面刊刻，仅厚四五分不等，难以铲用。节经奏明交造办处玻璃厂作为硬木烧柴，共三万六千五百三十斤，每千斤价银二两七钱，计共节省银九十八两六钱零。又四十五年十一月起至四十六年九月，共收到板片一万五千七百五十九块。①

可以确定，从三十八年（1773）年底至四十六年（1781）九月，近八年的时间里，各省呈缴了68139块书板。黄爱平教授依据档案资料统计禁毁书板，结论是：

> 乾隆四十六年（1781）以后，各省奏缴书籍板片有数字可稽者共15573块，与军机处统计数字合计，数量为83812块，另有部分仅载名目而无具体数字的书板尚不计在内。②

销毁书板八万块以上的统计数字接近实际的查禁情形，本书亦采纳此种说法。

---

① 《军机大臣奏节年各省解到销毁书板难以铲用俱作烧柴片》（乾隆四十六年十月十六日），载中国第一历史档案馆编：《纂修四库全书档案》，第1417页。
② 参见黄爱平：《四库全书纂修研究》，第73页。

第三节　各省奏缴请毁书籍汇考

一、已有研究的回顾

当我们回归历史场景，力求呈现原本的禁书始末之余，不由发问，地方各省执行乾隆旨意，呈缴违碍书籍数量究竟如何呢？

20世纪30年代，赵录绰撰《清高宗之禁毁书籍》一文，首次整理了江南、江西、浙江、河南、湖广、云贵、两广、浙闽、直隶、陕甘、陕西、山西、山东、四川的奏缴情况，作者自称：

> 各省进书之多寡，至不易确定，盖各省原档，既不易得，所刊书目，传世尤少。今就所知之材料，略为排比于后，其准确之程度，十不过三四焉。①

以其所载"江南查缴者"为例：

两江总督奏缴查禁者	250余种
江苏巡抚奏缴者	230余种
江宁局办理六批（第4—9批）	82种
苏州书局节次收缴者	127种，13166部
安徽省	250余种，奏缴次数约在30次以上②

---

① 赵录绰：《清高宗之禁毁书籍》，《国立北平图书馆馆刊》1933年第7卷第5号。
② 赵录绰：《清高宗之禁毁书籍》，《国立北平图书馆馆刊》1933年第7卷第5号。

其统计所据为档案和《违碍书籍目录》、《抄本禁书总目》等，现在看来，汇总结果详略、体例不一、数量缺漏甚多。后吴哲夫在《清代禁毁书目研究》中完全沿袭赵录绰之统计，仅在文末以新见材料稍加补充。①

1949 年，徐绪典发表《乾隆禁毁书籍考》，该文第二部分即为"各省奏缴情形"，分省详列奏缴次数、种数，以较为完备的形式，统计得出"各省先后奏缴总次数 155 次，书籍总数 2470 种（凡奏缴重复违碍书籍，皆删而未计）"，并称"奏缴最多之省，乃两江所辖之江西、安徽、江苏三省。其比例几占全额半数以上。最少四川、贵州、云南三省，占百分之一"②。

1989 年，雷梦辰所编《清代各省禁书汇考》问世，该书将作者所见各省奏缴之禁毁书单，"按行省分界，轮以奏准年月排比，并附加小考殿后，厘为成篇"，因罗列的每一次的具体书目，较此前统计更为完备。③ 笔者曾与 1997 年出版的《纂修四库全书档案》中的相关奏折一一核对，发现雷氏《汇考》尚存一些问题，如汇奏时间的错置与不明、奏缴次数的缺漏、文字的错误等，但限于篇幅与体例，此处不做详细比对。同年，黄爱平教授在《四库全书纂修研究》一书中，虽未罗列各省奏缴的具体情形，但公布了各省呈缴请毁书籍的部数统计结果。④ 基于上述研究成果，本书对禁书期间各省奏缴情况展开考察。

二、各省奏缴请毁书籍汇考

《纂修四库全书档案》作为第一手材料，载禁书活动期间，各省

---

① 吴哲夫：《清代禁毁书目研究》，第 102—109 页。
② 徐绪典：《乾隆禁毁书籍考》，《协大学报》1949 年第 1 期。
③ 雷梦辰：《清代各省禁书汇考·序》，第 3 页。
④ 黄爱平：《四库全书纂修研究》，第 74 页。

奏缴违碍书籍的奏折、清单较为详实、准确，可补正前贤之统计，然仅就所见材料，亦不敢称完备。

汇考凡例：

（一）表格依据《纂修四库全书档案》，参以雷梦辰《清代各省禁书汇考》制成。时间起乾隆三十九年十一月三十日，迄乾隆五十八年十月十九日，内地十八省皆备。乾隆四十八年至五十九年，《御批通鉴纲目续编》的汇奏数量此处不列，详见他表。

（二）因篇幅所限，仅列汇奏时间、具奏官员、违碍书数量、备注四项。重在说明每一次奏缴情形，附清单者注明。没有确凿依据的时间不明的汇奏材料一概不入统计之列；省份罗列的先后，依照徐绪典、雷梦辰研究成果的排列序次，以便读者比对；备注中所列数字为《纂修四库全书档案》中档案顺序号，及雷梦辰《清代各省禁书汇考》的页码，以便查找。

（三）某些省份，具奏时皆总结历次所缴次数、种数及部数，当真实可信。据此既可核对本表统计，提高准确性，又为统计总数之基础。有的奏折只载种数和本数，而无部数，统计时以种数相加；个别奏折无查缴数字，尽量钩稽厘清，加以说明。

各省奏缴请毁书籍情形如下：

表 6-1 直隶省奏缴请毁书籍汇考

次数	时间	汇奏官员	名目与数量	备注
第一次	乾隆四十年九月初三日	兼管顺天府尹袁守侗	《明季编年会纂》2部；《屈翁山诗集》3部；《三藩纪事本末》1部	二八一
第二次	乾隆四十六年六月初十日	总督袁守侗	违碍书243种，内书本完全者417部，残缺不全者计665部。附清单	七九七
合计	1088部			

表 6-2 山东省奏缴请毁书籍汇考

次数	时间	汇奏官员	名目与数量	备注
第一次	乾隆四十年九月二十九日	巡抚杨景素	违碍书 70 部	二八九
第二次	乾隆四十四年四月二十日	巡抚国泰	各省咨会应毁书 151 种，769 部；本省查出应毁书 35 种，44 部。附清单	六一五
第三次	乾隆四十六年二月三十日	巡抚国泰	各省咨会应禁书 154 种，571 部；本省查出 3 种，3 部。附清单	七六七
第四次	乾隆四十七年八月二十四日	巡抚明兴	尹嘉铨著应毁书 30 种，共已钉书 29 部；未钉书 251 部。附清单	九〇九
合计			1737 部	

表 6-3 河南省奏缴请毁书籍汇考

次数	时间	汇奏官员	名目与数量	备注
第一次	乾隆四十一年二月初二日	巡抚徐绩	各省咨会《历朝捷录》、《博物典汇》等书 55 部；又《焚书》、《阮太冲集》、《更台集》各 1 部	三一八
第二次	乾隆四十三年十一月十六日	巡抚郑大进	《圣讳实录》1 种，刷成书 7 部	五六二
第三次	乾隆四十四年正月初九日	巡抚郑大进	颜季亨著《国朝历征纪胜通考》、《九十九筹》、《时务体要》、《补漏居寓言》4 种汇成 1 部；其他违碍书 670 余部	五八〇
第四次	乾隆四十五年十二月初八日	巡抚雅德	违碍书 302 种，共 5278 部	七三八
第五次	乾隆四十七年五月十二日	巡抚富勒浑	违碍书 38 种	八八二
合计			6052 部	

表 6-4 山西省奏缴请毁书籍汇考

次数	时间	汇奏官员	名目与数量	备注
第一次	乾隆四十年十月二十六日	署理山西巡抚印务、湖南巡抚觉罗巴延三	晋省查出《四夷考》、《名山藏》2种，2部；外省咨查书籍12种，计18部。附清单	二九一
第二次	乾隆四十年闰十月初二日	署理山西巡抚印务、湖南巡抚觉罗巴延三	张泰交《受祜堂集》原书1部	二九二
第三次	乾隆四十一年九月初八日	巡抚觉罗巴延三	各省咨查书籍29种，计57部；残缺不全书5种	三三五
第四次	乾隆四十三年闰六月十二日	巡抚觉罗巴延三	各省咨查书籍62种，计216部；残缺不全书21部。附清单	五一五
第五次	乾隆四十五年十二月十八日	巡抚喀宁阿	晋省自行查获6种，计7部；各省咨查书籍83种，计272部	七四三
第六次	乾隆四十七年五月初二日	巡抚农起	各省咨查书籍11种，计34部；尹嘉铨书籍56种；晋省查出书籍12种，计14部；残缺不全书12种，计29部；解填空格书籍3种，3部。均附清单	八七八
合计			733 部	

表 6-5 甘肃省奏缴请毁书籍汇考

次数	时间	汇奏官员	名目与数量	备注
第一次	乾隆四十一年六月二十五日*	署理陕甘总督毕沅	《乾坤宝典》1种	雷梦辰书12页

续表

次数	时间	汇奏官员	名目与数量	备注
第二次	乾隆四十五年三月初六日	陕甘总督勒尔谨	各项违碍书籍39种	六七九
第三次	乾隆四十六年正月二十六日	陕甘总督勒尔谨	俱系各省奏明之书，名目、数量不详	七五二
第四次	乾隆四十六年六月十六日*	陕甘总督李侍尧	各项违碍书籍36种	雷梦辰书15—16页
第五次	乾隆四十六年八月初二日*	陕甘总督李侍尧	各项违碍书籍39种	雷梦辰书17—19页
合计			115部	

表6-6 陕西省奏缴请毁书籍汇考

次数	时间	汇奏官员	名目与数量	备注
第一次	乾隆四十年七月十九日	陕西学政嵇承谦	《明通纪》、《明从信录》、《屈大均诗集》、《历朝捷录》、《博物典汇》5种，计23部	二七七
第二次	乾隆四十年闰十月初七日	陕甘总督勒尔谨、巡抚毕沅、学政嵇承谦	《博物典汇》等书22部	二九三
第三次	乾隆四十三年三月初八日	陕甘总督勒尔谨、巡抚毕沅	《古今全史集要》等书49部	四八五
第四次	乾隆四十三年十一月初九日	陕甘总督勒尔谨、巡抚毕沅	违碍书99部	五六一
第五次	乾隆四十五年六月十五日	护理陕西巡抚印务、布政使尚安	《群书备考》等违碍书45种，108部。附清单	六九八
第六次	乾隆四十六年正月二十一日	署理陕西巡抚毕沅	《古今全史》等书110部	七五〇
第七次	乾隆四十六年闰五月二十七日	署理陕西巡抚毕沅	《太乙诗集》等书44部	七九三

续表

次数	时间	汇奏官员	名目与数量	备注
第八次	乾隆四十六年十一月二十二日	署理陕西巡抚毕沅	《群书备考》等书14部	八二八
第九次	乾隆四十六年十二月初七日	署理陕西巡抚毕沅	空格书籍7部	八三三
合计			476部	

表6-7 湖北省奏缴请毁书籍汇考

次数	时间	汇奏官员	名目与数量	备注
第一、二次[1]		湖广总督、暂署湖北巡抚三宝	王锡侯《字贯》等书241部，其他违碍书87部	
第三次	乾隆四十三年二月初三日	湖广总督、暂署湖北巡抚三宝	王锡侯《国朝试帖详解》2部，《字贯》3部，《唐诗分类详解》146部；其他违碍书111种，计373部	四七一
第四次	乾隆四十三年四月初十日	湖广总督三宝巡抚陈辉祖	应毁各书115种，共613部。附清单	四九五
第五次	乾隆四十三年闰六月初六日	湖广总督三宝巡抚陈辉祖	《古今议论参》等违碍各书110种，计1341部	五一二
第六次	乾隆四十三年十月初四日	湖广总督三宝巡抚陈辉祖	违碍书55种，计158部；又续经查获缴过各书125种，计1689部。附清单	五四八
第七次	乾隆四十三年	湖广总督三宝巡抚陈辉祖	续经查获应毁各书1357部[2]，附清单残目仅知88种	五七九
第八次	乾隆四十四年十一月初一日	湖广总督觉罗图思德、巡抚郑大进	楚北查获违碍书7种，计14部；又续经查缴过各书82种，计711部	六五五
第九次	乾隆四十五年六月二十七日	湖广总督富勒浑巡抚郑大进	违碍书135种，计1866部	七〇一

续表

次数	时间	汇奏官员	名目与数量	备注
第十次	乾隆四十五年十一月初一日	湖广总督舒常 巡抚郑大进	违碍书152种，计1388部	七二一
第十一次	乾隆四十七年十月初七日	巡抚姚成烈	四库馆咨查禁书16种，计24部；翰林院咨查应行全毁、抽毁各书7种，计8部；各省咨查禁书97种，计126部；本省续查宋、元、明人著作违碍书23种，计24部；尹嘉铨著作违碍书3种，计181部；石卓槐著作及批点各书7种，计7部；冯王孙著作及抄录批点各书15种，计15部。均附清单	九二一
合计	10373部[3]			

[1] 乾隆四十三年二月初三日，湖广总督、暂署湖北巡抚三宝奏："窃照江西逆犯王锡侯妄作《字贯》等书，臣抵任后，即经督饬各属设法查缴，计二次共查获二百四十一部，臣经先后奏明并同查获应毁违碍各书，共八十七部，业已委员解送军机处。"（《纂修四库全书档案》，第779—780页）

[2] 乾隆四十三年十月初四日，湖广总督三宝、巡抚陈辉祖奏："前五次查缴违碍各书，总计二千八百六部。"（《纂修四库全书档案》，第894页）乾隆四十四年十一月初一日，湖广总督觉罗图思德、巡抚郑大进奏："业已七次查缴违碍各书，总计六千零十部，俱经奏明。"（《纂修四库全书档案》，第1120页）得出此处数字。

[3] 湖北省的奏呈自述中尚有一次排除在其统计之外，即乾隆三十九年十一月三十日，暂署湖广总督印务、湖北巡抚陈辉祖查获《博物典汇》、《前明将略》各1部（《纂修四库全书档案》，第297页），此处一并加上。

表6-8 湖南省奏缴请毁书籍汇考

次数	时间	汇奏官员	名目与数量	备注
第一次	乾隆四十年正月二十八日	护湖南巡抚、湖南布政使觉罗敦福	《古处斋集》1部；《明纪编年》3部	二三〇

续表

次数	时间	汇奏官员	名目与数量	备注
第二次	乾隆四十一年四月十六日	护湖南巡抚觉罗敦福	违碍书籍10种，计27部。附清单	三二三
第三次	乾隆四十三年六月[1]	巡抚李湖	违碍书籍880余部	五七二
第四次	乾隆四十三年十二月十一日	巡抚李湖	《国朝诗的》2部、《荣木堂集》2部、《唐律分注》1部、《广舆记》1部	五七二
第五次	乾隆四十六年九月二十五日	巡抚刘墉	续获重复各书149种，计完全者1592部，残缺者1847部；本省人著作应销毁书50种，计完全者49部，残缺者11部；外省人著作应销毁书24种，计完全者13部，残缺14部；应摘毁书11种，完全者2部，残缺者9部。均附清单	八〇六
合计			4454部	

[1] 乾隆四十三年十二月十一日，湖南巡抚李湖奏："臣于本年六月到任后，据该司道等将节次委员查访缴到各书共八百八十余部呈送，经臣奏明。"（《纂修四库全书档案》，第957页）推测大致时间，并得出此处数字。

表6-9 江宁书局（属江苏省）奏缴请毁书籍汇考

次数	时间	汇奏官员[1]	名目与数量	备注
第一次	乾隆四十年正月初八日	两江总督高晋	违碍书7种	二二四
第二次	乾隆四十年二月初四日	两江总督高晋	《寰宇分合志》、《明代野史》、《群书备考》、《离忧集》、《啜墨亭集》5种	二三五
第三次	乾隆四十年六月初二日	两江总督高晋	《柴菴诗集》、《秋士偶编》等书10种；续获《群书备考》、《登坛必究》等书50部	二七二

第六章　各省奏缴板片、书籍汇考及"禁书"辨析　　233

续表

次数	时间	汇奏官员[1]	名目与数量	备注
第四次	乾隆四十一年四月十六日	两江总督高晋	《经世挈要》、《广古今议论参》、陈继儒《订正杂书》、《名山藏》、《明通纪直解》、《明通纪统宗》6种；续获53种，计213部。附清单	三二四
第五次	乾隆四十二年五月二十日	两江总督高晋	新获违碍书14种，计14部；续获200种，计1628部。附清单	三八六
第六次	乾隆四十二年八月二十二日	两江总督高晋	新获《鉴纪今古合录》等书14种，计14部；沈德潜所选初刻《国朝诗别裁集》及续获违碍书223种，共3077部。附清单	四二一
第七次	乾隆四十三年三月二十八日	两江总督高晋	王锡侯著《字贯》14部、《书法精言》9部、《唐诗试帖详解》377部；其他应毁禁书179种，计2039部	四九〇
第八次	乾隆四十三年七月初四日	两江总督高晋	《函史》下编等书20种；王锡侯著作170部；初刻《国朝诗别裁集》等书2122部	五二一
第九次	乾隆四十四年七月初九日	两江总督萨载	新获《九籥集》等书14种；王锡侯著《字贯》、《经史镜》、《唐诗详解》，李骥著《虬峰集》等书，共188部；续获《国朝诗别裁集》等书251种，计2232部。均附清单	六三六
第十次	乾隆四十四年十二月初十日	两江总督萨载	新获24种，续获重复违碍书6420部	六六五
第十一次	乾隆四十五年十二月初十日	暂署两江总督陈辉祖	新获违碍书37种；续获重复违碍书2678部	七四〇
第十二次	乾隆四十六年十月初六日	暂署两江总督萨载	新获违碍书33种，附清单；重复违碍书1359部	八一一

续表

次数	时间	汇奏官员[1]	名目与数量	备注
第十三次	乾隆四十七年六月初四日	暂署两江总督萨载	新获违碍书7种，附清单；重复违碍书175种，计797部	八八六
第十四次	乾隆五十三年五月三十日	两江总督书麟	新获《休园省录》等书18种，重复违碍旧书77种	一三〇〇
合计			28571部[2]	

[1] 江苏省分设江宁、苏州两处书局。其中，江宁书局缴书情况由两江总督汇奏，折内均称"据江宁书藩司××汇总详报"。

[2] 两江总督高晋称："乾隆四十三年三月二十八日前，通计江宁书局缴过违碍书共8327部"；(《纂修四库全书档案》，第807页) 两江总督萨载奏："乾隆四十四年十二月初十日前，所有江宁书局先后收获违碍书1217部，重复违碍书17121部历经奏明，委员解京在案。"(《纂修四库全书档案》，第1136页) 统计数字据此。

表6-10 苏州书局（属江苏省）奏缴请毁书籍汇考

次数	时间	汇奏官员	名目与数量	备注
第一次	乾隆三十九年十二月初四日	江苏巡抚萨载	《职方地图》等8种	二一四
第二次	乾隆四十年二月二十二日	江苏巡抚萨载	新获违碍书15种；续获5种。附清单	二四一
第三次	乾隆四十年六月十一日	江苏巡抚萨载	新获违碍书23种；续获22种，计81部。附清单	二七四
第四次	乾隆四十年十一月初三日	江苏巡抚萨载	澹归著《遍行堂集》正续集各1部、《皇明通纪集要》等书15种；续获《酌中志》等书25种，计129部	三〇二
第五次	乾隆四十一年四月二十日	暂管江苏巡抚印务萨载	《天启实录》等书18种；重复查出《皇明实纪》等书37种，计82部。附清单	三二五
第六次	乾隆四十一年十月初四日	巡抚杨魁	新获违碍书16种；重复违碍书41种，计108部。附清单	三四五
第七次	乾隆四十二年二月初三日	巡抚杨魁	新获违碍书42种；重复违碍书88种，共261部	三六五

续表

次数	时间	汇奏官员	名目与数量	备注
第八次	乾隆四十二年四月十八日	巡抚杨魁	沈德潜《国朝诗别裁集》301部，新获违碍书23种；重复应毁书126种，计2002部	三八〇
第九次	乾隆四十二年六月初十日	巡抚杨魁	新获违碍书19种；重复应毁书202种，共2633部；《国朝诗别裁集》45部	三九一
第十次	乾隆四十二年十月十九日	巡抚杨魁	新获违碍书15种；重复应毁书259种，共5150部；《国朝诗别裁集》32部	四三九
第十一次	乾隆四十三年六月十六日	巡抚杨魁	新获违碍书12种；重复应毁书229种，共3012部；《国朝诗别裁集》30部；王锡侯《字贯》等书22部。附清单	五〇八
第十二次	乾隆四十四年四月初八日*	巡抚杨魁	新获违碍书14种；重复应毁书249种，共3052部；《国朝诗别裁集》20部；王锡侯《字贯》等书20部；徐述夔《一柱楼诗》等书18部。附清单	六一三
第十三次	乾隆四十四年十二月初三日	巡抚杨魁	新获违碍书20种，附清单；重复违碍书12392部	六六三
第十四次	乾隆四十六年三月二十九日	巡抚闵鹗元	新获违碍书14种，附清单；重复违碍书1025部	七七四
第十五次	乾隆四十六年十一月初十日	巡抚闵鹗元	新获违碍书61种，附清单；重复查出违碍书1112部、尹嘉铨著书274部	八二六
第十六次	乾隆四十七年十一月初三日	巡抚闵鹗元	新获违碍书17种，附清单；重复查出违碍书212部	九二七
合计			33510部[1]	

[1] 乾隆四十四年十二月初三日，江苏巡抚杨魁奏称："苏州书局先后收获违碍书一百四十一部，重复书一万八千余部，均经臣节次奏明，委员解京在案。"（《纂修四库全书档案》，第1133页）上表第六次至第十二次统计数字参照此。

表6-11 江西省奏缴请毁书籍汇考

次数	时间	汇奏官员	名目与数量	备注
第一次	乾隆三十九年十二月十八日	巡抚海成	违碍书8部	二二〇
第二次	乾隆四十年四月十四日	巡抚海成	违碍书14种，115部。附清单	二五六
第三次	乾隆四十年五月十一日	巡抚海成	新获违碍书《苟全集》、《壑云集》2种，2部；续获13种，计29部。附清单	二六二
第四次	乾隆四十年九月十二日	巡抚海成	违碍书1213部。附清单	二八三
第五次	乾隆四十年十一月十七日	巡抚海成	新获违碍书《萧九生集》、《同时尚论录》、《揭蒿庵集》、《刘出子集》、《历代帝王统系图纪》、《葛溪集》6种；续获违碍书3058部	三〇九
第六次	乾隆四十一年九月二十二日	巡抚海成	新获违碍书《世法录》、《石民四十集》、《新书广集》、《四六新书》、《晚村文集》、《晚村续集》6种	三四一
第七次	乾隆四十一年十一月初四日	巡抚海成	新获违碍书《大义觉迷录》1部，续获3650部	三四九
第八次	乾隆四十一年十二月初八日	巡抚海成	新获违碍书《十六朝广汇记》、《吴道南集》、《曾庭闻文集》、《中兴从信录》、《牧斋尺牍》5种	三五七
第九次	乾隆四十二年四月十五日	巡抚海成	新获违碍书《何文毅集》、《静悱集》、《陈鉴韦集》、《英巨集》、《甬东集》、《春草楼集》6种。附清单	三七九
第十次	乾隆四十二年十月十八日	巡抚海成	新获违碍书4种；续获2010部	四三七

第六章 各省奏缴板片、书籍汇考及"禁书"辨析　237

续表

次数	时间	汇奏官员	名目与数量	备注
第十一次	乾隆四十三年二月初十日	巡抚郝硕	查缴王锡侯著《字贯》104 部、《经史镜》70 部、《国朝试帖详解》157 部、《国朝诗观初集》30 部、《国朝诗观二集》14 部、《西江文观》28 部、《唐诗详解》599 部、《书法精言》48 部、《感应篇功过格》3 部，共计 1053 部	四七三
第十二次	乾隆四十三年十二月初一日	巡抚郝硕	应全毁书 9 部；摘毁书 3 部；又徐述夔《一柱楼小题诗》1 部	五七〇
第十三次	乾隆四十四年七月十二日	巡抚郝硕	查缴 5672 部，无名目（四十三年九月至今）	六三七
第十四次	乾隆四十五年六月十二日	巡抚郝硕	应全毁书 37 种；摘毁书 41 种	六九七 清单见雷梦辰书 101—107 页
第十五次	乾隆四十五年十月初六日	巡抚郝硕	四十四年八月至今，查缴 2063 部	七一三
第十六次	乾隆四十六年二月十一日	巡抚郝硕	四十五年十一月至今，查缴 1480 部。附清单	七五五
第十七次	乾隆四十六年五月二十四日	巡抚郝硕	应全毁书 22 种；摘毁书 4 种。附清单	七八七
第十八次	乾隆四十七年七月初八日	巡抚郝硕	应全毁书 10 种，摘毁书 1 种。附清单。四十六年六月——四十七年六月，续获违碍书 668 部	八九二
第十九次	乾隆五十三年六月初六日	巡抚何裕城	违碍书 44 种	一三〇二
第二十次	乾隆五十五年十一月二十二日	署江西巡抚姚棻	续获违碍书 56 种	一三七一
第二十一次	乾隆五十六年十一月二十九日	署江西巡抚姚棻	续获违碍书 27 种	一四一九

续表

次数	时间	汇奏官员	名目与数量	备注
第二十二次	乾隆五十七年十一月初六日	巡抚陈淮	续获违碍书16种	一四六三
第二十三次	乾隆五十八年十月十九日	巡抚陈淮	续获违碍书13种	一四八三
合计			27452部[1]	

[1] 乾隆四十二年十月十八日，江西巡抚海成奏："臣数年以来，督率地方有司暨教职佐杂等官，前后查缴应毁书共一万余部，设法寻查，不遗余力。"参照此，前十次合计奏缴10113部（《纂修四库全书档案》，第732页）。乾隆四十七年七月初八日，江西巡抚郝硕称："窃照江西省设局查书，自乾隆四十三年八月起至四十六年闰五月，共计查出应禁书一万五千四百五十一部，陆续奏明销毁。"（《纂修四库全书档案》，第1591页）据此第十二至十七次合计15451部。

表6-12 安徽省奏缴请毁书籍汇考

次数	时间	汇奏官员	名目与数量	备注
第一次	乾隆三十九年十一月三十日	巡抚裴宗锡	查缴《洁身堂文集》等9种	二一二
第二次	乾隆四十年五月三十日	巡抚裴宗锡	查缴《地图综要》等24种	二七一
第三次	乾隆四十年闰十月二十四日	巡抚李质颖	查缴共计100种	二九八
第四次	乾隆四十二年十月二十八日	巡抚闵鹗元	奏缴27种	雷梦辰书125—127页
第五次	乾隆四十四年二月二十二日	巡抚闵鹗元	奏缴24种	雷梦辰书127—129页
第六次	乾隆四十四年十月二十九日	巡抚闵鹗元	未经奏明应禁书26种；各省已奏明应禁各书274种，计3219部	六五三 雷梦辰书129—131页
第七次	乾隆四十五年五月初六日	巡抚闵鹗元	奏缴4种	雷梦辰书131页

续表

次数	时间	汇奏官员	名目与数量	备注
第八次	乾隆四十五年六月二十八日	巡抚闵鹗元	未经奏明应禁书16种，已奏明应禁各书284种，2688部	七〇二 雷梦辰书132—133页
第九次	乾隆四十六年十二月二十七日*	巡抚农起	奏缴《涛浣亭诗集》1种	雷梦辰书135页
第十次	乾隆四十七年十二月二十六日*	巡抚富躬	奏缴24种	雷梦辰书136—137页
第十一次	乾隆五十一年四月十三日	巡抚书麟	续经查出《千百年眼》等书57种，计67部。附清单	一一四三
合计			6229部[1]	

[1] 对安徽省奏缴书籍次数的统计，徐绪典称17次，但其10至17次具奏时间与汇奏官员均缺载不明，仅罗列种数；雷梦辰称18次，其中亦有8次具奏时间、汇奏官员不明；此处仅取有确切记载者。

表6-13 福建省奏缴请毁书籍汇考

次数	时间	汇奏官员	名目与数量	备注
第一次	乾隆四十年二月二十日	闽浙总督钟音、福建巡抚余文仪	《石秋子录》、《众山皆响图说》、《寒支初集》、《二集》各1部	二四〇
第二次	乾隆四十年三月二十二日	闽浙总督钟音、福建巡抚余文仪	《崇相集》、《古今议论参》、《苍霞集》、《博物典汇》4种	二五三
第三次	乾隆四十年五月十六日*	福建巡抚余文仪	《石秋子录》、《苍霞续草》、《奏草》、《续奏草》、《诗草》5种	雷梦辰书204—205页
第四次	乾隆四十年九月二十二日	闽浙总督钟音、福建巡抚余文仪	查缴违碍书28种	二八五

续表

次数	时间	汇奏官员	名目与数量	备注
第五次	乾隆四十年闰十月十六日*	巡抚余文仪	《万历后集》、《蓬编》、《明人物考》、《名臣言行录》、《皇明疏钞》5种	雷梦辰书205页
第六次	乾隆四十三年三月二十六日	闽浙总督、署福建巡抚钟音	违碍书全本99种,共374部;又残缺书92种;又王锡侯著《字贯》1部,《唐诗试帖详解》17部,《诗观》1部,《唐人试帖详解》5部。均附清单	四八八
第七次	乾隆四十四年九月初六日*	闽浙总督、兼署福建巡抚三宝	新获51种,计135部;续获62种,计176部。附清单	六四五
第八次	乾隆四十五年十月二十五日	巡抚富纲	查缴全书废帙共131种,部数不明	七二〇
第九次	乾隆四十七年三月二十日*	闽浙总督陈辉祖	违碍书10种;尹嘉铨应毁书2种	雷梦辰书203—204页
合计			986部	

表6-14 浙江省奏缴请毁书籍汇考

次数	时间	汇奏官员	名目与数量	备注
第一次	乾隆三十九年十二月初六日	巡抚三宝	违碍书15种	二一八
第二次	乾隆四十年正月十九日	巡抚三宝	《皇明从信录》等书10种,计14部。《屈翁山诗词选本》3部	二二九
第三次	乾隆四十年三月十九日	巡抚三宝	新获违碍书8种,共11部;续获8种,共22部。附清单	二五二
第四次	乾隆四十年五月二十二日	巡抚三宝	新获违碍书20种,共41部;续获18种,共118部。附清单	二六九

续表

次数	时间	汇奏官员	名目与数量	备注
第五次	乾隆四十年九月二十五日	巡抚三宝	新获违碍书5种，共9部；续获15种，共47部。附清单	二八七
第六次	乾隆四十年十二月十二日	巡抚三宝	新获违碍书7种，共15部；续获7种，计12部	三一五
第七次	乾隆四十二年正月初三日	巡抚三宝	新获违碍书27种，共43部；续获42部，共85部	三六四
第八次			缺载[1]	
第九次	乾隆四十二年五月二十日	巡抚三宝	新获违碍书33种，共72部；续获65种，共454部。附清单	三八七
第十次	乾隆四十二年六月二十日	巡抚三宝	新获违碍书35种，共114部；续获60种，共649部；《大义觉迷录》39部	三九三
第十一次	乾隆四十二年八月初四日	巡抚三宝	新获违碍书65种，共314部；续获117种，计1957部；《大义觉迷录》21部。附清单	四一一
第十二次	乾隆四十二年九月初三日	巡抚三宝	新获5种，共6部；续获55种，计298部；《大义觉迷录》4部。附清单	四二五
第十三次	乾隆四十三年二月初八日	巡抚王亶望	王锡侯《试帖详解》22部，《经史镜》1部[2]	四七二
第十四次	乾隆四十三年二月初八日	巡抚王亶望	《字贯》1部、《国朝试帖》7部、《唐诗试帖详解》15部、《诗观》5部、《文观》2部、《书法精言》1部；新旧各项违碍书61种，计317部	四七二
第十五次	乾隆四十三年三月初七日	巡抚王亶望	新旧各项违碍书48种，计208部；又王锡侯《字贯》6部、《经史镜》等书26部	四八四
第十六次	乾隆四十三年四月初一日	巡抚王亶望	《古今合录》、《不愧堂刻奏疏》、《赐环疏》、《四六逢源》、《洁身堂存稿》、《澹归四书》6种	雷梦辰书240—241页

续表

次数	时间	汇奏官员	名目与数量	备注
第十七次	乾隆四十三年闰六月初九日	巡抚王亶望	新旧各项违碍书27种，计201部；又王锡侯书5种，计11部	五一四
第十八次	乾隆四十四年正月初五日	巡抚王亶望	《南渡纪事》、《古今舆地图》、《阳草堂集》、《卧龙山人集》、《表类典》5种	雷梦辰书241—242页
第十九次	乾隆四十五年九月初八日	巡抚李质颖	新获7种，共8部；续获114种，共704部。附清单	七〇八
第二十次	乾隆四十六年五月二十日	闽浙总督兼管浙江巡抚陈辉祖	新获62种，计131部；续获270种，计2187部	七八六
第二十一次	乾隆四十七年二月三十日	闽浙总督兼管浙江巡抚陈辉祖	新获49种，计151部；续获192种，计1021部；尹嘉铨著作45种，255部	八五七
第二十二次	乾隆四十七年八月二十八日	闽浙总督兼管浙江巡抚陈辉祖	新获10种，计24部；续获171种，计1560部。附清单	九一〇
第二十三次		巡抚福崧	全毁、抽毁各书104种，计485部[3]	
第二十四次	乾隆四十九年七月初八日	巡抚福崧	应全毁书18种，共153部；续获78种，共929部	一〇三二
第二十五次	乾隆五十三年、五十四年[4]	巡抚觉罗琅玕	《檀园集》等书20种	一三五〇
第二十六次			《今是堂》等书26种	
第二十七次	乾隆五十四年十月	巡抚觉罗琅玕	续获《明政统宗》等书146种。附清单	一三四〇

续表

次数	时间	汇奏官员	名目与数量	备注
第二十八次	乾隆五十五年五月初七日	巡抚觉罗琅玕	应禁书271种	一三五〇
合计			14325部[5]	

[1] 乾隆四十二年五月二十日，浙江巡抚三宝奏："前曾六次查缴过书三百一十五部，先已解缴外，嗣又七、八两次查收存局书二百五十九部，亦经委员解交军机处，节次奏明在案。"据此可知现有材料缺载一次。(《纂修四库全书档案》，第605页)

[2] 乾隆四十三年二月初八日，浙江巡抚王亶望奏："经臣将实力查办缘由并查出逆犯王锡侯所著《试帖详解》二十二部、《经史镜》一部，先行恭折奏覆在案。"(《纂修四库全书档案》，第780—781页)

[3] 乾隆四十九年七月初八日，浙江巡抚福崧折内奏称："陆续呈缴全毁、抽毁各书一百四种种，计四百八十五部。业经臣恭折奏明，委员解京销毁在案。为此次奏缴数量依据。"(《纂修四库全书档案》，第1782页)

[4] 乾隆五十五年五月初七日，浙江巡抚觉罗琅玕具奏："窃照浙江省查办应禁各书，经前抚臣先后缴共二十四次。嗣又接奉谕旨，饬再收缴，只须查销净尽，毋庸定以限期。钦此。钦遵。当经臣严饬所属，查出应禁之《檀园集》等书二十种、《今是堂》等集二十六种、《明政统宗》等书一百四十六种，于乾隆五十三、四两年三次奏明解京销毁在案。"(《纂修四库全书档案》，第2178页)

[5] 乾隆五十三年五月十三日，浙江巡抚觉罗琅玕奏："统计先后共奏缴过二十四次，计书五百三十八种，共一万三千八百六十二部。四十九年七月前抚臣福崧于第二十四次具奏之后，浙省即未经奏缴。"既可证奏缴次数，又为统计数量的可靠依据。(《纂修四库全书档案》，第2123页)

表6-15 广东省奏缴请毁书籍汇考

次数	时间	汇奏官员	名目与数量	备注
第一次	乾隆三十九年十月初四日	两广总督李侍尧、巡抚德保	屈大均著《诗外》、《广东新语》、《岭南三家合刻诗集》各1部	一九四
第二次	乾隆四十年二月二十六日	暂署两广总督、广东巡抚德保	不应存留书籍21种	二四三
第三次	乾隆四十年三月初九日	大学士仍管两广总督李侍尧、广东巡抚德保	续获屈大均著《广东新语》60部，又不全9部；《岭南三家合刻诗集》34部，又不全9部；《文外》1部，不全，《诗外》1部	二四九

续表

次数	时间	汇奏官员	名目与数量	备注
第四次	乾隆四十年十一月十六日	大学士仍管两广总督李侍尧、广东巡抚德保	陈建著《学蔀通辩》19部；《治安要议》30部；《明通纪》4部；金堡《丹霞志》1部，《遍行堂随见录》1部	三〇七
第五次	乾隆四十一年二月二十五日*	两广总督李侍尧（或两广总督李侍尧）	《丹霞志》、《甘蔗生遗兴诗》、《丹霞初集》、《丹霞二集》、《丹霞四集浙客诗》、《吴鸿丹霞记游诗》、《丹霞和诗》、《鹤汀诗集》8种	雷梦辰书253页
第六次	乾隆四十三年九月十八日*	两广总督桂林	《翰林馆课》、《天然瞎堂诗集》、《啸楼选集》、《定鼎奇闻》、《咸涉堂诗集文集》、《耳鸣集》、《古今治统》、《广百将传》、《兵镜》9种	雷梦辰书265页
第七次	乾隆四十六年八月二十八日	两广总督觉罗巴延三、广东巡抚李湖	违碍书11种	八〇三
合计			221部	

表6-16 广西省奏缴请毁书籍汇考

次数	时间	汇奏官员	名目与数量	备注
第一次	乾隆四十年二月二十六日	巡抚熊学鹏	高熊征著《郢雪斋文集》、《安南志纪要》各1部；陆显仁著《格物广义》、《四书原道》、《易经评义》各1部	二四七
第二次	乾隆四十年八月二十六日	巡抚熊学鹏	屈大均《广东新语》等书4部、张泰交《受祜堂集》1部、余心孺《詅痴梦草》1部	二八〇
第三次	乾隆四十一年正月二十四日	暂护广西巡抚印务、布政使苏尔德	《前明通纪纂》1部，《格物广义》1部，《广东新语》4部，《岭南三家诗》5部，《历朝捷录》2部	三一七

续表

次数	时间	汇奏官员	名目与数量	备注
第四次	缺载[1]			
第五次				
第六次	乾隆四十四年十月二十六日	巡抚李世杰	无名目数量	六五一
第七次	乾隆四十四年十一月二十二日	巡抚李世杰	无名目数量	六五九
第八次	乾隆四十四年十二月二十日	巡抚李世杰	无名目数量	六七二
第九次	乾隆四十五年十月初八日	巡抚姚成烈	应禁各书84部[2]	七一四
第十次	乾隆四十六年八月二十四日	巡抚姚成烈	应禁书18种，共20部	八〇二
合计			434部	

[1] 乾隆四十六年八月二十四日，广西巡抚姚成烈奏："臣到任后，查得前抚臣吴虎炳、李世杰奏缴过违碍书5次，计306部，不全书籍六十□件。"大致可知缺载两次。虽第四到八次数量不明，但统计尚有依据。(《纂修四库全书档案》，第1385页)

[2] 乾隆四十六年八月二十四日，广西巡抚姚成烈奏："嗣据各属呈缴应禁各书八十四部，共八百四十一本，经臣咨送军机处并恭折奏明在案。"第九次具奏数量据此。(《纂修四库全书档案》，第1385页)

表6-17 云南省奏缴请毁书籍汇考

次数	时间	汇奏官员	名目与数量	备注
第一次	乾隆四十三年二月初三日	云贵总督李侍尧、云南巡抚裴宗锡	向例查禁书籍25种，计30部；向未查禁9种，计11部。附清单	四七〇
第二次	乾隆四十三年三月初三日	云贵总督李侍尧、云南巡抚裴宗锡	向例查禁书籍52种，计151部；向未查禁19种，计27部	四八二

续表

次数	时间	汇奏官员	名目与数量	备注
第三次	乾隆四十三年三月二十九日	云贵总督李侍尧、云南巡抚裴宗锡	向例查禁书书籍63种，计378部；向未查禁21种，计73部；王锡侯《唐诗试帖》1种，11部；《大义觉迷录》10部	四九一
第四次	乾隆四十三年五月十一日	署云贵总督、云南巡抚裴宗锡	向例查禁书书籍77种，计529部；向未查禁33种，计90部；王锡侯《唐诗试帖》1种，15部，《国朝试帖》1种，5部，《大义觉迷录》8部。附清单	四九八
第五次	乾隆四十三年九月二十四日	云贵总督李侍尧、云南巡抚裴宗锡	向例查禁44种，向未查禁19种，合计63种，228部，《大义觉迷录》5部	五四三
第六次	乾隆四十四年九月十五日	云贵总督李侍尧、云南巡抚孙士毅	向例查禁书书籍33种，向未查禁现准各省咨禁之书10种，向未查禁云南节次奏缴之书21种，《唐诗鼓吹》、《四如奇案》、《管城韵事》有钱谦益序文、书文；程墨《所见集》有徐述夔《四书文》1篇，合计68种，223部	六四六
第七次	乾隆四十六年九月二十八日	署理云贵总督印务、署云南巡抚刘秉恬	向例查禁35种，145部；向未查禁现准各省咨禁之书44种，190部；向未查禁云南节次奏缴之书23种，82部；应摘毁书7种，8部；空格书籍12种，13部；共438部。附清单	八〇八
合计	2232部			

表 6-18 贵州省奏缴请毁书籍汇考

次数	时间	汇奏官员	名目与数量	备注
第一次	乾隆四十年九月十五日	暂护贵州巡抚韦谦恒	已禁各书 9 种，共 31 部。附清单	二八四
第二次	乾隆四十三年三月初三日	巡抚觉罗图思德	王锡侯《唐诗详解》并奉禁各书，共 11 种，计 20 部；未经奉禁应毁各书 8 种，计 9 部	四八三
第三次	乾隆四十三年五月二十二日	巡抚觉罗图思德	王锡侯《唐诗试帖分类详解》及应禁违碍书等共 45 种，计 246 部。附清单	五〇一
第四次	乾隆四十三年闰六月初六日	巡抚觉罗图思德	王锡侯《唐诗详解》并各项应禁违碍书 24 种，计 144 部	五一三
第五次	乾隆四十三年十月二十日	巡抚觉罗图思德	各项应禁违碍书 22 种，计 66 部	五五七
第六次	乾隆四十六年	巡抚李本	禁书 81 种，计 105 部[1]	八三八
第七次	乾隆四十七年正月初四日	巡抚李本	禁书 75 种，附清单	八三八
合计			809 部	

[1] 乾隆四十七年正月初四日，贵州巡抚李本奏称："业经臣于上年将查出禁书八十一种，计一百五部，汇齐奏缴在案。"（《纂修四库全书档案》，第 1453 页）

表 6-19 四川省奏缴请毁书籍汇考

次数	时间	汇奏官员	名目与数量	备注
第一次	乾隆四十五年八月十五日*	总督文绶	应摘毁书 6 种：《朱子异同条辨》1 部、《四书会意解》1 部、《今文大小题商》1 部、《历科墨卷商》1 部、《明文传新》1 部、《明文集成》1 部	雷梦辰书 263 页
合计			6 部	

三、汇考结果之分析

汇总上表，可知四库禁书期间，地方奏缴请毁书籍约计139803部。笔者分别以"各省"、"历年"呈缴书籍柱状图来进一步清晰地说明：

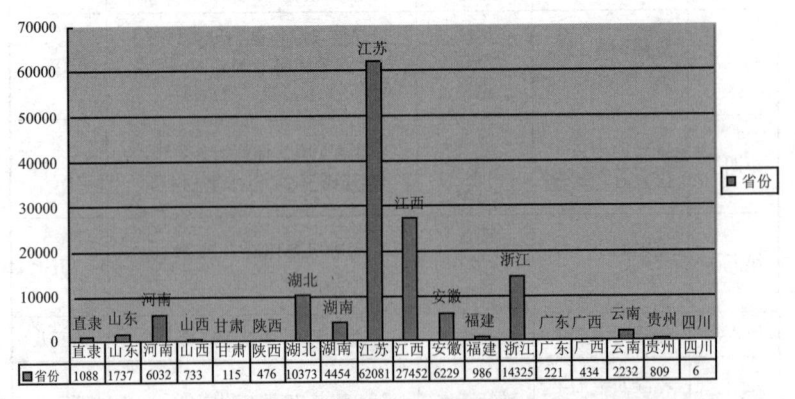

省份	直隶	山东	河南	山西	甘肃	陕西	湖北	湖南	江苏	江西	安徽	福建	浙江	广东	广西	云南	贵州	四川
省份	1088	1737	6032	733	115	476	10373	4454	62081	27452	6229	986	14325	221	434	2232	809	6

表6-20 各省奏缴请毁书籍数量柱状表

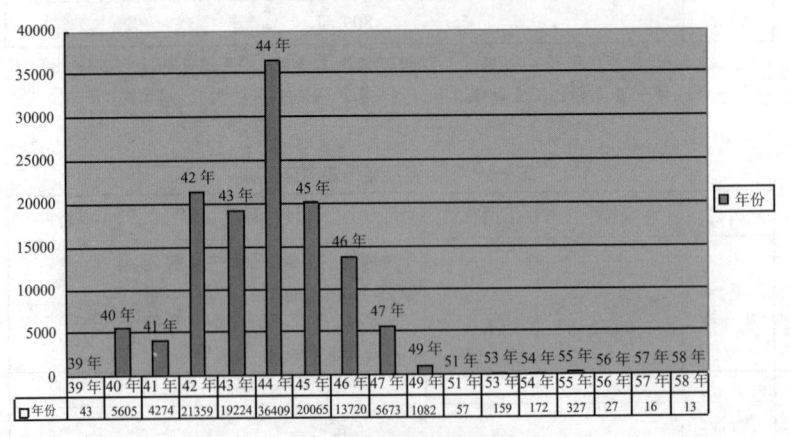

年份	39年	40年	41年	42年	43年	44年	45年	46年	47年	49年	51年	53年	54年	55年	56年	57年	58年
年份	43	5605	4274	21359	19324	36409	20065	13720	5673	1082	57	159	172	327	27	16	13

表6-21 各省奏缴请毁书籍年度数量柱状表

依据统计图表，可得出如下结论：

首先，各省奏缴书籍呈现了两个高峰，即乾隆四十二年和四十四年，且四十四年是地方缴送数量的最高潮，其原因已在本书第二章谈及。

其次，从三十九年至四十四年，呈缴未出现持续上升的趋势，而是一路波折，这既是乾隆几次敦促地方大员及树立"悖逆样本"的原因，又是其行为的直接后果。四十四年以后，缴书数量持续下降，再无明显波折。

最后，从各省呈缴的比对看，江苏（苏州书局、江宁书局）、江西、浙江、湖北位居前列，且与其他省份数量悬殊，与这些地域刻书业、文化相对发达的实情相符。广西、广东、甘肃、四川排在最后。值得注意的是，当初乾隆征书时"无书可采"的云南省，实际缴书数量并不算少。

既知各省缴书的实际情形，此处再将不同的"汇考"结果作一比对。

表6-22 各省奏缴请毁书籍汇考对比表

汇考者 奏缴次数 省份	《乾隆禁毁书籍考》 （徐绪典）	《清代各省禁书汇考》 （雷梦辰）	本书
直隶	2	2	2
山东	2	3	4
河南	6	7	5
山西	6	7	6
陕甘	4	4	—
甘肃			5
陕西	2	2	9

续表

省份 \ 奏缴次数 \ 汇考者	《乾隆禁毁书籍考》（徐绪典）	《清代各省禁书汇考》（雷梦辰）	本书
湖广	14	11	—
湖南	6	6	5
湖北	2	2	11
两江	16	23	—
江西	17	17	23
安徽	17	18	11
江苏	22	21	苏州书局 16 / 江宁书局 14
闽浙	3	3	—
福建	5	5	9
浙江	15	18	28
两广	6	6	—
广东	1	1	7
广西	1	1	10
云贵	4	4	—
云南	1	1	7
贵州	2	2	7
四川	1	1	1
合计	155 次	165 次	180 次

罗列上表，欲澄清一个问题。各省请毁书籍的呈缴，有总督汇奏者，有巡抚汇奏者。细读档案，其实总督汇奏者并非必然包括其全部管辖范围，例如江苏巡抚汇奏苏州书局，两江总督汇奏江宁书局；

湖南巡抚汇奏本省查缴禁书情况，湖广总督则多汇奏湖北情形。

除黄爱平教授的统计区别较清外，其他各家均陷入误区。以徐绪典与雷梦辰的各省禁书汇考为例，所列湖广、两江、闽浙、两广、云贵总督具奏的内容，实为湖北、江宁书局、福建、广东、贵州几处的禁书呈缴情形。在这个问题上，至今仍有沿袭旧误者。

第四节　禁书的分类与辨析

基于本书第五、六两章的分析，我们可以对流通当时及流传至今的名目繁多的禁书书目做一个归纳，如下图所示：

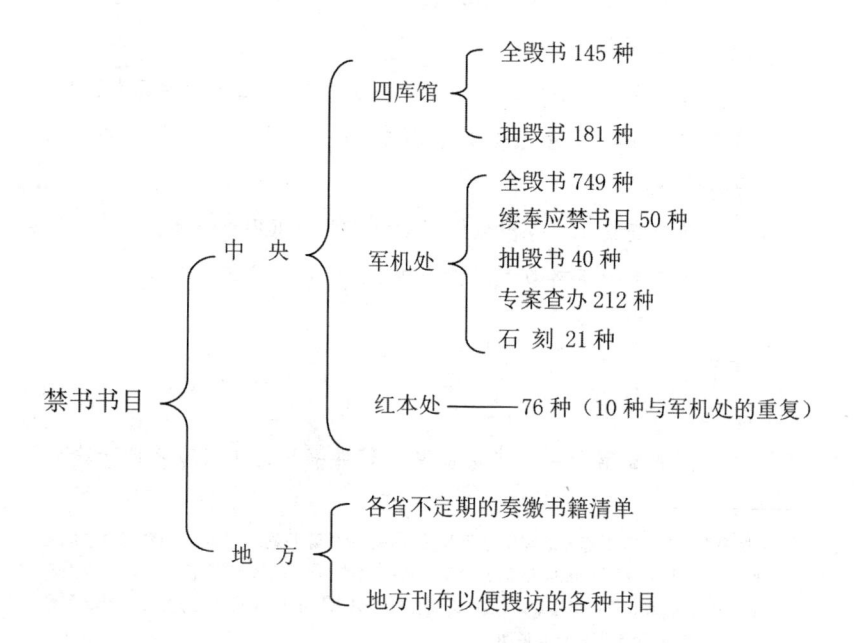

禁书书目
- 中央
  - 四库馆
    - 全毁书 145 种
    - 抽毁书 181 种
  - 军机处
    - 全毁书 749 种
    - 续奉应禁书目 50 种
    - 抽毁书 40 种
    - 专案查办 212 种
    - 石　刻 21 种
  - 红本处———76 种（10 种与军机处的重复）
- 地方
  - 各省不定期的奏缴书籍清单
  - 地方刊布以便搜访的各种书目

这些目录中所列的诸种书目，究竟有着什么样的区别，是否均可视为当时的禁书，值得我们仔细考察一番。①

一、地方奏缴禁书与奏准禁毁书的区别

在中央公布奏准禁书书目之前，各省奏呈的禁书清单大都仅仅区分新获与续获。乾隆四十六年（1781）以后，才逐步有了较为细致的区分，以两份清单释例：

清单一：

  署云南巡抚刘秉恬奏遵旨查缴应禁书籍并请展限一年折（乾隆四十六年九月二十八日）附清单
    向例查禁书三十五种，共一百四十五部，一千一百三十本；（书名略，下同）
    现准各省咨禁书四十四种，共一百九十部，二千九百三十五本；
    滇省节次奏缴，今又查获书二十三种，共八十二部，七百六十二本；
    向未查禁此次查出应毁书七种，共八部四十三本；
    现奉查缴空格书十二种，共十三部，一百二十二本。②

清单二：

  湖北省第十一次查缴应禁书籍并书板清单（乾隆四十七年

---

① "禁书"分类、辨析部分的写作，参考了如下研究：陈乃乾：《索引式的禁书总录编者来函》，《人文月刊》1934年第5卷第4期；徐绪典：《乾隆禁毁书籍考》，《协大学报》1949年第1期。李健章：《袁中郎著作非"禁书"考》，《武汉大学学报（社会科学版）》1984年第5期。特此说明。
② 《署云南巡抚刘秉恬奏遵旨查缴应禁书籍并请展限一年折》（乾隆四十六年九月二十八日），载中国第一历史档案馆编：《纂修四库全书档案》，第1402—1407页。

十月初七日）

　　湖北巡抚臣姚成烈跪奏，今将湖北省第十一次查缴应禁书籍及尹嘉铨等所著各书开列清单，恭呈御览。计开：

　　一、准四库馆咨查禁书，湖北省查获十六种，计二十四部；（书名略，下同）

　　一、准翰林院咨查应行全毁抽毁各书，湖北省查获七种，计八部；

　　一、准各省咨查禁书，湖北省现获九十七种，计一百二十六部；

　　一、湖北省续查宋、元、明人著作违碍各书，共二十三种，计二十四部；

　　一、附解尹嘉铨著作违碍各书，计三种，一百八十一部；

　　一、附解石卓槐著作及批点各书七种，计七部；

　　一、附解冯王孙著作及抄录批点各书十五种、十二部、三束、二十三纸；

　　一、附解各违碍书板一千八百八十二块。①

这些区别细致的清单，一方面反映了当时清廷的追缴禁书重点，另一方面也折射出中央咨查、各省咨查与本省自查"违碍书"之间的不同。

　　实际上，最终确定一书为应毁书籍，需经过层层检查，且过程并非草率。军机处作为中央承查汇送"违碍"书籍的主要机构，于乾隆四十年五月二十日，首次汇奏了禁书的呈缴情形，曰：

---

① 《湖北省第十一次查缴应禁书籍并书板清单》（乾隆四十七年十月初七日），载中国第一历史档案馆编：《纂修四库全书档案》，第1650—1665页。

> 臣等面奉谕旨：各省解到查明请毁书籍，现在交馆分别应存、应毁。
>
> 再，查现在萨载、三宝等各有解到请毁书籍，为数颇多。臣等现在检查，拟于圣驾驻跸热河时，附本报陆续呈览。其中或有应存者，恭候发下，交馆分别办理。①

在这份简短的奏折中，我们注意到这样的信息：军机大臣们曾经面奉谕旨，要求认真查明各省解到的请毁书籍，再交馆分别应存、应毁。前文列表汇考的各省奏缴书籍，即中央所称的"请毁书籍"。地方官员办理违碍书籍，往往抱守"宁滥勿缺"的态度，只是依本省的意见初步查明，因此称之为"请毁"书籍。缴送中央后，这些书并非一概被视为"应毁书"，而是经军机处逐一检查分辨，再汇奏皇帝"何书应存，何书应毁"，最终由乾隆帝定夺。

从时间上看，查禁初期即遵循这样的办理原则。

乾隆四十一年（1776）十二月，军机大臣就销毁书籍一事，奏曰：

> 臣等遵旨将各省送到违碍各书，详细检阅。因此项书籍部帙稍多，拟将其中之必应销毁者，先行查出办理。兹查得《明通纪》等六十二种，均系必应销毁之书，谨将各书应毁缘由，开具略节清单，同原书三百九十二本，作为一次进呈。②

此处，"必应销毁书"的提法，明显地表露出中央对地方呈缴书籍采取了区别对待的态度与原则。

---

① 《军机大臣奏缴进重复书籍并将应毁书板交武英殿铲字留板片（附清单一）》（乾隆四十年五月二十日），载中国第一历史档案馆编：《纂修四库全书档案》，第395页。
② 《军机大臣奏进呈各省送到必应销毁书籍片》（乾隆四十一年十二月二十四日），载中国第一历史档案馆编：《纂修四库全书档案》，第563—564页。

乾隆四十三年（1778），当大量的地方请毁书籍陆续运至京城，四库馆又制定了妥善的清查方法，为销毁做准备。即要求：

> 各省送到书籍，应照分韵册逐箱按次查点。其已经办毁者标明，书本仍存原箱。其未办者取出造册，分未办中。如有一样数部者，取出一部，其余亦仍存原箱，作为重本，每查过一箱，即将此箱封好另放上，必再行检阅，以免复混之病。①

所毁书籍均经造册，检查详慎，为后期公布奏准禁毁书目之依据。有许多材料可以印证上述情况，如四十三年（1778）五月二十六日，乾隆谕曰：

> 前经各省将查出应毁违碍各书陆续送京，经该管大臣派员查办，分别开单进呈，请旨销毁。所有应毁各书，著该馆开单行知各督抚，一并实力查办。②

又，次年十一月二十四日，寄谕各省督抚查核志乘时再提：

> 至从前各省节次缴到应毁书籍，经朕发交馆臣覆勘，奏定应行销毁者，俱经该馆陆续咨行各省，自可遵照办理。③

无疑可以确定，各省所呈书籍解京后又受到了严格的检查，其中，那

---

① 王重民：《办理四库全书档案》，第61页。
② 《寄谕各省督抚访查周乃祺所撰〈历志〉一书送京销毁》（乾隆四十三年五月二十六日），载中国第一历史档案馆编：《纂修四库全书档案》，第835页。
③ 《寄谕各省督抚将志乘所载应禁诗文及著者事实书目概行删节》（乾隆四十四年十一月二十四日），载中国第一历史档案馆编：《纂修四库全书档案》，第1129页。

些"奏定应毁者"才是真正的"禁书",这样的书籍除焚销外,并咨行各省继续查缴。还有一种情况,就是那些在送京途中被雨水粘湿,难以翻揭查点的书籍,往往直接缴进销毁①。

但是,横向、纵向往往存在信息不对称情况。翻看数省历年呈缴清单,如《三藩纪事本末》开列其中,其实此书因并无违碍,已编列《四库全书》存目,当时军机大臣从翰林院捡出该书存贮者,有135部。②再如,护陕西巡抚尚安奏缴应禁违碍书籍,所附清单中有《博物典汇》、《明纪辑略》两种。实际上,《明纪辑略》已于乾隆四十年(1775)闰十月二十五日谕令不必禁毁,《博物典汇》一书,四十一年(1776)十一月奉有谕旨,命馆臣附载《开国方略》后,"以昭征信",但这两种书仍时见于各省奏折清单中。

省际间的咨查书目,是由一个省的初步判定,发展为各省同时清缴。乾隆五十三年(1788)六月,浙江布政使刊印《禁书总目》,其中有"外省移咨应毁各种书目",载书籍名目354种,该书目中的书籍,不但有名列四库存目的,更有著录《四库全书》者,其中如谭纶《谭襄敏奏议》列史部诏令奏议类,四库馆臣称"特录是集,以见其谋划之大略,庶不没其实焉";子部杂家类著录杨慎《丹铅余录》,《总目》曰:"渔猎既富,根柢终深,故疏舛虽多,而精华亦复不少。求之于古,可以位之郑樵、罗泌之间,其在有明,固铁中铮铮者矣。"集部别集类著录吴绮《林蕙堂集》、宋荦《西陂类稿》,均评价较高。③笔者并未见到对咨查有明确指示的任何材料,只能猜测乾隆是想任地方将有所怀疑的书籍尽数呈缴,解京后再进行甄别,才能

---

① 《军机大臣奏各省送到违碍各书开具清单缴进销毁片》(乾隆四十五年十月二十五日),载中国第一历史档案馆编:《纂修四库全书档案》,第1223页。
② 《军机大臣奏遵旨询问纪昀等〈三藩纪事本末〉有无违碍片》(乾隆四十七年十二月十八日),载中国第一历史档案馆编:《纂修四库全书档案》,第1696—1697页。
③ 参见李健章:《袁中郎著作非"禁书"考》,《武汉大学学报(社会科学版)》1984年第5期。

保证不致有"漏网之鱼"。

至此，可得出结论：各省不定期的奏缴清单及地方刊布以便搜访的书目，并非均属奏准"应毁书"，不能径称"禁书"，统计禁书数量时应加以区别对待。

尚有一个问题需做出说明，即各省奏缴书籍，经中央检查后不在"应毁"之列，其去向如何？

乾隆四十年（1775）五月二十日，军机大臣称曾经面奉谕旨，指示："其应存书籍，该馆亦止须酌留一部，其余重复者，著概行缴进。"大臣们遵奉这样的办理原则当日即将六部重复原书缴进。① 这里只提"缴进"，未见"销毁"，无奈"缴进"一语词意含糊，仍使我们不知这类书籍的明确去向。囿于材料的缺乏，这些书直至今日我们既不知发还与否，也不知销毁与否，是一个存疑的问题。只有一条材料可说明些许问题，即前述四十七年（1782）军机大臣汇报拣出的不应销毁书《三藩纪事本末》135部均存贮翰林院，可知当禁书高潮已过，这些书仍存世。

二、抽毁书的特殊性

陆锡熊在其"为总裁拟进销毁违碍书札子"中提到：

> 兹复将续行解到之书，逐一检阅，查有若干部，均系必应销毁之书，谨另缮略节清单，同原书进呈，请旨销毁。再，此项送到书籍内，尚有应行抽毁，及可毋庸销毁者，外省办理未免稍涉拘泥。前经奉旨交臣等一并分别查办。……臣等谨于送到各书内，拣出若干部俱系应行抽毁及毋庸销毁之本，谨另缮

---

① 《军机大臣奏缴进重复书籍并将应毁书板交武英殿铲字留板片（附清单一）》（乾隆四十年五月二十日），载中国第一历史档案馆编：《纂修四库全书档案》，第395页。

略节清单，同原书粘签进呈，是否如此办理，伏候训示。①

可知，在具体的查核工作中，馆臣将"抽毁书"同"毋庸销毁书"一齐"拣出"，并未像"必应销毁之书"那样毁掉。如何确定抽毁书的性质，下文以军机处、四库馆奏准抽毁书为例，加以分析②。

---

① （清）陆锡熊：《宝奎堂集·为总裁拟进销毁违碍书札子》，《续修四库全书》集部第1451册，第57—59页。
② 前辈学者早已关注到抽毁书中的抽撤内容，不乏具体的研究成果。对收入四库书籍的内容改易，亦是与四库禁书相关的问题，但因更偏重涉及《四库全书》的编纂原则，且非属真正的"禁书"之列，本书正文暂未涉及，在此附注之。在掩盖清人忌讳这个问题上，雍正帝曾有明令，禁止改易"胡、房、夷狄"之类字眼。（《《雍正十一年四月二十八日谕》，载中国第一历史档案馆编：《雍正朝汉文谕旨汇编》第8册，广西师范大学出版社1999年版）四库禁书期间，乾隆也有过此类的表达，称："前日披览四库全书馆所进《宗泽集》，内将'夷'字改写'彝'字，'狄'字改写'敌'字。昨阅《杨继盛集》，内改写亦然。而此两集中又有不改写者，殊不可解。夷、狄二字屡见于经书，若有心改避，转为非理。如《论语》'夷狄之有君'、《孟子》'东夷、西夷'，又岂能改易，亦何必改易！则宗泽所系指金人。杨继盛所系指谙达，更何所用其避讳耶？因命取原本阅之，则已改者皆系原本妄易，而不改者，原本皆空格加圈。二书刻于康熙年间，其谬误本无庸深究。今办理四库全书，应抄之本，理应斟酌妥善。在誊录等草野无知，照本抄誊，不足深究，而空格则系分校所填，既知填从原文，何不将其原改者悉为更正？分校、复校俱系职官，岂宜失检若此？至总裁等身为大臣，于此等字面尤应留心细勘，何竟未能逐一校正？其咎更无所辞，非他书总裁记过者可比。所有此二书之分校、复校及总裁官，俱即著交部分别议处。除此二书改正外，他书有似此者，并著一体查明改正，并谕该馆臣嗣后务悉心详校，毋再轻率干咎。"（《谕内阁〈宗泽集〉内"夷"、"狄"二字毋庸改易并将其总裁等交部分别议处》，乾隆四十二年十一月十四日，载中国第一历史档案馆编：《纂修四库全书档案》，第751—752页）就改易"夷狄"字眼的问题，已有研究者利用文渊阁《四库全书》电子版做了一番统计，结果是："夷狄"、"胡尘"等明显指称少数民族的字面非常之多，其中"夷狄"出现9540次，"胡尘"出现511次。（《对〈四库全书〉处理"违碍"字问题的讨论》，《图书馆工作与研究》2007年第1期）通过对禁书活动的考察，结合上引的谕旨，或可认为，乾隆指示馆臣们改易的是明末著述中直接称呼清人为"夷"、"狄"，以及宋元以后"斥金"、"斥元"等"涉于诋訾"的字面，而将前朝著述中称呼其他少数民族为"夷"、"狄"的字面加以保留。陈垣先生曾谈道："有清起自黑水，明季典籍，类多指斥之词，馆臣有所忌讳，宜也。"（陈垣：《〈旧五代史〉辑本发覆》，载刘梦溪主编：《中国现代学术经典·陈垣卷》，河北教育出版社1996年版，第483页）陈垣先生通过

军机处奏准抽毁书目条列40种，每种书目下均有详细的按语，涉及该书的作者及书籍本身的评价，抽毁的内容、原因以及纠正各省在查缴中因"未加分别"导致"牵连并毁"的办理错谬之处。这样详实的述清原委及评判之辞，在中央公布的禁书书目中当是特例，笔者加以整理，并核实其著录四库及存目的情况，如附录二所示。

通观军机处抽毁书目，其中因存有钱谦益、龚鼎孳、屈大均、金堡等诗文、序言而应行抽毁，以及因开载吕留良姓名，甚至仅因书内有吕留良语一条，而一并列入抽毁书目的，共16种，且以钱谦益牵涉者居多。书籍因一人一文甚至一言之牵连而列入抽毁书的比例较大，几近一半。因有"字句、纪述、议论偏谬之处"，或"措辞不和"、"词语偏颇"、有"狂悖词句"，或记载有明时边事、诬罔失实之处而抽毁的书有19种。对上述两项违碍情形的处理，一般均是抽出应毁篇目或条目，删去触碍字样，其余部分均注明"查无干碍，应请毋庸全毁或销毁"，听任流行。尚有5种不存在任何违碍的"毋庸销毁书"也附载抽毁书目之中，分别是：《评定唐诗鼓吹》、《广治平略》、《绥寇纪略》、《廿一史弹词》、《兵镜备考》。

经过抽毁的书籍已非完书，但清廷并未将其销毁。事实上，列入军机处抽毁书目的书仍允许被著录《四库全书》，如《梅村诗文集》、《陶庵全集》、《评定唐诗鼓吹》、《明文衡》、《绥寇纪略》5种书，另有7种书入选四库存目，二者合计占到军机处抽毁书目的30%。该书目中甚至对抽毁书还有称赞之词，如评价《廿一史弹词》"颇便于初学"。

四库馆奏准抽毁书目，计181种，书名后附载违碍原因，参见本书附录三。抽毁书目清单对抽毁缘由的说明往往隐约其词、语焉不

（接上页）比勘《旧五代史》的《册府元龟》本和《永乐大典》辑本，发现四库馆臣在辑校时忌讳尤多，大致分为十类：忌虏、忌戎、忌胡、忌夷狄、忌犬戎、忌蕃忌酋、忌伪忌贼、忌犯阙、忌汉及其他杂忌。可知乾隆确定的原则，在具体施行中并未真正贯彻。

详,看起来大同小异,现摘出一些关键词,从中可见一斑,如"词涉乖谬、语有偏驳、殊为谬妄、有偏谬语、俱有违碍诬妄语、俱有违悖、语有诬谬、偏驳谬戾、语有违悖、语有狂谬、语有违谬、语有触犯、语有干碍、语有悖谬、中有空字、自系违碍、语近驳杂、语极荒诞、语属诬妄、偏妄、诬谬语有干涉、语多指斥偏谬、空字偏谬、墨涂字样,多数偏谬"等。其中,涉及钱谦益的序文、诗文仍是必定抽毁的对象,倘有推重钱谦益的字样更是为检查者所不能放过,笔者统计有 12 处,又金堡 1 处。

四库馆所公布的被抽撤了违碍之处的书籍,最终去向如何呢?

首先,四库馆应行抽毁各书查检完竣后,仅将抽出篇页销毁,其余部分遵旨行知各省,令其遇便陆续领回,但实际上并未发还①;

其次,抽毁的 181 种书中,有 145 部收入四库存目,比例高达 80%,此类书已非严格意义上的禁止流通的书籍;

最后,乾隆五十七年(1792)正月初十日,军机大臣奏:"漱芳斋西配殿陈设书籍,臣等公同翻阅,除不全及应毁者六种毋庸装订外,其余书籍及应行抽毁者共九十九种,俱交武英殿分别黏补装潢,现已完竣。"②这些书经过抽撤已非完本,但仍继续陈设于宫内。

小 结

统计乾隆朝四库禁书期间被禁书籍的数量,前辈学者已做了许多工作。但因所掌握的材料不尽相同,统计标准不一,各家结论亦存区别。

---

① 参见黄爱平:《四库全书纂修研究》,第 173 页。
② 《军机大臣奏漱芳斋西配殿陈设书籍黏补装潢已竣开单缴进片》(乾隆五十七年正月初十日),载中国第一历史档案馆编:《纂修四库全书档案》,第 2291 页。

表 6-23 四库禁书数量统计比对表

统计者	禁书种数	禁书部数
邓实①	不下 3000 种	
陈乃乾②	全毁书 2453 种；抽毁书 402 种	
郭伯恭③		10 万部
孙殿起④	3000 余种	6 万—7 万部
吴哲夫⑤	3000 余种	
黄爱平⑥	3100 余种	15 万部以上
陈晓华⑦	3363 种	

① 邓实：《奏缴咨禁书目跋》。
② 陈乃乾：《索引式的禁书总录》。
③ 郭伯恭：《四库全书纂修考》，第 55 页。
④ 孙殿起：《清代禁书知见录·自序》，第 1 页。
⑤ 吴哲夫：《清代禁毁书目研究》，第 109 页。
⑥ 黄爱平：《四库全书纂修研究》，第 74 页。
⑦ 陈晓华：《"四库总目学"史研究》，第 117 页。

就笔者所见各类禁书书目，除陈乃乾《索引式的禁书总录》在全毁书的列举中，对四库馆、军机处奏准应毁书予以标识外，大都未加区分。

将四库禁书期间各省奏缴板片、书籍的情况作具体的梳理，并澄清地方呈缴请毁书与中央奏定应毁书、抽毁书与全毁书之间的区别，至此可得出如下结论：

其一，各省不定期奏缴的请毁书籍、未经奏准前所办省际间的咨查书籍，以及地方刊布的方便搜访的书目，需加以区分，不能统统视为禁书。未经奏准销毁的书籍去向如何，因材料缺乏，暂存疑。

其二，四库馆、军机处、红本处公布的奏准全毁书目，及奉旨专案查办的全毁书籍，确为当时的禁书，且严查严办。这部分书籍数量约在 1222 种（不包括磨毁石刻）。

其三，抽毁书收入四库存目的比例很高，且其中尚有并无违碍的"毋庸销毁"书，应区别对待。当初陈乃乾先生将削去违碍内容的抽毁之书单独汇列，并认为"全毁、抽毁之别，亦判若鸿沟"[1]，反映了他的卓识。如今，我们若不加分辨，将其一概统计在禁书之内，有失于真相。

义愤不能代替科学，抽毁书曾经遭到过乾隆的摧残，但它不是"禁书"。至少，在统计禁书时应将其析出，另立一类，予以说明。这是为了实事求是，恢复历史本来面目。

---

[1] 陈乃乾：《索引式的禁书总录·编者来函》，《人文月刊》1934年第5卷第4期。

结 语

关于四库禁书，20世纪80年代以前，主流意见可概括为：

其一，"寓禁于征"。乾隆征书，即寄寓禁书之祸心。换言之，征书、修书为表面文章，禁书才是真正的目的。

其二，禁书的主要目的，是掩盖明代建州女真与明朝的关系和明清之际抗清的历史，打击民族意识、反清思想。此皆清帝狭隘之民族观念所致。

其三，禁毁书达3000余种，几与《四库全书》所收书相当，文化典籍遭遇巨大摧残，后果极为严重。

20世纪80年代末，一些学者开始对此提出不同见解，但尚未有人予以系统研究。

本书在已有研究基础上，通过对先后下达的诸多上谕进行具体细致的分析，证实乾隆从征集遗书到纂修《四库全书》，再到禁书令的发布，这是一个合乎逻辑的发展过程，禁书并非乾隆下令征书时的蓄谋。同时，将四库禁书放在乾隆武功卓著，力求文治昌明的背景下，进而放在中国历代封建王朝文化建设的成规中进行考察，以论"寓禁于征"观点不切实情。

四库禁书的始末，以两条线索，即四库禁书与四库修书的关系、乾隆与官僚层面的矛盾与互动加以梳理，系统揭示禁书活动的目标，远不仅是打击民族意识、反清思想。四库禁书是乾隆帝以我国封建正统继承者自居,对文化领域进行的一次比较彻底的清理活动,与《四库全书》纂修相辅相成,以期建立以维护清统治为极终目的之封建文化体系。其过程分为三个阶段:

第一阶段,从乾隆三十九年(1774)八月初五日禁书谕令正式下达,至四十三年(1778)年末四库馆制定"查办违碍书籍条款",贯穿屈大均诗文案、《字贯》案、徐述夔《一柱楼诗》三件要案,树立"悖逆"样本,推动禁书的查缴进入高峰。从政治层面上打击明末清初史籍、文集中的反清思想主要是这一阶段所为。

第二阶段,自乾隆四十三年(1778)年末"予限两年查缴禁书"始,清查范围扩大到所有文字材料,清查内容涉及道德、风俗等层面,欲将违碍彻底禁绝,以整顿"世道人心"。四库禁书表现出官方文化视野对书籍及其他文字的功能、价值的认识。

第三阶段,乾隆四十六年(1781)年末以后,"毋庸查办"的文字案件剧增,禁书呈缴渐少,随着中央奏准禁书书目陆续出台,禁书活动逐步松弛。与此同时,乾隆不断完善封建文化样本,一则通令各省年终汇奏抽改《御批通鉴纲目续编》数量情形,欲使其成为"读史之指南",一则严格复审纂修已成的《四库全书》,剔除"违碍"内容,更着重于封建文化的建设。

在述清四库禁书始末的基础上,以军机处奏准全毁书目及禁书本身为中心,结合禁书基本原则,讨论四库禁书的毁书标准。乾隆严禁诋触清朝的文字,严查万历以后的明季奏疏及谈兵、谈边书籍,全毁钱谦益等"首恶之人"的文字作品,查禁关涉明末党争的书籍,查禁标准呈现多样性。这是从横的方面进一步阐明始末部分所提出的观点。

最后汇考各省奏缴板片、书籍,对"禁书"加以分类、辨析。通过考察中央对各省奏缴书籍进行严格审核、区分的过程,说明地方呈缴的请毁书与中央奏准禁毁书的区别。根据各类抽毁书著录《四库全书》及收入存目的比例,抽毁书经处理后听其照旧流行的规定,以及军机处抽毁书目中曾明确指出有5种"毋庸销毁"等事实,认为抽毁书有其特殊性,应与全毁书区别看待。

  本书力求对四库禁书这一封建文化专制措施,作一客观、实事求是的梳理、评价。四库禁书期间,乾隆时时处于矛盾之中,既想彻底铲除抵触清朝的文字著述及思想潮流,又深恐触及"忠君"之道德底线;既要惩治所谓的"悖逆"案件,却担心搞得人人自危,有玷"盛世"之声誉。所以从国家的全局看,征书、编书、审校、禁书,无不与乾隆帝力图树立统一的价值观、实现对臣民"教化",确立符合清朝统治者利益的封建意识形态体系的终极目标相关。而在我们今天看来,乾隆的禁书举措影响恶劣,无疑是文化的劫难。

  "四库禁书"是一个庞大的课题,涵盖面广,问题较多,值得深入研究。囿于学识与精力,本书的写作尚存不足和可以继续深入的地方,如可将乾隆朝纂修四库期间的禁书活动,与历代及清前期的禁书情形加以比较说明,需进一步充实对被禁书籍本身的分析,四库禁书书目有待继续整理与甄别等。这些问题将在今后的学习中不断阅读思考,展开研究。

附 录

附录一 各省奏缴板目、数量一览表

板片名目	作者	数量（块/副）	奏缴省份	资料来源	奏缴时间	《四库禁毁书丛刊》收录情况	毁书级别	何处查办
《白鹿洞诗选》	（清）方中发	36	江西	七五五	四十六年二月十一日	集部第17册		
《宝贤堂等书》	（清）张四科	3388	江宁	一三〇〇	五十三年五月三十日	集部第168册		
《遍行堂集》	（明）金堡	1457	广东	二四八	四十二年二月二十六日	集部第127册	全毁	专案查办
《惭书》	（明末清初）吕留良	1副	浙江	三八七	四十二年五月二十日	子部第31册	全毁	军机处
《苍霞集》	（明）叶向高	2156	福建	二五三	四十年三月二十三日	集部第124、125册		
《阐义等书》	（清）吴肃公辑	5749	江宁书局	二七二	四十六年六月初三日	子部第11册	全毁	军机处
《常华堂文集》	（清）张鸣珂	73	湖南	八〇六	四十六年九月二十五日			
《陈昌箕集》	（明）陈继儒	544	苏州书局	三三五	四十一年四月二十日		全毁	军机处
《陈眉公奏疏》	（明）陈眉公	5副	苏州书局	九二七	四十七年十一月初三日		全毁	军机处

续表

板片名目	作者	数量（块/副）	奏缴省份	资料来源	奏缴时间	《四库禁毁书丛刊》收录情况	毁书级别	何处查办
《尺牍新钞》	高阜等选	6	江宁	四二一	四十二年八月二十二日			
《尺牍新钞三选（结邻集）》	（清）周在浚等辑	5	江宁	四二一	四十二年八月二十二日			
《初学集等》	（清）钱谦益	2098	浙江	一三九	三十八年十二月十七日	集部第36册	全毁	专案查办
《楚风补》	（清）廖元度	560	湖南	八〇六	四十六年九月二十五日			
《楚诗纪》	（清）廖元度辑	261	湖南	八〇六	四十六年九月二十五日			
《赐闲堂等书》	（明）申时行	27副	苏州书局	八二六	四十六年十一月初十日	集部第114—116册	抽毁	四库馆
《戬田有全集》	（明）戴名世	348	江宁	三八六	四十二年五月二十日	集部第122册	全毁	军机处
《弹词注》	（明）杨慎	255	湖北	九二一	四十七年十月初七日			
《瓻甀词稿》	（明）吴国伦	1253	湖北	九二一	四十七年十月初七日			
《独秀轩集》	（清）胡作传	214	湖南	三三三	四十一年四月十六日			
《法苑珠情》	（清）释一喆	385	江西	七八七	四十六年四月十四日			
《感旧集》	（清）王士祯撰辑	352	山东	七六七	四十六年二月三十日	集部第74册	抽毁	军机处

续表

板片名目	作者	数量（块/副）	奏缴省份	资料来源	奏缴时间	《四库禁毁书丛刊》收录情况	毁书级别	何处查办
《纲目编年录》	祁谨	1029	山西	八七八	四十七年五月初三日			
《格物广义》	（清）陆显仁	261	广西	三一七	四十一年正月二十四日			
《功过格》	（清）王锡侯	11	陈乃乾书					
《古处斋诗文集》	（清）陈祖法	200	浙江	二六九	四十四年五月二十二日	集部第128、129册	全毁	军机处
《古今全史》	（明）舒宏谔等	317	江宁	三八六	四十二年五月二十日			
《谷山笔尘》	（明）于慎行	189	山东	七六七	四十六年二月三十日			
《广东新语》	（清）屈大均	400	苏州书局	三三五	四十一年四月二十日	补编第37册	全毁	专案查办
《广东新语》	（清）屈大均	322	广东	二四八	四十二年二月二十六日	补编第37册	全毁	专案查办
《广舆记》	（明）陆应阳辑（清）蔡方炳增辑	521	江宁	八八六	四十七年六月初四日	史部第18册		
《归震川文稿序》	（清）钱谦益	4	江宁	四二一	四十二年八月二十三日			

续表

板片名目	作者	数量（块/副）	奏缴省份	资料来源	奏缴时间	《四库禁毁书丛刊》收录情况	毁书级别	何处查办
《国朝诗别裁集》	（清）沈德潜选辑	40	苏州书局	三六三	四十一年十二月二十八日	集部第158册		
《国朝诗的》	（清）陶煊、张璨	1298	湖南	五七二	四十三年十二月十一日	集部第156册		
《国朝诗观》	（清）王锡侯	1		陈乃乾书		集部第35册	全毁	专案查办
《国朝诗观二集》	（清）王锡侯	9		陈乃乾书		集部第35册	全毁	专案查办
《国朝试帖详解》	（清）王锡侯	72		陈乃乾书			全毁	专案查办
《寒支初集、二集》	（清）李世熊	515	福建	二四〇	四十四年二月二十日	集部第89册	全毁	军机处
《瀚海》	（明）陈继儒辑	221	苏州书局	三六五	四十二年二月初三日	集部第20册		
《鸿宝应本》	（明）倪元璐	198	浙江	三一五	四十三年十二月十二日	补编第77册	全毁	军机处
《鸿书》	（明）刘仲达辑	880	江宁	四二一	四十三年八月二十三日		抽毁	军机处
《后一纪则余稿》	（清）胡继虞	66	湖南	八〇六	四十六年九月二十五日	补编第85册		

续表

板片名目	作者	数量（块/副）	奏缴省份	资料来源	奏缴时间	《四库禁毁书丛刊》收录情况	毁书级别	何处查办
《壶山集》	（明）陈孝威	31	江西	三四九	四十一年十一月初四日	集部第72册	全毁	军机处
《板书》	（明）陈震生选	72	辽宁	六三六	四十四年七月初九日			
《几亭全书》	（明）陈龙正	891	浙江	二六九	四十年五月二十二日	集部第11—12册	全毁	军机处
《谏草》	（明）毛羽	70	苏州书局	二七四	四十年六月十一日	补编第22册		
《金堡文稿》	（明末清初）金堡	12	辽宁	四二一	四十二年八月二十二日	集部第127、128册	全毁	专案查办
《金陈两先生文翰序》	（清）吕葆中	2	辽宁	四二二	四十二年八月二十二日			
《金正希集》	（明）金声	244	安徽	二九八	四十年闰十月二十四日	集部第50、85册		
《经史提纲》	（清）鲁之裕	66	湖北	九二一	四十七年十月初七日	子部第38册	全毁	专案查办

续表

板片名目	作者	数量（块/副）	奏缴省份	资料来源	奏缴时间	《四库禁毁书丛刊》收录情况	毁书级别	何处查办
《静悱集》	（明）吴之甲	21	江西	五六三	四十三年十一月十七日	集部第78册	全毁	军机处
《孔正叔文集》	（清）孔鼎	94	江西	二五六	四十年四月十四日		全毁	军机处
《濑园诗集》	（清）严首升	515	湖南	八〇六	四十六年九月二十五日	集部第147册		
《濑园文集》	（清）严首升	39	湖南	八〇六	四十六年九月二十五日	集部第140册补编第72册		
《李氏文集等书》		1394	江宁	八一一	四十六年十月初六日			
《李文正乐府》	（清）刘友光注	14		陈乃乾书				
《理园集》	谢简	149	江西	七五五	四十六年二月二十一日		全毁	军机处
《历科状元策》	（明）焦竑（清）胡任兴增辑	149	江宁	三三四	四十一年四月十六日	集部第19、20册		
《莲须阁集》	（明）黎遂球	302	广东	二四八	四十年二月二十六日	集部第183册	全毁	四库馆
《廖大隐诗集》	廖大隐	148	湖南	八〇六	四十六年九月二十五日			

续表

板片名目	作者	数量（块/副）	奏缴省份	资料来源	奏缴时间	《四库禁毁书丛刊》收录情况	毁书级别	何处查办
《丁庵文集》	（清）王岱	625	湖南	八〇六	四十六年九月二十五日	集部第91册	抽毁	军机处
《岭南三家合刻诗集》	（清）陈枚选	171	广东	二四八	四十年二月二十六日	集部第39册	全毁	军机处
《留青广集》	（清）陈枚选	13	江宁	三八六	四十二年五月二十日		全毁	军机处
《留青新集》	（清）陈枚选	15	江宁	三八六	四十二年五月二十日		全毁	军机处
《留青新辑》	（清）陈枚辑	20	江宁	六三六	四十四年七月初九日		全毁	军机处
《留青琐草》	（明）金士衡	1688	苏州书局	四三九	四十二年十月十九日		全毁	军机处
《刘出子集》		81	江西	三〇九	四十年十一月十七日			
《李文正乐府》	（清）刘友光批注	14	湖南	八〇六	四十六年九月二十五日			
《龙邻遗谱》	（清）曹尔质	4	湖南	八〇六	四十六年九月二十五日			
《陋轩诗》	（清）吴嘉纪	156	江宁	六三六	四十四年七月初九日	补编第81、82册	全毁	军机处
《庐山古迹诗选》	彭襜、吴泰来辑	129	江西	七五五	四十六年二月十一日			

续表

板片名目	作者	数量（块/副）	奏缴省份	资料来源	奏缴时间	《四库禁毁书丛刊》收录情况	毁书级别	何处查办
《鲁文》		172	湖北	九二一	四十七年十月初七日			
《吕留良家训》	（清）吕留良	60	浙江	二八七	四十年九月二十五日	子部第36册		
《吕评陈大士稿》		528	江宁	六三六	四十四年七月初九日			
《吕晚村文稿》	（清）吕留良	14	江宁	三八六	四十二年五月二十日	集部第148册		
《罗氏藏书》	（明）罗喻义	242	湖南	八〇六	四十六年九月二十五日			
《梦草亭诗集》	谢天瓒	112	湖南	八〇六	四十六年九月二十五日			
《名山藏》	（明）何乔远辑	1259	福建	四八八	四十三年三月二十六日	史部第46—48册	全毁	军机处
《明纪编年》	（明）钟惺（清）王汝南补	144	江西	二五六	四十年四月十四日	史部第35册	全毁	军机处
《明纪编年》	（明）钟惺（清）王汝南补	147	苏州书局	二七四	四十年六月十一日	史部第35册	全毁	军机处
《明纪全载》	朱青岩	235	苏州书局	五〇八	四十三年六月十六日	补编第14册		

续表

板片名目	作者	数量（块/副）	奏缴省份	资料来源	奏缴时间	《四库禁毁书丛刊》收录情况	毁书级别	何处查办
《明鉴易知录》	（明）朱国标纂钞（清）吴秉权等辑	365	江宁	三八六	四十二年五月二十日	补编第15册	抽毁	军机处
《明鉴易知录》	（明）朱国标纂钞（清）吴秉权等辑	238	江西	七五五	四十六年二月十一日	补编第15册	全毁	军机处
《明诗别裁》	（清）沈德潜辑	28	江西	七五五	四十六年二月十一日	集部第83—97册	全毁	军机处
《明通纪首解》	（明）张嘉和	315	江宁	三八六	四十二年五月二十日			
《明文发》	（清）张瑞芝辑	90		陈乃乾书				
《木厓诗钞》	（清）潘江	73	安徽	一一四三	五十一年四月十三日		全毁	军机处
《木厓文集》	（清）潘江	86	安徽	一一四三	五十一年四月十三日		全毁	军机处
《木厓续集》	（清）潘江	41	安徽	一一四三	五十一年四月十三日	集部第132册	全毁	军机处
《朴村诗集》	（清）张云章	18	江西	七五五	四十六年二月十一日	集部第167、168册	全毁	军机处

续表

板片名目	作者	数量（块/副）	奏缴省份	资料来源	奏缴时间	《四库禁毁书丛刊》收录情况	毁书级别	何处查办
《钱谦益各家诗文》（抽板）	（清）钱谦益	8	江宁	四二一	四十二年八月二十二日			
《潜确类书》	（明）陈仁锡辑	2930	苏州书局	三三五	四十一年四月二十日	子部第13—16册	抽毁	军机处
《青湖诗集》	严承范	18	湖南	八〇六	四十六年九月三十日			
《青来阁二集》	（明）方应祥	221	福建	八五七	四十七年二月三十日	集部第78册	全毁	军机处
《青铜自考》	（清）俞益谟	507	甘肃	六七九	四十五年三月初六日	集部第17册		
《晴江草堂诗集》	李稳	315	湖南	八〇六	四十六年九月二十五日			
《邱邦士集》	（清）邱维屏	210	江西	二八三	四十六年九月十二日	集部第52册	全毁	军机处
《秋心草》	（清）胡继虞	16	湖南	八〇六	四十六年九月二十五日			
《求是堂集》	（明）文德翼	429	江西	二八三	四十年九月十二日	集部第141册	全毁	军机处
《屈翁山诗集》	（清）屈大均	191	浙江	三三四	四十四年二月初四日	集部第120册	全毁	军机处

附 录 275

续表

板片名目	作者	数量（块/副）	奏缴省份	资料来源	奏缴时间	《四库禁毁书丛刊》收录情况	毁书级别	何处查办
《阮武仲甲板》	（明）阮汉	98	河南	三一八	四十一年二月初二日		全毁	军机处
《盦山集》	（清）方文	93	江宁	三八六	四十二年五月二十日	集部 第71册		
《神鉴录》	（清）王锡侯	6		陈乃乾书				专案查办
《圣讳实录》	朱豫选	4	河南	五六二	四十三年十一月十六日			
《诗荟》		5	江宁	三八六	四十二年五月二十日			
《诗因集》	（清）陈伟言	62	江西	七八七	四十六年五月二十四日			
《十种传奇》	清笑生	424	浙江	三一五	四十年十二月十二日			
《石白集》	（清）邢昉	345	江宁	三八六	四十二年五月二十日	集部 第51册	全毁	军机处
《石潭集》	（清）周思久	13	湖北	六五五	四十四年十一月初一日			
《史外》	（清）汪有典	292	安徽	二七一	四十年五月三十日	史部 第20册	全毁	军机处
《世史纪要》	（明）叶义昂	195	江宁	六三六	四十四年七月初九日			
《世史类编》	（明）李纯卿	112	江宁	六三六	四十四年七月初九日			
《是堂诗集》	（清）孔毓功	40	江西	七五五	四十六年二月十一日			

续表

板片名目	作者	数量（块/副）	奏缴省份	资料来源	奏缴时间	《四库禁毁书丛刊》收录情况	毁书级别	何处查办
《受祜堂集》	（清）张泰交	395	山西	二九二	四十年闰十月初二日	集部第53册		
《双泉记》	方成培	24	江宁	六三六	四十四年七月初九日			
《硕过园集》	蒲秉权	308	湖南	八〇六	四十六年九月二十五日	集部第161册		
《四六新书》	（清）黄始辑	814	苏州书局	三九一	四十二年六月初十日			
《损斋诗集》	刘拨易	283	湖南	八〇六	四十六年九月二十五日	补编第89册		
《郯城县志序文》		2	山东	九〇九	四十七年八月二十四日			
《潭西诗集》	（清）杨陆荣	494	苏州书局	三〇二	四十年十一月初三日	补编第85册	全毁	军机处
《七录斋稿》	（明）张溥						全毁	军机处
《唐人试帖详解》	（清）王锡侯	196	福建	四八八	四十三年三月二十六日	经部第10册、史部第73册、子部第31册、集部第35册		

续表

板片名目	作者	数量（块/副）	奏缴省份	资料来源	奏缴时间	《四库禁毁书丛刊》收录情况	毁书级别	何处查办
《唐诗试帖详解》	（清）王锡侯	333	江西	四九〇	四十三年三月二十八日		全毁	专案查办
《桃笑迹》	（明）宫抚辰	78	湖北	五一二	四十三年闰六月初六日		全毁	
《天咔楼偶兴》	（清）李嗣亮	338	湖南	八〇六	四十六年九月二十五日			
《天慵子集》	（明）艾南英	319	江宁	六三六	四十四年七月初九日	补编第72册	全毁	军机处
《天慵子集》	（明）艾南英	52	江西	七五五	四十六年二月十一日	补编第72册	全毁	军机处
《天慵子集》	（明）艾南英	188	苏州书局	五〇八	四十三年六月十六日	补编第72册	全毁	军机处
《通纪会纂》	（明）钟惺 陈继儒辑	123	江宁	三八六	四十二年五月二十日			
《通纪会纂》	（明）王世贞	167	苏州书局	二七四	四十年六月十一日			
《通纪会纂》	（明）陈继儒辑（清）	138	浙江	二六九	四十五年五月二十二日			
《通纪纂》	（明）钟惺等辑	166	苏州书局	二七四	四十年六月十一日	史部第74册		

续表

板片名目	作者	数量（块/副）	奏缴省份	资料来源	奏缴时间	《四库禁毁书丛刊》收录情况	毁书级别	何处查办
《通鉴纲目前编》	（明）陈仁锡纂	444	苏州书局	九八二	四十八年五月二十一日			
《通鉴纲目正编》	（明）陈仁锡纂	1985	苏州书局	九八二	四十八年五月二十一日			
《统系图纪》		38	江西	三〇九	四十年十一月十七日			
《万寿诗》		1		陈乃乾书				
《王铎书板》	（清）王铎	892	河南	三一八	四十一年二月初三日			
《王氏通谱》		1		陈乃乾书				
《吾学编》	（明）郑晓	761	浙江	二五二	四十年三月十九日	史部第45—46册	抽毁	军机处红本处
《梧州诗》	（明）金堡	763	广东	三三〇	四十一年六月十五日		全毁	军机处
《五经简咏》		39	湖北	六五五	四十四年十一月初一日			
《夕堂绪论》	（清）王夫之	24	湖南	八〇六	四十六年九月二十五日	补编第79册		
《西江文观》	（清）王锡侯	332		陈乃乾书			全毁	专案查办
《西山胜境》	徐世溥	19	江西	七五五	四十六年三月十一日		全毁	军机处

续表

板片名目	作者	数量（块/副）	奏缴省份	资料来源	奏缴时间	《四库禁毁书丛刊》收录情况	毁书级别	何处查办
《西斋集》	（清）王仲儒	220		陈乃乾书		集部第73册	全毁	军机处
《犀厓集》	（明）易学实	218	江西	七五五	四十六年二月十一日		全毁	军机处
《萧九生集》	（明）萧近高	425	江西	三四九	四十一年十一月初四日		全毁	军机处
《絜矩集》	（清）尹嘉铨	136	湖北	九二一	四十七年十月初七日		全毁	专案查办
《絜矩集》	（清）尹嘉铨	34	福建	八五七	四十七年二月三十日		全毁	专案查办
《兴复祠堂说帖》	李之粥、汪建封辑	1		陈乃乾书		补编第38、39册		
《行厨集》	（清）徐夜	5	江宁	四二一	四十二年八月二十二日		全毁	军机处
《徐东痴诗集》	（清）徐夜	30	山东	七六七	四十六年二月三十日			
《学部通辨》	（明）陈建	222	广东	三三〇	四十一年六月十五日		全毁	
《雪屋集》	（明）孙承祥	160	苏州书局	二四一	四十二年二月二十二日	集部第110册	全毁	军机处
《寻乐斋集》	（清）廖道穆	28	江西	七五五	四十六年二月十一日	补编第88册		

续表

板片名目	作者	数量（块/副）	奏缴省份	资料来源	奏缴时间	《四库禁毁书丛刊》收录情况	毁书级别	何处查办
《瑶华集》	（清）蒋景祁	673	苏州书局	六一三	四十四年四月初八日	集部第37册	抽毁	军机处
《三易集》	（明）胡继虞	15	湖南	八〇六	四十六年九月二十五日			
《纪鹏综稿》	（清）徐述夔	385	苏州书局	六一三	四十四年四月初八日		全毁	专案查办
《一柱楼诗》	（明）陈际泰	125	江西	三四九	四十一年十一月初四日	集部第9册		
《已吾集》	（明）刘城	321	安徽	二九八	四十年闰十月二十四日	集部第121册	全毁	军机处
《峄桐集》	（明）张明弼	330	苏州书局	五〇八	四十三年六月十六日		全毁	军机处
《荧芝集》	（清）张潮辑	3012	江宁	七四〇	四十五年十二月初十日	子部第38册		
《虞刻新志等》	（清）谭衡瑗	33	湖南	八〇六	四十六年九月二十五日			
《云秋茅和录》	毕雨周	444	湖南	八〇六	四十六年九月二十五日			
《韵槐阁文集、诗集》	（明）张居正	642	江宁	五二一	四十三年七月初四日		全毁	
《张太岳集》	（明）申用懋	88	苏州书局	二四一	四十一年二月二十二日			军机处
《中枢疏草》								

续表

板片名目	作者	数量（块/副）	奏缴省份	资料来源	奏缴时间	《四库禁毁书丛刊》收录情况	毁书级别	何处查办
《朱子治家格言》		1		陈乃乾书				
《字贯》	（清）王锡侯	1392		陈乃乾书		经部第10册	全毁	专案查办

制表说明：

1. 以板目首字音序为排列顺次，表格中保留了几省同时查缴本书的重复记录。
2. 资料来源中的数字为《纂修四库全书档案》中的档案号，以便查找核对；陈乃乾书指《索引式的禁书总录》。

附录二 军机处抽毁书违碍原因及入选《四库全书》、《四库存目》一览表

书名	作者	毁书程度	收入四库情况	《四库全书》总目页数	军机处公布的抽毁及毋庸销毁原因
《梅村诗文集》	（清）吴伟业	抽毁	集部别集类二六	1520 中	伟业诗才隽逸，卓然成家，曾蒙皇上御题褒咏，外省只以其与钱谦益并称汇左三大家，因而牵连并毁，实无干碍，应请毋庸销毁。惟卷首有钱谦益序一首、书一首，仍应抽毁
《渔洋精华录》	（清）王士祯	抽毁			晚年取生平诗句，令门人盛符升等汇选以成此书，查无违碍，应请毋庸销毁。惟卷首载有钱谦益序一篇，诗一首，应行抽毁
《蚕尾集》	（清）王士祯	抽毁	集部别集类存目九	1647 中	乃康熙甲子以后所作诗文编类别，为此集。查无违碍。惟第九卷唐鉴跋内有吕留良姓名，第十卷有跋钱谦益字后一篇，只须删节，应请毋庸销毁
《陶庵全集》	（明）黄淳耀	抽毁	集部别集类二六	1518 上	淳耀成仁取义，大节无亏，业蒙赐谥表扬。集为近年所刊。其诗古文亦具有法度，盖仿《玉台新咏》而作。据外省查出福王纪号字样一条，查无违碍，查系定明史内原文，应请毋庸销毁
《本事诗》	（清）徐釚辑	抽毁			雍正初，李本宣重为订刊。其书乃裒集明初以来各体各诗，所录仅至正德末年而止。盖仿李本宣而成，所录皆骈罗脂粉之词，查无违碍，应请毋庸销毁。惟书中间有议论偏谬之处，及钱谦益诗话，仍应抽毁
《孤树裒谈》	（明）李默	抽毁	子部小说家类存目一	1221 中	纪明太祖至武宗九朝事迹，皆采诸书而成，所录仅至正德末年而止，不及嘉靖以后之事，并无干碍，应请毋庸销毁。惟书中间有议论偏谬词句，应请删节抽毁
《亭林遗书》	（明）顾炎武	抽毁			内除《亭林文集》、《亭林诗集》二种中均有偏谬词句，应行销毁。又《昌平山水记》一种亦有舛谬处应行抽毁外，其《左传杜解补正》、《九经误字》、《石经考》、《金石文字记》、《韵补正》、《菰韭十事》、《顾氏谱系考》等七种均系辨正经史之书，有裨考证，查无干碍，应请毋庸销毁

续表

书名	作者	毁书程度	收入四库情况	《四库全书总目》页数	军机处公布的抽毁及毋庸销毁原因
《评定唐诗鼓吹》	（元）郝天挺	毋庸销毁	集部总集类三	1706中	书中所录唐人诗句，其评注亦多随文诠解，查无违碍。外省盖因坊间别有陆贻典所刻本，前载钱谦益序文，见此书名目相同，遂致牵连并毁，未加分别，应请毋庸销毁。至陆贻典本书，将钱谦益序文抽毁，其郝天挺本书，仍毋庸一概销毁
《徐文长文集》	（明）徐渭	抽毁			渭在嘉靖间，以诗画擅名，尝入胡宗宪幕中，又客游宣府，及征倭及诸达互市等事，尚无干碍。惟内有词语编叙处，仍请抽毁
《先拨志始》	（明）文秉	抽毁	史部杂史类存目三	489上	秉乃明大学士文震孟之子。于明季朝政见闻最熟。书中惟涉及当时边事之处四五条，反魏忠贤乱政本末，颇为详确。此书所纪三案纷争，删毁外，其余俱系纪明党实迹，尚无悖碍，应请毋庸全毁
《明文衡》	（明）程敏政	抽毁	集部总集类四	1715上	敏政见《明史·文苑传》。《末文鉴》《唐文粹》而作，学问颇为淹贯。此本乃选辑明初各体古文，盖仿《末文鉴》《唐文粹》而作，其书成于弘治中，故所录皆成化以前之文，查无干碍。惟各卷文内有议论偏谬之处，仍请删节
《文徽初编》	（清）钱肃润编	抽毁			乃选录国朝诸家所作古文，各体具备。内除钱谦益、屈大均、金堡等文及其他作中间有语句乖谬处，均应抽毁外，其余尚无干碍
《岭南三家诗选》	（清）王集选	抽毁			所选梁佩兰、屈大均、陈恭尹三人之诗，内屈大均、陈恭尹二家均应销毁外，其梁佩兰一家尚无违碍，应请毋庸销毁
《广治平略》	（清）蔡方炳	毋庸销毁			其书因朱健之《治平略》，而重加订正，皆纂次历代典故，分为四十四门，每门各分子目，大抵采撮诸书而成，尚无干碍。外省因朱健本系必应销毁之书，遂将此本一并送毁，未加分别，应请毋庸销毁

续表

书名	作者	毁书程度	收入四库情况	《四库全书总目》页数	军机处公布的抽毁及毋庸销毁原因
《感旧集》	（清）王士祯撰辑	抽毁			以所藏生平师友之作，汇为一编，凡三百余家，中间除钱谦益，屈大均所应抽毁外，《有学集》等诗句及所引等各条均应查无干碍，其余应请毋庸全毁
《绥寇纪略》	（明末清初）吴伟业	毋庸销毁	史部纪事本末类	443 中	其书专记明代流寇始末，仿苏鹗《杜阳杂编》之例，凡十二篇，篇为一卷，叙述详赡，颇有裨于史学，以三字标目，业经钞入四库全书，外省因将伟业诗集销毁，遂并此书一概送销，今查明并无违碍，应请毋庸销毁
《状元策》	（明）焦竑编	抽毁			焦竑所编历科状元对策之文。其后坊间陆续增刻，自明初以至本朝，采录颇为完备。中间惟崇祯时诸策语有违悖，及他卷内议论，间涉偏谬者，均应抽毁外，其余尚无干碍，应请毋庸全毁
《鸿猷录》	（明）高岱	抽毁	史部纪事本末类存目	444 下	取历朝故实，依衰枢本末之例分类铨次。凡为目七十。始于洪武，迄嘉靖而止。惟中惟崇祯本之例分类铨次。尚无违碍，仍应删节抽毁
《江左三家诗钞》	（清）顾有孝选	抽毁			选钱谦益，龚鼎孳，吴伟业三人之诗，内除钱谦益，出销毁外，其吴伟业诗集现犹存留，此诗钞三卷，龚鼎孳二家均应抽毁，应请毋庸销毁
《吾学编》	（明）郑晓	抽毁			晓长于史学，此书乃述明九朝事迹，略仿正史之体，分记表述考，十四篇，六十九卷，当时颇称其简当。其所载皆在嘉靖以前，尚无干碍，惟《四夷考》内《女直传》一篇有诬图失实之处，间有偏谬，俱应删节抽毁外，其全书应请毋庸销毁
《吾学编余》	（明）郑晓	抽毁			皆随手札录，其孙心材，掇拾残稿，重加排次，以补《吾学编》之缺。内除字句偏谬处，应行删节外，其余尚无违碍，应请毋庸销毁

续表

书名	作者	毁书程度	收入四库情况	《四库全书总目》页数	军机处公布的抽毁及毋庸销毁原因
《鸿书》	（明）刘仲达辑	抽毁			刘仲达所辑类书，自天文至纪庞，凡分十五种目，采摭诸书而成，其中世系部内叙述辽、金二代甚为乖谬，其他亦间有援引偏驳之处，俱应抽毁外，至全书各类尚无干碍，应请毋庸全毁
《咏物诗选》	俞琰辑	抽毁			取前人咏物之诗，分天部至昆虫部，凡三十类。自六朝以迄明季，析为八卷，内除钱谦益诗句应行抽毁外，其余各家，尚无干碍，应请毋庸全毁
《箧衍集》	（清）陈维崧辑	抽毁			以国朝诸家之诗，分体编次，所选颇为精粹，内除屈大均等诗篇俱应抽毁外，其余各家，尚无干碍，应请毋庸全毁
《明诗别裁集》	（清）沈德潜 周准选	抽毁			取明一代之诗故汰甄录凡一千余首。内除屈大均、陈恭尹诸人之诗俱应抽毁外，其余各家尚无干碍，应请毋庸全毁
《四礼守约》	沈文莂	抽毁			书成于康熙五十四年，所论皆民间冠婚丧祭之礼，取其繁简适中者，大抵本朱子家礼而变通之，尚无干碍，惟内有吕留良语一条，仍应删毁
《明名臣言行录》	（明）徐咸	抽毁			仿朱子《宋名臣言行录》之例，篡集明初以后诸臣嘉言懿行，分前后二集。前集始于徐达，终于罗伦。后集始于章纶，终于朝居仁。皆正德以前之人。书成于嘉靖己酉，并无干碍，惟书内有纪述偏谬处，仍应删毁
《廿一史弹词》	（明）杨慎 孙德成补注	毋庸销毁			取廿一史内事迹作弹词，以便通俗演唱。其文颇便于初学，所载迄于元代，尚无干碍，应请毋庸销毁
《明人物考》	（明）焦竑 翁正春撰	抽毁			当时坊间所刊行。所录皆明臣小传。据外省签出之处，亦无干碍，查系明代刻本，应毋庸议外，惟内有应毁字句，仍请抽毁

续表

书名	作者	毁书程度	收入四库情况	《四库全书总目》页数	军机处公布的抽毁及毋庸销毁原因
《潜确类书》	（明）陈仁锡	抽毁			仿《艺文类聚》《初学记》之体分类录事，凡十三部一千四百余类，书成于崇祯初年。其第十四卷四夷门内语极狂悖，第十一卷九边门内，亦有违谬之处，此二卷必应全行抽出销毁外，至其余各门，均系钞撮群书故实各自为条，不相妨碍，应请毋庸全毁
《兵镜备考》	（清）邓廷罗辑	毋庸销毁	子部兵家类存目	846 中	于《孙子》十三篇中，摘其要旨为纲，而采历代名将用兵机略，分条缀列以为之目。书中有外签出各条，查俱系嘉靖以前事迹，且《明史》所载，尚无不韪，应请毋庸销毁
《瑶华集》	蒋景祁辑	抽毁			取国初词人所作乐府，分体甄录。凡四百八十余家，以继朱彝尊所选《词综》之后。集内载有钱谦益等词，俱应行抽出销毁外，其余尚无干碍，应请毋庸全毁
《诗持》	（清）魏宪辑	抽毁			皆选同时诸人之诗，内除屈大均等所作，及他人诗中有意寓感慨、措词不合者，应行删毁，其余应请毋庸全毁
《广东诗粹》	（清）梁善长辑	抽毁	集部总集类存目四	1777 上	皆粤人之诗，自唐张九龄以下，按代甄录，内除屈大均、陈尹等诗及钱谦益、屈大均、金堡评论各条，均应抽毁外，其余应请毋庸销毁
《诗观》	（清）邓汉仪辑	抽毁	集部总集类存目四	1772 下	皆选国初诸家之诗，凡五百余家，内除屈大均、屈大均、金堡等诗，及他人亦间与词含愤激之作，均应抽毁外，其余应请毋庸全毁
《纲鉴正史大全》	（明）王世贞补遗 钟惺订正	抽毁			盖亦坊间所刻课蒙之本，托名王人者。其书起自三皇讫于元顺帝，皆书录朱子纲目、及明商辂等续纲目原文。书前序文，亦皆仿纲目之例，并无不韪。惟于元代体例，覆邱陵谬说，甚而正理，所引评论间涉偏谬，只须酌删驳正，应请毋庸销毁

续表

书名	作者	毁书程度	收入四库情况	《四库全书总目》页数	军机处公布的抽毁及毋庸销毁原因
《名臣宁攘要编》	（明）项德桢辑	抽毁			取诸家所记明初以迄隆庆间边疆用兵事迹汇为一书，大抵皆指楚粤蛮司及交趾、吐鲁番，采顾三卫达等款剿之事，并无干碍，应请毋庸销毁。惟间有字句偏驳处，仍应酌删
《明名臣经济录》	（明）陈九德删次	抽毁			以开国保治，及内阁六部各衙门，列为十目，中间惟未濂谕中原檄，及他文内词意偏谬者，应行删毁外，其余尚无干碍，应请毋庸全毁。自明初迄正德末而止。分系其下，自明初迄正德末而止。
《明经济文辑》	（明）陈其缵编	抽毁			取明人之文有裨实用者，分类编录，凡十有七目，略依六典为次序，其九边门内所言防守事宜多系西北夹隘而言，惟中间有语涉偏谬之处，仍应删毁，其余应请毋庸全毁
《明分省人物考》	（明）过庭训撰	抽毁			采诸书所载名臣旧传，分省编录，各加纂次。自洪武以讫万历初年，颇为详备。内第三十八卷《詹沂传》、第五十八卷《刘显传》，俱有狂悖词句，必应抽出销毁。又他传内涉偏谬者，亦应删毁外，至其余各传，尚无干碍，似不相妨，应请毋庸全毁。即偶叙战功事迹，亦俱《明史》所有

288　四库禁书研究

附录三 四库馆抽毁书违碍原因及入选《四库全书》、《四库存目》一览表

书名	作者	收录四库及目情况	提要页码	四库馆臣的抽毁原因
《宗圣志》	（明）吕兆祥重修	史部传记类存目一	533下	书前须移原序一篇，词涉乖谬
《禹贡图注》	（明）艾南英	经部书类存目二	112下	其冀州一篇注内，语有偏驳
《澄景堂史测》	（清）施鸿	史部史评类存目二	766下	序内有推重金堡之语，殊为谬妄
《皇明绳武编》	（明）吴瑞登	史部杂史类存目三	486中	其书所纪，俱明穆宗以前诸帝事迹。书内卷二永乐三年按语一段，卷四洪武丁未年一段，卷五隆庆元年一段，卷九嘉靖庚戌一段，卷十八永乐十年一段，卷十二十六隆庆元年一段，弘治十四年一段，卷三十一第十页按语一段、卷三十二汪直一段，卷三十一大藤峡一段，俱有编谬谬语
《献征录》	（明）焦竑辑	史部传记类存目四	558下	是书以明代王公诸臣传，分类编载，各自为篇。其卷五《成国公朱希忠神道碑》，卷十《威宁伯传》，卷二十四《王翱传》，卷三十八《余肃敏公传》，卷三十九《大司马谭公纶传》，卷四十二《资德大夫程公信墓志铭》，卷一百十七《汪直传》，卷一百二十朝鲜、女直传内，俱有违碍逆安语
《蜀国春秋》	（明）荀廷诏	史部杂史类存目三	489上	书内毛凤彩序一篇，语极狂悖。书内纪年中，明玉珍一条，卷十三内十一页内一行，卷十四第十四页前七八行，亦俱有编谬处
《崇祯五十宰相传》	（清）曹溶	史部传记类存目五	565上	书内有钱谦益名姓，应请删毁
《崇祯阁臣行略》	（明）陈盟	史部传记类存目四	562下	书中《刘宇亮传》、《杨嗣昌传》语有乖谬
《圣门志》	（明）吕元善辑	史部传记类存目一	533中	书前顾起元序有谬语

续表

书名	作者	收录四库及存目情况	提要页码	四库馆公布的抽毁原因
《古今人物论》	（明）郑贤辑	史部史评类存目二	763 中	三十二卷内顾充《宋高宗论》、柯维骐《李纲论》、屠隆《宗泽论》、张崇峰《张浚论》、王世贞《秦桧论》、《鄞城大捷诏》、陈敬《书生叩马论》，俱有偏谬语
《关帝纪定本》	（明）戴光启辑	史部传记类存目二	543 下	以关帝事实及历代尊崇典，分门汇次。书内薛三省、董其昌记一篇俱有违悖
《读史漫录》	（明）于慎行	史部史评类存目二	762 下	书中十三卷一页金兵将薄许一条，五页自古国家成败一条，高宗初立一条，八页宋主和一条，九页赵子祗一条，二十三页宋称臣削号一条，三十一页蒙古兵围江夏一条，十四卷第一页辽金元一条，俱有偏谬之语
《石孟集》	（明）汪坦	集部别集类存目五	1607 下	集内卷十三书《孙靓简牍后》一篇，语有诬谬
《史裁》	（明）吴士奇	史部史钞类存目	581 上	卷二十五内，第八页王世贞论一条，语涉偏谬
《四朝人物略》	（明）刘孟雷	史部史评类存目	565 下	所辑为汉唐末明四代名臣事迹，其许进、程信、杨继盛等传内，俱有乖谬字句
《霞城集》	（明）许诰	集部别集类存目三	1570 上	诰在嘉靖中，以布衣能诗，卷十二第五页闻邸报入边事，卷二十二第七页、闻道关门筒答一边事，卷十四门首，当系指谴答入边事，而措语偏谬
《历代史论》	（明）张溥	史部史评类存目二	765 上	卷四内《元顺帝论》甚为偏驳悖谬庆
《清颂文献》	（明）何炯等辑	集部总集类存目三	1757 下	乃选录泉州一郡诗文。卷首周天佐登土木成、遇边民道中、送间左诗四首，丘葵七歌第一首，赵临邓云州道民一首，马长噫谒夷山一首，饮零传一首，赵珞登匡山一首，卷十一李恺赠崇东零杜序一首，李杜正气堂集序一首，卷十五黄伯度沈青霞传一首，正均有偏谬

续表

书名	作者	收录四库及存目情况	提要页码	四库馆公布的抽毁原因
《弇州史料》	（明）王世贞		562上	皆其所作史稿。董复表为之衰辑成编，分作前后二集。前集卷一内衍圣公爵系表序，卷六内成化三年李秉一条，成化十五年汪直一条，卷七成化三大功升赏和上疏一条，卷十二内马文升成四川一条，卷十五内杨廷和上疏一条，卷十二内宣平王世家一篇，卷二十八内开国功臣赞一篇，卷二十六内王越传一篇，后集卷三十内南倭策一篇，卷四十四内台臣易女历督抚一条，卷四十七内异典述一篇，均有偏驳语
《两浙名贤录》	（明）徐象梅	史部传记类存目四	562中	皆浙江人物小传，书前杨师孔序，内有指斥狂悖语，应撤出销毁。其本书内卷前叙目，卷九内《方锐传》，卷十四内《吕本传》，卷十八内《倪岳传》，卷二十四内《鲍辉传》，卷二十八内《沈性得传》，卷四十二内《徐自得传》，亦均有偏谬之语
《楚宝》	（明）周圣楷	史部传记类存目四	564中	其书以湖广人物分类立传，书中卷六、《王竑传》，卷十赵范评语，卷二十六《杨进传》内，均有偏谬处
《左氏兵略》	（明）陈禹谟	子部兵家类存目	845中	书首进书疏内，语有违悖
《筹秘书》	（明）汪三益	子部术数类存目一	938中	卷首杨廷枢序，语有狂谬
《明德先生文集》	（明）吕维祺			卷十七《曹真子墓表》内，语有违谬
《翠阁全集》	（明）俞安期	集部别集类存目五	1605中	卷四拟鸿武舞歌诗，卷六文宪使刘公修爵辞四首，卷二十九南征曲，卷三十和琼花诗，俱有违谬
《王文端集》	（明）王家屏	集部别集类存目六	1610上	卷四《答王继津司农书》，卷五《答宋宏轩抚台书》，卷六《寄赵潋阳相公书》内，均有违谬

续表

书名	作者	收录四库及存目情况	提要页码	四库馆公布的抽毁原因
《汪禺人集》	（明）汪淮	集部别集类存目六	1612 上	卷五岳蕃诗四首内，语意偏谬
《王世周诗集》	（明）王伯稠	集部别集类存目五	1605 上	卷九岳王绘像歌，有偏谬语
《苍耳斋诗集》	（明）方问孝	集部别集类存目六	1612 上	卷十三登卢龙塞诗，句意偏谬
《支子余集》	（明）支大纶	集部别集类存目六	1613 下	其艺余卷六内《与主事王吉山书》语有违谬
《玉恩堂集》	（明）林景旸	集部别集类存目六	1609 下	卷一内二十一页《核督抚报疏》、卷二内十三等页《斥邪谨谢疏》，卷六《送彭秀南备兵蓟门诗》，卷七《送彭秀南序》，均有违谬字句
《折腰漫草》	（明）华善继	集部别集类存目七	1619 中	卷二岳王塞诗，有偏谬字句
《遽园集》	（明）顾简		1623 下	卷首《徐石麒冲素先生传》内，语有触犯
《真如子全集》	（明）王化隆	集部别集类存目六	1082 下	卷六内十七页过朱仙镇谒穆王祠诗一首，十八页调文丞相祠诗一首，均多偏谬
《云东拾草》	（明）韩世能	集部别集类存目六	1609 中	卷八《武宁府重修岳忠武祠碑记》，议论极为偏谬
《江山人集》	（明）江瓘	集部别集类存目五	1605 中	卷首汪道昆《霞石山人传》，语有偏谬
《文曹堂诗集》	（明）朱帝煌	集部别集类存目七	1629 下	卷首尤侗序内，有引用钱谦益语
《壮游编》	（明）王叔承	集部别集类存目五	1605 上	卷中第十七页内，示陈七一首，胡马来一首，俱语多违谬
《大遮山房集》	（明）李维桢		1610 下	卷十五边辑略序，语有千碍
《杨道行集》	（明）杨子庭	集部别集类存目六	1615 下	其舟中杂诗第二首、第五首，俱有偏谬

续表

书名	作者	收录四库部目及存目情况	提要页码	四库馆公布的抽毁原因
《骆台晋集》	（明）骆日升	集部别集类存目六	1619下	内《临淄曲公考绩序》、《答戴今梁二书》，俱有违悖语。《粤西武举录序》有偏谬语
《玉堂遗稿》	（明）萧良有	集部别集类存目六	1616上	集内《贺萧岳峰序》，有悖谬语。《郭古冈塞表》有偏谬语
《中秘草》	（明）李沂	集部别集类存目六	1617上	集内《修省陈言疏》、《总督蓟辽告文》、《九边战守机宜》俱有违悖语。《论时政书》、《叙未新法始末》、《羽林行》、《渔阳老将行》中多涉缺，自系悖谬字样
《徐文长逸稿》	（明）徐渭	集部别集类存目五	1606中	集内《赠李宁远序》、《按辽议建序》，俱有悖谬语
《枣林杂俎》	（明）谈迁	子部杂家类存目五	1107上	书内唐李元灌一条，有偏谬语，嘲边一条，天启二年、王午癸未遇一条，颂魏忠贤诗一条，左都督田宏一信一条，常熟张汉儒一条，藏书一条，张士李问诗一条，常熟杨子常一条，云间许都谏一条，皆载钱谦益等议论及事迹
《自愉堂集》	（明）来严然	集部别集类存目六	1619下	书内上万制台启，答王总戎书，皆有悖谬语
《逍遥园集》	（明）穆文熙	集部别集类存目五	1602下	集内蓟门凯歌塞下曲十首，又塞下曲二首，俱有悖谬语
《东皋杂记》	无撰人名姓	子部杂家类存目五	1106下	其夫外近边一条，幽蓟等一条，语涉偏谬
《可庵书疏》	（明）张栋	集部别集类存目六	1614中	书内与顾冲庵巡抚，郝少泉巡抚，又与顾冲庵侍郎各札，俱有悖谬语
《薄游草》	（明）谢廷谅	集部别集类存目六	1619下	集内寄赠少司马塞公诗第二首，送夏黄门之流虫序，语俱偏谬

续表

书名	作者	收录四库及存目情况	提要页码	四库馆公布的抽毁原因
《止止堂集》	（明）戚继光	集部别集类存目五	1606下	集内扬王启运一条，未讝国公一条，皆有偏谬
《潜学稿》	（明）邓光锡	集部别集类存目五	1600下	其函史上编序，函史下编序俱有偏谬。少司空张六十初度序，有悖谬语
《缑山集》	（明）王衡	集部别集类存目六	1620中	集内送许大初诗，祭顾冲庵文，与顾冲庵书，岳武穆王全书序，辛丑会试策第五问，俱属偏谬
《奉使稿》	（明）朱之蕃	集部别集类存目六	1619中	集内山海亭晚归诗，入关志感诗，辽东新修路河记，少保尤总戎生祠记，俱语涉悖谬，卷末殿试策题策问，有偏谬语
《处实堂集》	（明）张凤翼	集部别集类存目五	1602下	集内谒鄂王祠诗，魏武帝一条，末史绍兴一条，俱有偏谬语
《吴继疏集》	（明）吴仁度	集部别集类存目六	1617下	集内地震中军告病，请催京运鞍马，议调守备官员等疏，俱有悖谬语，答郭一阳书，中有空字，自系违碍
《绿滋馆稿》	（明）吴士奇	集部别集类存目六	1618中	集内祠梓县志叙，有偏谬语
《青萝馆集》	（明）周如砥	集部别集类存目六	1617中	集内王明吾使辽诗，送李寀开府诗，辽东殊捷颂，俱有悖谬语
《占星堂集》	（明）唐文献	集部别集类存目五	1616下	集内扒开国功臣赞有偏谬语，读九边图说诗有悖谬语
《天池草》	（明）王宏衡	集部别集类存目五	1603上	其越游下有偏谬
《关中集》	（明）余懋衡	集部别集类存目六	1618中	集内辟佛条边形胜诸论，俱有偏谬语
《农丈人集》	（明）余寅	集部别集类存目六	1615下	集内赠巡海使者叶某序，太子少保谭纶墓志，答顾益卿中丞，赵石梁侍御，与威都督护等书，有偏谬语，兵部侍郎屠大山行状，有悖谬语

续表

书名	作者	收录四库及存目情况	提要页码	四库馆公布的抽毁原因
《茅贞集》	（明）詹事讲	集部别集类存目六		集中乞斥甫诈抚臣疏，有悖谬语
《方众甫集》	（明）方应选	集部别集类存目六	1616 中	集内宁远伯颂、三关全疏序、滦东平叛记、东宁桥记，上大中丞及泉季公书，上大司马公书，俱有悖谬语
《负苞堂诗》	（明）臧懋循	集部别集类存目六	1615 下	集内东征诗，代送宋司马夫河诗，闻捷诗，出塞诗，俱有悖谬语。元史纪事本序，有偏谬语
《任意录》	（明）罗鹤			书中春秋本末一条，远夷颂德诗一条，文子曰一条，俱有偏谬语
《繁露园集》	（明）董复亨	集部别集类存目六	1618 下	集中送兵蔡陈序，山西武举录序，辽东苑马寺卿吴墓志，俱有悖谬语
《洽平言》	（明）曾大奇	子部杂家类存目二	1078 下	书中主木议一篇，语有偏谬
《学孔精舍汇稿》	（明）孙如鳌	集部别集类存目五	1600 上	书内世史正纲序、咨音序、张浚论诸篇，语多偏驳
《留余堂集》	（明）潘季驯	集部别集类存目五	1598 下	书内《无为州尊经阁记》一篇，语有偏驳
《对问编》	（明）江应晓	子部杂家类存目五	1100 上	其书本多芜杂。书内天心不欲一日无君，末元统系，元祖像诸篇，语极偏驳
《西行草》	（明）曾伟芳	子部杂家类存目二	1077 下	书内论君道门第四条，语近驳杂
《说原》	（明）穆希文	子部杂家类存目五	1103 上	原地内匈奴有五种一条，语极荒诞
《洹词记事钞》	（明）崔铣		1125 上	书中载明太祖祭元幼主文一篇，语多偏谬
《意见》	（明）陈子陞	子部杂家类存目二	1075 下	书内所论，宋南渡、元史张道陵篇，语多偏驳，南方人才之盛诸

续表

书名	作者	收录四库及存目情况	提要页码	四库馆公布的抽毁原因
《尚小语》	（明）姚张斌	子部杂家类存目二	1081 下	书内大明道统，及富贵单行一篇内，语多偏驳
《古今评录》	（明）高维浚	子部杂家类存目五	1105 中	书内匈奴五种及赏罚一条，语极偏驳
《挈录》	（明）绣云居士辑	子部杂家类存目九	1126 上	书内振钵及夷与夏反一条，措语偏驳
《静谈选要》	（明）王贞善			书内象山与朱子渊书一条，有偏谬语
《说储》	（明）陈禹谟	子部杂家类存目五	1104 中	书内元兵政归德一条，有偏谬字句
《蓬窗日录》	（明）陈全之	子部杂家类存目五	1104 下	书内冀字等篇，虽泛论边事而议论多驳杂
《吕氏笔录》	（明）吕应见	子部杂家类存目五	1105 上	其第八卷内《论朝妙》一篇，持论极为偏谬
《从先维俗议》	（明）管志道	子部杂家类存目二	1076 上	卷四内《中国之士仕元》等二篇，持论极为偏谬
《王门宗指》	（明）周汝登	子部儒家类存目二	815 中	书中《书徐调元卷》一篇，语有驳杂
《昨非庵日纂三集》	（明）郑瑄	子部杂家类存目九	1128 中	其书前有钱谦益序文
《琅琊代醉编》	（明）张鼎恩	子部杂家类存目九	1122 中	书内卷十二书契一篇，元氏有天下与中国异等句，语极偏谬
《赐闲堂集》	（明）申时行	集部别集类存目五	1602 上	卷二内《题清秋出塞图》一首，语多驳杂
《宙合编》	（明）林兆珂	子部杂家类存目五	1101 下	书内叠字集建元一条，连字集边防一条，字面偏驳
《居来山房集》	（明）张佳允	集部别集类存目五	1597 下	卷四内独石行，卷十三内挽李集光禄等篇，语皆驳杂
《汇草吟》	（明）刘师朱	集部别集类存目七	1625 中	集中出塞五律诗第一首，有修安语
《林伯子诗草》	（明）林兆珂	集部别集类存目六	1613 上	集中侠客行第一首，塞上曲第三首，有违谬语

续表

书名	作者	收录四库及存集情况	提要页码	四库馆公布的抽毁原因
《征南草》	（明）王邦俊	集部别集类存目六	1613 上	集内请告上两院呈词,有违谬语
《荪堂集》	（明）吴文奎	集部别集类存目七	1625 中	卷三两朝鲜国王请救疏志叹一首,卷九书家藏古社簿后一则,有谬安语
《珂雪斋近集》	（明）袁中道		1655 中 1823 上	集九与钱谦益书三札,卷十与钱谦益书一札,连目录共八处
《无欲斋诗钞》	（明）鹿善继	集部别集类存目七	1623 中	第二十二页平川营一首,第二十三页和韵九日一片石小集一首,有违谬语
《铜马编》	（明）杨德周	集部别集类存目七	1623 中	卷下《舆中怨及边事》二首,语属违碍
《扫余之余》	（明）刘锡元	集部别集类存目七	1622 中	送徐肩虞守济南序,贺大中丞李茂峋序,及柬吉甫尺牍,共有违谬三处
《栖老堂集》	（明）殷仲春			后观国跋,语有违谬
《编蓬集》	（明）唐汝询	集部别集类存目七	1627 下	卷三放歌第六首,卷四从军行一首,感时一首,语多悖谬
《石语斋集》	（明）邹迪光	集部别集类存目六	1613 上	卷四方外姚方斋一首,题目内有钱谦益字样,应请抽毁
《瞿冏卿集》	（明）瞿汝稷	集部别集类存目七	1624 中	集内本传像赞,俱钱谦益撰,卷一送于健曾文阁视云中第二首,辰阳二十二韵,小序一篇,卷三送郑大司马行边一首,俱有编谬
《白榆集》	（明）屠隆	集部别集类存目六	1621 上	卷一辽阳曲四首,卷二刘子威谯思叙,卷三蓟门行一首,卷七寄胡从冶第一首,登檀州集叙,登古北城一首,卷八蓟辽大捷饶歌八首,古北口歌三首,文集卷一名公翰藻序,刘鲁桥文集序,俱有违谬语

续表

书名	作者	收录四库及存目情况	提要页码	四库馆公布的抽毁原因
《朱文懿集》	（明）朱赓	集部别集类存目六	1609下	卷五问自昔创业之主策问并策对，又问国有大务策题，并策对，卷十杨知庵墓志铭，语多偏谬
《天远楼集》	（明）徐显卿	集部别集类存目六	1610中	卷一大阅赋，卷三九边图歌，小海道人歌，卷二十问古大将程策一篇，卷二十五与顾开府尺牍，俱语多违谬
《程仲权集》	（明）程可中	集部别集类存目七	1626上	七言律诗《王别驾至自高丽军中》一首，宣府内教场记，王怀棘序，语多违谬
《汪次公集》	（明）汪道贯	集部别集类存目四	1596中	卷二袁公平寇诗，语有偏谬
《赐余堂集》	（明）吴中行	集部别集类存目六	1611下	卷三本朝立国规模纲目如何论，有偏谬语
《来禽馆集》	（明）邢侗	集部别集类存目六	1613中	卷首李维桢序，卷二送方青成之塞下一首，卷八偏关兵使赵公阅叙，晋左方伯序，卷十拟司马迁与李陵书，卷十三中兖大夫张逢原墓志铭，右军都督府尹公墓志，卷十六通议大夫张龙池碑二十七页，余烟家齐河尹一段，卷二十一第二十五与烟家尺牍，俱有驳谬语
《薛文介集》	（明）薛三省	集部别集类存目六	1621中	卷首有金铸所作文介传，语多违谬
《钟台集》	（明）田一俊			卷一纳二臣正议疏，卷五赠陈君笔山序，语有违谬
《青来阁初集》	（明）方应祥			卷五内与钱谦益两尺牍，推重太过
《漆园卮言》	（明）庄起元	集部别集类存目七	1623上	集内从军行，七言绝句一首，殿试策一道，会试策第一道，俱有乖谬语

续表

书名	作者	收录四库及存目情况	提要页码	四库馆公布的抽毁原因
《丛桂堂集》	（明）颜廷榘	集部别集类存目七	1628 下	文集卷一，送制府杨公序、送陈大夫序，卷四祭都御史孙联泉文、诗集卷一赐麟堂歌，俱有违谬
《瑶光阁集》	（明）黄端伯	集部别集类存目七	1628 下	卷三第十页策一道，语涉乖谬
《段黄甫集》	（明）段麟	集部别集类存目七	1625 上	集中五言古诗第十一首、醉中歌一首，俱有偏谬
《四然斋稿》	（明）黄体仁	集部别集类存目六	1621 下	卷三贺毛孺初叙，有违谬语
《蛰庵日录》	（明）顾起元	集部别集类存目六	1620 上	诗癸上四十四页五页绝句二首，俱有谬妄语
《经济名臣录》	（明）贺中男辑			卷一于谦传、卷二李贤传、马文升传、杨博传，卷四李忠传、冰英传，俱有偏谬语
《玩梅亭集》	（明）柴惟道	集部别集类存目七	1628 中	卷下吊国史秋堂公诗、登建昌郡大墓诗，小序中，俱有偏谬语
《泊水斋文钞》	（明）张慎言	集部别集类存目七	1622 下	书前序内，有推重钱谦益字样
《吾野诗集》	（明）黄克晦	集部别集类存目七	1625 下	卷一门有万里客行、卷二剪北门行，卷四同黄印中观金龙故城诗，俱有乖谬语
《松瀛集》	（明）姚希孟			卷南痊录书后一首，南迁录书后一首，词多乖谬
《杨文敏集》	（明）杨荣	集部别集类存目三	1484 上	卷八平明颂、卷十二赠游击将军杨宗道序、卷四十三昭雪抑枉疏，俱有偏谬语
《御龙子集》	（明）范守己	集部别集类存目六	1613 下	卷四十二险邪大臣明结好党疏，有偏谬语
《采芝堂集》	（明）陈益祥	集部别集类存目七	1631 下	卷七岳王庙口占一首，有偏谬杂语

附录　299

续表

书名	作者	收录四库及存目情况	提要页码	四库馆公布的抽毁原因
《谢耳伯诗文集》	（明）谢兆申	集部别集类存目七	1626 中	文集卷十六与钱谦益书，又诗集卷六与钱谦益诗一首，俱推诩太甚
《程勋博集》	（明）程大约	集部别集类存目六	1609 中	文集卷上程文学臣源寿序，有偏谬语
《交翠馆集》	（明）万道光	集部别集类存目六	1612 上	卷八先师祀典一篇，有偏驳语
《蚺衣生蜀草》	（明）郭子章		1604 中	卷七创守论一篇，持论甚偏谬
《苍晖馆稿》	（明）茅翁积	集部别集类存目五	1604 中	卷三长歌行别沈小霞一首，语有偏驳
《去伪斋集》	（明）吕坤	集部别集类存目六	1613 中	卷一边计民艰疏第十一条，卷三寄石东泉书，卷五送宫保方金湖叙，陕西武乡试录序，山东武乡试录序，俱有偏谬
《陈泰交集》	（明）陈泰交			明万历同人，集中卷十祭解将军文内，语有乖谬
《此观堂集》	（明）罗万藻	集部别集类存目七	1627 下	卷六报汤叔宁内，卷十二九边兵饷考内，俱有违谬
《春浮园偶录萧斋日记》	（明）萧伯玉			偶录三十二页、二十八晴作钱爱之诗一条，五十六页、二十八与钱牧斋书一条；日记内第十页、十四传寇言一条，警一条，三十三页、十七夜钱牧斋寄来一条，俱有推重钱谦益语
《赖古堂集》	（明末清初）周亮工			卷八、卷十二、卷十三有涉钱谦益字样三处
《梅谷集》	（明）庄履丰	集部别集类存目六	1614 下	卷三内明从祀议，有谬庆语
《李卓吾读升庵集》	（明）杨慎 李贽评点			书内卷一新都儒学记、定远县儒学记，卷七未史论，俱有偏谬语

续表

书名	作者	收录四库及存目情况	提要页码	四库馆公布的抽毁原因
《小山草》	（明）郝敬	集部别集类存目六	1617 中	卷四天山评内，语有触碍，应将全篇删毁。又卷九第十一、二页内，亦有干碍语
《十岳山人集》	（明）王寅	集部别集类存目四	1580 上	寅在嘉靖中，尝游胡宗宪幕府，其诗虽多作于隆万以前，但其中如卷上曲三首，饮马长城窟一首，庙谟九边一首，俺答再送伯玉司马一首，卷二信山歌，俺答图，卷四秋兴八首，辽阳兵变一首，措词均多编谬
《海樵集》	（明）卢楠阳		1582 中	梦阳系嘉靖年间人。集内送王继津一首，语有讹谬
《尚友堂集》	（明）林茂汉	集部别集类存目六	1619 下	书内纪纲风俗策一篇，语多编谬
《宝庵集》	（明）顾绍芳	集部别集类存目六	1615 上	卷八内塞上谣八首，语多骏杂
《射林》	（明）朱克裕	集部别集类存目五	1104 上	其书作于嘉靖中。卷一建都一篇，卷三创守一篇，卷七镇戎系及辽东镇考，俱有偏谬处
《灵萱阁集》	（明）汤兆京	集部别集类存目六	1618 中	卷七信阳胜抚夷诗，东征系一首，独石一首，又塞下曲四首，语多违谬
《一斋集》	（明）陈第	集部别集类存目六	1620 中	卷五恒山书事一首，语多偏谬
《孙孝子集》	（明）孙堪		1618 下	此集成于嘉靖中，其卷三送参戎二序，送陈参戎序，卷七张忠恕公行状，卷十三为殷奉衡题图序，有偏谬
《袁中郎集》	（明）袁宏道	集部别集类存目六	1619 上	其卷十九答謇督抚启，卷二十六末六陵诗，卷三十官词四首，有原版挖空处，当系违碍之语，四代宫词内，语涉元代，均有偏谬
《水明楼集》	（明）陈荐夫	集部别集类存目六		卷十一晋安风雅序，珠多偏谬

续表

书名	作者	收录四库及存存情况	提要页码	四库馆公布的抽毁原因
《石西集》	（明）汪子祜	集部别集类存目五	1607 下	其集作于嘉靖年间，一刻本有空格处，当系违碍。卷五吊吕武穆诗，语意偏谬
《广仁品》	（明）李长科	子部杂家类存目九	1128 下	书内经史果报中宋赵显复仇一条，甚属诬谤
《读书偶然录》	（清）程正揆	子部杂家类存目五	1107 上	卷六古史家一条，有偏谬语
《刘直洲集》	（明）刘文卿	集部别集类存目六	1617 下	卷三己丑廷试策内，有偏谬语
《今古钧元》	（明）诸茂卿	子部杂家类存目九	1128 下	第十二卷太祖有天下一条，语属诬妄
《吴越游集》	（明）王叔承			叙承系嘉靖中人。其卷二有警诗内，语涉谬妄
《九朝谈纂》	无撰人名氏	子部杂家类存目九	1129 上	其内我太祖取天下之一条，用兵之要一条，又镂歌十二章第一，及成祖定鼎，自五代以来一段，议论率多偏谬
《因明子》	（明）张恒	子部杂家类存目二	1076 下	第七十九页世纪有本一条，语有偏谬
《姑孰集》	（明）章嘉桢	集部别集类存目六	1615 中	卷七雯公祠一首，语有违碍
《汪山人集》	（明）汪少廉	集部别集类存目五	1604 中	卷四南饯诗，卷十二品祠诗句，内均多偏谬
《雪庵清史》	（明）乐纯	子部杂家类存目五	1105 中	其书自明季纤仄习之。卷二传奇一条，卷五生圣朝一条，语多偏妄
《石闾山房集》	（明）刘一焜			其诗集卷一，独漉篇·刘禅师诗，卷三从军行·闻警五首，挽罗尚之第二首，卷四送丁右武备兵，庄浪家乘，卷八湖山府君行状，俱有违谬处
《蒲洲集》	（明）陈绾			卷二登鹳城望广宁二首，卷六闻海边警有感二首，与赵兵宪书，卷八杨南海履历图序，卷九防边议，俱有偏谬处

续表

书名	作者	收录四库及存目情况	提要页码	四库馆公布的抽毁原因
《射堂诗钞》	（明）吴梦旸	集部别集类存目七	1630 中	卷六得龙君御捷书二首，语有偏谬
《四镇三关志》	（明）刘效祖等			书成于万历初年。其第十卷麦部，语多诬谬
《梅园集》	（明）沈一中	集部别集类存目六	1615 中	集中卷六，上某相公诗第四首，卷七将入贵筑第二首，卷十贺天津兵备佥汪公转开府序，卷十九贺李总河启，卷十二武诛举录序，俱有偏驳
《顾文康续稿》	（明）顾鼎臣			卷二顾锡畴序，有挖孔补字面，查系违碍
《青棠集》	（明）董嗣成	集部别集类存目六	1615 下	集内卷二项明府应召北上诗，卷六剃门道中诗，卷八征四凯十首，均有偏谬
《由拳集》	（明）屠隆	集部别集类存目六	1621 上	卷四塞上曲十首，卷六赠陈将军诗一首，卷九出塞四首、卷二十三拟品武穆楼奏相国书一篇，俱有偏谬
《文斋集》	（明）余祚征	集部别集类存目七	1630 上	卷十一送程六息任荆州司理一首，语有乖谬
《王奉常杂著》	（明）王世懋	集部别集类存目五	1602 上	书中窥天、外乘二条，语涉偏谬
《沈司成集》	（明）沈懋孝			集内合射议与张峻峡书、防胡策四篇，俱有乖谬
《余文敏集》	（明）余祚丁			集内卷一贺太宰杨公序，卷五游西山记，卷八试策一道兵制策问四道，卷九英国公张洛塞志铭，镇远侯顾寰塞志铭，俱有偏谬字样
《重晖堂集》	（明）屠中孚			卷三谒岳武穆祠诗一首，卷十三祭刘诚意文一首，卷十五题修梅花社一首，卷二十一谈御胡一首，卷二十二谈边事、谈马市、谈兵法三首，卷二十三条谶辨一首，均有偏谬

续表

书名	作者	收录四库及存目情况	提要页码	四库馆公布的抽毁原因
《治平类纂》	不著编辑人姓名			书内海防一篇，语有干涉
《姚承庵集》	（明）姚舜牧			卷二裁订史纲要领间出小论序一首，代人题杨总兵辽东卷一首，论明史纲要无泪可挥一首，论加秦桧太师一首，论明宗立弟为皇太子一首，卷十二元仁宗谕中书省臣一首，俱有偏谬
《靳史》	（明）查应光辑			卷十七余靖一条，卷二十二绍兴乙卯一条，二十五道宗朝一条，元制一条，俱有偏毁
《左兵》	（明）龚奭辑			取《左传》兵事，编辑成书。其章世纯序一篇，语狂悖
《广百川学海》	（明）冯可宾编	子部杂家类存目九	1126中	其乙集内建州考，夷俗记，北征录，北征后录，北征记五种，语多指斥偏谬
《筼筜集》	（明）林允昌			庚午南还省觐一首，万户捣衣声一首，咏冯夫人和戎一首，剡经序一首，卷二许子逊制义序一首，樊谷黄氏先德录序一首，卷四将八公审象图赞一首，均有原本墨涂字样，多属偏谬
《翼学编》	（明）朱应奎	子部杂家类存目八	1120上	其书以格致、诚正、修齐、治平分为四集，治平集卷十三内散逆党一条，辽东一条，语涉乖谬
《梅会诗选二集》	李稻胜、李集编次			乃选明代嘉兴人诗。内卷一李应征易州怀古诗一首，卷二李应征登蓟门望塞上诗四首，塞上曲四首，俱有空字偏谬。又卷二内钱谦益撰李纯德墓志铭一首
《蝶衣生菁草》	（明）郭子章			卷四宿正县金龙祠记，语有乖谬

附录四 四库禁书期间文字案件一览表

序号	案发时间	犯案人员	涉案书籍、文字	案由与罪状	案发地点	成狱原因	处置结果
1	乾隆三十九年九月	王珣、王琦	字帖、诗文	捏造凡仙对联字幅，编造悖逆字迹，妄译、讥谤清朝	直隶	王珣遣兄投书侍郎金简，奏闻后饬捕查办	书词烧毁。珣折立决，琦发乌鲁木齐
2	乾隆三十九年十一月	屈大均及其子孙	《屈大均诗文》	屈大均子孙收藏屈大均诗文，多讹毁清朝语，属违碍书籍	广东	旧案重审	销毁书籍、板片，造查两花冈衣冠冢。收藏之人俱不治罪
3	乾隆四十年三月	陆显仁	《格物广义》	书作悖逆，但割窃前人讲学尘言，恐贻误后学	广西	巡抚熊学鹏奏缴	销毁书籍、板片
4	乾隆四十年闰十月	澹归和尚（金堡）	《遍行堂集》	诗文中多悖逆字句	广东	乾隆阅及，文刑部严办	销毁涉及金堡之书籍、板片。罪及为之作序及刻行之高纲子孙
5	乾隆四十年闰十月	释函可	《千山和尚诗本》	语多狂悖	盛京	地方呈缴，乾隆阅及，谕令确查	双峰寺所建碑塔行拆除，《盛京通志》内所载事迹，逐一删除
6	乾隆四十一年十二月	沈德潜	《国朝诗别裁集》	乾隆二十六年，沈德潜进呈该书求序，乾隆指出以品行有亏之钱谦益列为卷首等处纰缪，命内廷翰林厘正重刊。此时，为防原板流传，重申销毁净尽	直隶	乾隆阅及，谕各督抚一体查缴	销毁该书原板及流传之原本

续表

序号	案发时间	犯案人员	涉案书籍、文字	案由与罪状	案发地点	成狱原因	处置结果
7	乾隆四十三年十月	王锡侯	《字贯》	指斥《康熙字典》，不避庙讳	江西	民人王泷南告发，巡抚奏报，乾隆下令严查	王锡侯斩决，其著述一概销毁。江西巡抚海成及藩臬各官均以失察革职，交部治罪
8	乾隆四十三年二月	王仲智	不法书籍	山东泰安县民王仲智，收藏不法书籍，巡抚以比照大逆律问拟	山东	山东巡抚国泰奏	办理殊属过当
9	乾隆四十三年四月	王尔扬	墓志	撰李范墓志称"皇考"	山西	山西巡抚巴延三奏	并非悖逆，毋庸查办
10	乾隆四十三年五月	刘翱	《供状书》	《供状书》内有论查禁违时书籍事曰："是非之心，人皆有之。"安于国政，竟肆狂言，尤为不法	湖南	作者自呈	发遣伊犁
11	乾隆四十三年五月	周乃祺	《历志》	未见说明违碍原因	浙江	地方呈缴，高宗阅反，谕各督抚一体查缴	送京销毁
12	乾隆四十三年六月	黎大本	《资孝集》	黎大本私刻《资孝集》，妄行用古，毋庸深究，唯其平日武断滋事，应讯	湖南	临湘乡民妇婺李氏控告	发遣乌鲁木齐

续表

序号	案发时间	犯案人员	涉案书籍、文字	案由与罪状	案发地点	成狱原因	处置结果
13	乾隆四十三年闰六月	袁继咸	《六柳堂集》	语多悖逆	山西	山西省奏呈，乾隆阅及，谕令查缴	销毁书籍、板片
14	乾隆四十三年八月	徐述夔	《一柱楼诗》	著编年诗，多诋讦清人语，如"明朝期振翮，一举去清都"，目无君父，狂悖已极	江苏	县民呈首，乾隆阅及销毁。刘墉奏报，乾隆阅及，下诏追查	徐述夔及子怀祖戮尸，其著述销毁。徐氏子孙等人斩监候，秋后处决
15	乾隆四十三年八月	沈德潜	《徐述夔传》	传主为编著违碍诗文之人	江苏	因徐述夔案遭牵连	革去生前官爵，毁御赐祭葬碑文良祠，撤出贤
16	乾隆四十三年八月	殷宝山	《岫亭草》	丹徒县生员殷宝山投递呈词，语多狂悖，后于其家搜出《岫亭草》等书，内多愤激无聊之语	江苏	作者自呈	销毁其著述
17	乾隆四十三年九月	韦玉振	擅用"赦"字	赣榆县生员韦玉振为父刊刻行述，内有"于佃户之贫者赦不加息"与"并赦屡年积欠"之语	江苏	赣榆县民韦昭检举	毋庸查办
18	乾隆四十三年十月	刘峩	《圣讳实录》	将圣讳刻字写本，锡侯《字贯》无异	河南	巡抚郑大进访获	刘峩斩决，《圣讳实录》一体查缴销毁
19	乾隆四十三年十一月	吴之甲	《静排集》		江西	江西省解送	

续表

序号	案发时间	犯案人员	涉案书籍、文字	案由与罪状	案发地点	成狱原因	处置结果
20	乾隆四十三年十二月	龙凤祥	《麝香山印存》	将怨望年羹尧之语镌刻于图章	贵州	贵筑知县毛宣徽访获	发遣伊犁
21	乾隆四十三年十二月	陶煊、张灿	《国朝诗的》	同辑《国朝诗的》内载钱谦益、屈大均诗，但尚在未曾查禁以前	湖南	巡抚李湖奏	涉案人员无罪，各项书籍行查销毁
22	乾隆四十三年十二月	颜季亨	《九十九筹》	诋斥之处甚多，较寻常违禁各书更为狂悖不法	江苏	高晋奏缴，乾隆阅及，谕各督抚一体查缴	解京销毁
23	乾隆四十四年正月	李驎	《虬峰集》	著述中有怀明朝、待明重兴之意	江苏	两江总督萨载奏	剖尸枭首
24	乾隆四十四年二月	陈希圣、邓谴	《留青集》等书	陈希圣挟嫌诬告邓谴收藏禁书	湖南	安福县生员陈希圣挟嫌诬告	陈希圣杖一百，流三千里加徒役三年
25	乾隆四十四年二月	黄检	黄廷桂奏疏	福建巡抚黄检私刻伊祖奏疏，教有雍乾二帝之未批，实属谬妄	直隶	乾隆阅及，下谕查办	奏疏板片及印本解京部毁，黄检解任，交部严加议处
26	乾隆四十四年二月	冯王孙	《五经简咏》	诗内各句悖安廷诞，不可枚举，且有复明削清之语，并全然不避庙讳	湖北	作者自行呈送	凌迟处死，销毁一切诗文
27	乾隆四十四年四月	智天豹	本朝万年书	妄称富贵，编造年号，谎称老主显圣，希图感众	直隶	智天豹令其徒张九霄于帝谒陵回京途中进献	智天豹斩决，张九霄监候

续表

序号	案发时间	犯案人员	涉案书籍文字	案由与罪状	案发地点	成狱原因	处置结果
28	乾隆四十四年五月	程树榴	《爱竹轩诗集·序》	程树榴为王沅《爱竹轩诗集》作序,乾隆阅序内有"造物者之心愈老而愈辣,斯所操之木,乃愈出而愈巧"等语,甚为狂诞	安徽	安徽天长县生员王廷赞呈控,乾隆阅及,严加查办	程树榴斩立决,子程焕发遣黑龙江,知县高见龙斩监候
29	乾隆四十四年五月	沈大绶	《硕果录》、《介寿辞》	沈大绶刊刻二书,语多狂悖	湖南	沈大绶子孙赴官首缴	沈大绶开馆戮尸,所刻各书解京销毁
30	乾隆四十四年七月	俞益谟	《青铜自考》	该书并无违碍之处	湖南	湖南生员邓大廷呈缴	毋庸查办,原书销毁
31	乾隆四十四年十月	石卓槐	《介圃诗》	有心讪谤,悖逆之处不一而足,甚至庙讳御名均不敬避	湖北	监生徐光济呈控,巡抚郑大进奏明	石卓槐凌迟处死
32	乾隆四十四年十二月	祝廷净	《续三字经》	心怀悖逆,胆敢品评历代帝王,任意褒贬,隐寓机刺	江西	祝平章呈首,江西巡抚郝硕闻明	廷净开馆戮尸
33	乾隆四十五年四月	魏塾	江统《徙戎论》	妄批《徙戎论》,以今之回民比晋时五胡,属狂诞悖谬	山东	因同案牵涉,于家中搜出	魏塾斩立决,子折监候
34	乾隆四十五年五月	戴移孝 戴昆	《碧落后人诗集》、《约亭诗集》	戴移孝著《碧落后人诗集》,其子戴昆有《约亭诗集》,造作逆诗,肆其狂吠	安徽	巡抚闵鹗元奏闻查办	销毁书籍,二人戮尸示众

续表

序号	案发时间	犯案人员	涉案书籍、文字	案由与罪状	案发地点	成狱原因	处置结果
35	乾隆四十五年九月	吴英	策稿	叠犯御名，不知安分，语涉狂悖	广西	拦舆献策	凌迟处死
36	乾隆四十五年九月	刘遴	宗谱	妄自夸耀，甚属不合	山东	民人告发，巡抚国泰奏报	板片及印存家谱尽行销毁
37	乾隆四十五年十二月	王仲儒	《西斋集》	语多狂吠	江苏	两江总督萨载解缴，高宗阅及，谕令查办	销毁书籍板片
38	乾隆四十六年正月至	梁三川	《奇冤录》	素有疯疾，自称派出天谴。诗稿内有狂悖语	广东	广东巡抚李湖查获禀明	凌迟处死
39	乾隆四十六年三月	尹嘉铨	奏折及尹嘉铨著述近百种	自比大资，谬多著作，盗名，又复妄列名臣标目，隐起朋党之渐	直隶	尹嘉铨为父谥谥并从祀文庙，获罪查办	尹嘉铨处绞立决，销毁编纂各书93种，石刻21种
40	乾隆四十六年十一月	吴碧峰	《孝经对问》、《体孝录》	吴碧峰出资刊刻明末人屠字之书，未将违碍字句避去。虽于自行悖逆著有间，但法难宽贷	湖北	吴碧峰自行呈缴	吴碧峰瘐死狱中，二书缴毁
41	乾隆四十六年十一月	叶廷推	《海澄县志》	海澄县民周镕声控告在籍知县叶廷推纂辑县志，载入碑记，词语狂悖	福建	按嫌妄控	叶廷推无罪，周镕声斩立决

续表

序号	案发时间	犯案人员	涉案书籍文字	案由与罪状	案发地点	成狱原因	处置结果
42	乾隆四十六年十二月	程明諲	寿文	程明諲为郝友清撰写寿文，"绍芳声于湖北，创大业于河南"。高宗认为不过文理不通，滥用恶套，与公然造作悖逆语言者有间	湖北	河南巡抚富勒浑奏	毋庸查办
43	乾隆四十六年十二月	卓长龄等	《忆鸣诗集》等	卓长龄子孙八人著书俱有违碍语	浙江	卓氏族人控告	卓长龄加恩免其戮尸，其余缘坐各犯俱著一体宽免
44	乾隆四十七年三月	祝万青	家祠匾额	系涉语妄牵	河南	河南光州萧万载呈控	无罪
45	乾隆四十七年三月	高治清	《沧浪乡志》	系成语相沿，或本为颂扬之词	湖南	湖南巡抚李世杰奏	毋庸查办
46	乾隆四十七年四月	方国泰	《涛浣亭诗集》	有感世语，言辞隐约，无明显逆语	安徽	安徽巡抚谭尚忠奏	毋庸查办
47	乾隆四十七年五月	海富润（回民）	回字经反汉字十五种	回教书籍	广西	广西巡抚朱椿奏	毋庸查办
48	乾隆四十八年正月	乔廷英、李一	诗稿、词稿	编造逆词	河南	乔廷英、李一互讦有悖逆诗词，赴官呈控	均凌迟处死
49	乾隆四十八年二月	冯起炎	注解《易》、《诗》二经	以婚姻细故，私写呈词	直隶	拟于帝谒陵途中呈递，经巡役拿获	发往黑龙江为奴

续表

序号	案发时间	犯案人员	涉案书籍、文字	案由与罪状	案发地点	成狱原因	处置结果
50	乾隆四十八年四月	胡元杰	戴如煌《秋鹤近草》	诬告《秋鹤近草》隐存叛逆	河南	固始县民胡元杰因贫图诈	戴如煌无罪，胡元杰反坐
51	乾隆四十八年五月	楼德运	何山氏《喻言》、《巢穴图略》	浙江巡抚福松以楼德运著书"狂妄悖谬"，奏请严办，乾隆认为所办过当	浙江	义乌县监生楼绳呈首伊父楼德运自辑各书	销毁书籍、板片
52	乾隆四十八年十二月	吴文世	《云氏草》	江山县生员毛德聪首告郑涛等延请吴文世造书讪谤朝廷	浙江	江山县生员毛德聪首告	原书被毁，各执一词，难以断狱。江山县知县等俱著革职
53	乾隆五十年七月	刘遇奇	《慎余堂集》	签出各处，俱系庙讳与乾隆御名未避写，进士、"安能预知数年间"、敬避"无足深责	江西	江西庐陵县生员郭犘呈控	毋庸查办
54	乾隆五十年十月		《清凉山志》	晋省旧刻《清凉山志》内采辑经典，多有纰缪之处	山西	乾隆谕旨查缴	所有该省流传刻本，板片一并解交军机处
55	乾隆五十三年六月	陈天定	《古今小品》	序文及书内所列诸人姓氏，俱有违碍	江苏	两江总督书麟奏	应行抽毁，并一体查缴刷印之本及板片

续表

序号	案发时间	犯案人员	涉案书籍、文字	案由与罪状	案发地点	成狱原因	处置结果
56	乾隆五十三年七月	贺世盛	《笃国策》	私造逆书，痛论官吏捐纳之非，以著书怨望定罪	湖南	湖南巡抚浦霖奏	贺世盛斩决
57	乾隆五十五年十一月	仲绳	《奈何吟》	仲绳诗词谬妄，系指明季事而言	江苏	江苏县民张怀路呈控	不加追究

资料来源：
1. 原北平故宫博物院文献馆编：《清代文字狱档》（上、下），上海书店1986年版。（1931—1934年，陆续出版九辑）
2. 王重民辑：《办理四库全书档案》，国立北平图书馆1934年排印本。
3. 许啸夫：《清乾隆朝文字狱简表》，《人文月刊》1937年第8卷第4期。
4. 吴哲夫：《清代禁毁书目研究》，台湾嘉兴水泥公司文化基金会研究论文第一六四种，1969年版。
5. 丁原基：《清代康熙乾隆三朝禁书原因之研究》，华正书局1983年版。
6. 黄爱平：《四库全书纂修研究》，中国人民大学出版社1989年版。
7. 郭成康、林铁钧：《清朝文字狱》，群众出版社1990年版。
8. 中国第一历史档案馆编：《纂修四库全书档案》，上海古籍出版社1997年版。

参考文献

一、传统文献

（一）档案文献

王重民辑：《办理四库全书档案》，国立北平图书馆1934年排印本。

中国第一历史档案馆编：《清代档案史料丛编》，中华书局1981年版。

台北"故宫博物院"编：《宫中档乾隆朝奏折》，台北"故宫博物院"1985年版。

原北平故宫博物院文献馆编：《清代文字狱档》，上海书店1986年影印版。

中国第一历史档案馆编：《纂修四库全书档案》，上海古籍出版社1997年版。

中国第一历史档案馆编：《乾隆朝上谕档》，档案出版社1998年版。

（二）其他文献

（汉）司马迁：《史记》，中华书局1982年版。

（汉）班固：《汉书》，中华书局1965年版。

（唐）魏徵等纂：《隋书》，中华书局1973年版。

（宋）欧阳修等撰：《新唐书》，中华书局1975年版。

（明）焦竑：《国史经籍志》，《四库全书存目丛书》，齐鲁书社1996年版。

（明）袁继咸：《六柳堂遗集》，《四库禁毁书丛刊》，北京出版社2000年版。

（明）释函可：《千山诗集》，《四库禁毁书丛刊》，北京出版社2000年版。

（明）颜季亨：《九十九筹》，《四库禁毁书丛刊》，北京出版社2000年版。

（明）金堡：《遍行堂集》、《续集》，四库禁毁书丛刊，北京出版社2000年版。

（明）李逊之：《三朝野记》，《续修四库全书》，上海古籍出版社2002年版。

（明）张岱：《石匮藏书》，上海古籍出版社2008年版。

（明）顾炎武：《日知录》，上海古籍出版社2006年版。

（明）顾炎武：《亭林全集》，中华书局1936年版。

（清）屈大均：《翁山文外》，《四库禁毁书丛刊》，北京出版社2000年版。

（清）黄宗羲：《黄宗羲全集》，浙江古籍出版社1985年版。

（清）钱谦益：《初学集》，《四库禁毁书丛刊》，北京出版社2000年版。

（清）邵廷采：《西南纪事》，邵武徐氏丛书初刻本。

（清）潘耒：《遂初堂文集》，《四库全书存目丛书》，齐鲁书社1997年版。

（清）阮元：《梧门先生年谱》，《北京图书馆藏珍本年谱丛刊》，北京图书馆出版社1999年版。

（清）朱筠：《笥河文集》，中华书局 1985 年版。

（清）陆锡熊：《宝奎堂集》，《续修四库全书》，上海古籍出版社 2002 年版。

（清）翁方纲撰，吴格整理：《翁方纲纂四库提要稿》，上海科学技术文献出版社 2005 年版。

（清）王应奎：《柳南随笔》，中华书局 1983 年版。

（清）姚莹撰，黄季耕点校：《识小录》，黄山书社 1991 年版。

（清）叶德辉：《书林清话》，中华书局 1987 年版。

（清）姚觐元：《咫进斋丛书》，光绪九年（1883 年）归安姚氏刊本。

（清）张廷玉等：《明史》，中华书局 1974 年版。

（清）永瑢等：《四库全书总目》，中华书局 1965 年版。

邓实辑：《销毁抽毁书目·禁书总目·违碍书目·奏缴咨禁书目合刻》，《国粹丛书》本，国学保存会光绪三十三年（1907 年）刊。

王重民辑：《四库撤毁书提要稿》，中华书局 1965 年版。

章炳麟：《訄书》，《章太炎全集》，上海人民出版社 1984 年版。

《清实录》，中华书局 1986 年版。

王先谦：《乾隆朝东华录》，学苑出版社 2000 年版。

赵尔巽主编：《清史稿》，中华书局 1976 年版。

王钟翰点校：《清史列传》，中华书局 1987 年版。

王钟翰主编：《四库禁毁书丛刊》，北京出版社 2000 年版。

二、近人著作

郑鹤声、郑鹤春：《中国文献学概要》，商务印书馆 1930 年版。

陈乃乾编：《索引式的禁书总录》，富晋书社 1932 年版。

任松如：《四库全书答问》，上海书店（据启智书局 1935 年版影印）1992 年版。

陈登原：《古今典籍聚散考》，上海书店（据商务印书馆 1936 年版影印）1983 年版。

郭伯恭：《四库全书纂修考》，上海书店（据国立北平研究院史学研究会 1937 年版影印）1992 年版。

杨家骆：《四库全书学典》，世界书局 1946 年版。

姚觐元编：《清代禁毁书目（补遗）》、孙殿起辑：《清代禁书知见录》，商务印书馆 1957 年版。

谢国桢：《南明史略》，上海人民出版社 1957 年版。

孙殿起：《贩书偶记》，中华书局 1959 年版。

吴慰祖校订：《四库采进书目》，商务印书馆 1960 年版。

孟森：《清代史》，正中书局 1960 年版。

吴哲夫：《清代禁毁书目研究》，台湾嘉兴水泥公司文化基金会 1969 年版。

鲁迅：《且介亭杂文》，人民文学出版社 1973 年版。

孔立：《清代文字狱》，中华书局 1980 年版。

谢国桢：《增订晚明史籍考》，上海古籍出版社 1980 年版。

戴逸主编：《简明清史》，人民出版社 1980 年版。

王利器辑录：《元明清三代禁毁小说戏曲史料（增订本）》，上海古籍出版社 1981 年版。

孙殿起：《贩书偶记续编》，上海古籍出版社 1982 年版。

陈垣：《励耘书屋丛刻》，北京师范大学出版社 1982 年版。

丁原基：《清代康雍乾三朝禁书原因之研究》，台湾华正书局 1983 年版。

孟森：《明清史论著集刊》，中华书局 1984 年版。

杨家骆：《四库全书大辞典》，中国书店 1987 年版。

华立：《四库全书纵横谈》，上海古籍出版社 1988 年版。

王政尧:《清代人物传稿》,辽宁人民出版社1988年版。

黄爱平:《四库全书纂修研究》,中国人民大学出版社1989年版。

金性尧:《清代笔祸录》,香港中华书局1989年版。

雷梦辰:《清代各省禁书汇考》,书目文献出版社1989年版。

郭成康、林铁钧:《清朝文字狱》,群众出版社1990年版。

安平秋、章培恒主编:《中国禁书大观》,上海文化出版社1990年版。

吴哲夫:《四库全书纂修之研究》,台北"故宫博物院"1990年版。

戴逸:《乾隆帝及其时代》,中国人民大学出版社1992年版。

王彬:《禁书·文字狱》,中国工人出版社1992年版。

郭成康、黄爱平等:《乾隆皇帝全传》,学苑出版社1994年版。

高翔:《康雍乾三帝统治思想研究》,中国人民大学出版社1995年版。

林庆彰主编:《乾嘉学术研究论著目录(1900—1993年)》,台北"中央研究院"文哲所1995年版。

陈垣:《〈旧五代史〉辑本发覆》,《中国现代学术经典·陈垣卷》,河北教育出版社1996年版。

蔡鸿生:《清初岭南佛门事略》,广东高等教育出版社1997年版。

庄吉发:《清史论集》,台湾文史哲出版社1997—2003年版。

谢国桢:《明清之际党社运动考》,辽宁教育出版社1998年版。

漆永祥:《乾嘉考据学研究》,中国社会科学出版社1998年版。

王彬主编:《清代禁书总述》,中国书店1999年版。

赵园:《明清之际士大夫研究》,北京大学出版社1999年版。

戴逸:《18世纪的中国与世界·导言卷》,辽海出版社1999年版。

郭成康:《18世纪的中国与世界·政治卷》,辽海出版社1999年版。

黄爱平:《18世纪的中国与世界·思想文化卷》,辽海出版社 1999 年版。

陈桦:《18世纪的中国与世界·经济卷》,辽海出版社 1999 年版。

戴逸、张世明:《18世纪的中国与世界·军事卷》,辽海出版社 1999 年版。

何龄修、朱宪、赵放编:《四库禁毁书研究》,北京出版社 1999 年版。

郭成康:《清史编年(乾隆朝)》,中国人民大学出版社 2000 年版。

高翔:《近代的初曙——18世纪中国观念变迁与社会发展》,社会科学文献出版社 2000 年版。

陈寅恪:《柳如是别传》,生活·读书·新知 三联书店 2001 年版。

毛春翔:《古书版本常谈》,上海古籍出版社 2002 年版。

黄爱平:《朴学与清代社会》,河北人民出版社 2003 年版。

瞿同祖:《清代地方政府》,法律出版社 2003 年版。

陈正宏、谈蓓芳:《中国禁书简史》,学林出版社 2004 年版。

黄裳:《笔祸史谈丛》,北京出版社 2004 年版。

白新良:《乾隆皇帝传》,百花文艺出版社 2004 年版。

司马朝军:《四库全书总目编纂考》,武汉大学出版社 2005 年版。

陈祖武、朱彤窗:《乾嘉学术编年》,河北人民出版社 2005 年版。

孟森:《心史丛刊》,中华书局 2006 年版。

萧一山:《清代通史》,华东师范大学出版社 2006 年版。

赵园:《制度·言论·心态——〈明清之际士大夫研究〉续编》,北京大学出版社 2006 年版。

陈晓华:《"四库总目学"史研究》,商务印书馆 2008 年版。

阚红柳:《清初私家修史研究——以史家群体为研究对象》,人民出版社 2008 年版。

谢国桢：《史料学概论》，北京出版社 2014 年版。

〔美〕R. Kent Guy, *The Emperor's Four Treasuries—Scholars and The State in The Late Ch'ien-Lung Epa*，哈佛大学东亚研究中心 1987 年版。

〔美〕牟复礼、〔英〕崔瑞德：《剑桥中国明代史》，中国社会科学出版社 1992 年版。

〔日〕冈本さえ：《清代禁书の研究》，东京大学出版会（非卖品）1996 年版。

三、学术论文

邓实：《销毁抽毁书目禁书总目违碍书目奏缴咨禁书目合刻跋》，《政艺通报》1907 年丁未第 20 号。

邓实：《禁书目录四种合刻跋》，《国粹学报》1908 年第 38 期。

潘季野：《清代安徽禁书提要》，《安徽大学月刊》1933 年 1 卷 1 期、2 期；1934 年第 1 卷 6 期。

赵录绰：《清高宗之禁毁书籍》，《国立北平图书馆馆刊》1933 年第 7 卷第 5 号。

李桄编：《邓刻奏缴咨禁书目补》，《磐石杂志》1934 年第 4—6 期。

书征编：《补邓刻奏缴咨禁书目补》，《磐石杂志》1934 年第 11 期。

白蕉：《索引式的禁书总录校异》，《人文月刊》1934 年第 5 卷第 1 期。

白蕉：《索引式的禁书总录校异（续）》，《人文月刊》1934 年第 5 卷第 2 期。

白蕉:《索引式的禁书总录补遗》,《人文月刊》1934 年第 5 卷第 3 期。

陈乃乾:《索引式的禁书总录编者来函》,《人文月刊》1934 年第 5 卷第 4 期。

许霁英:《清乾隆朝文字狱简表》,《人文月刊》1937 年第 8 卷第 4 期。

金云铭:《福建协和大学陈氏所藏清代禁书述略》,《福建文化》1940 年第 1 卷第 1 期。

徐绪典:《钱谦益著述被禁考》,《史学年报》1940 年第 3 卷第 2 期。

徐绪典:《乾隆禁毁书籍考》,《协大学报》1949 年第 1 期。

王拱璧:《乾隆毁书的例证》,《图书馆》1962 年第 4 期。

左步青:《乾隆焚书》,《故宫博物院院刊》1980 年第 1 期。

雷群明:《"禁书"漫谈》,《随笔》1981 年第 14 集。

沈津:《校理〈四库全书总目提要〉残稿的一点新发现》,《中华文史论丛》1982 年第 1 辑。

潘继安:《翁方纲〈四库提要稿〉述略》,《中华文史论丛》1983 年第 1 辑。

蔡世明:《有关四库全书的参考资料》,《华学月刊》1984 年第 147 期。

李健章:《袁中郎著作非"禁书"考》,《武汉大学学报(社会科学版)》1984 年第 5 期。

吕坚:《四库全书的编纂与"寓禁于征"》,《社会科学辑刊》1985 年第 3 期。

曾主陶:《四库系列目录述略》,《图书馆》1985 年第 4 期。

任道斌:《茅元仪生平、著述初探》,《明史研究论丛》1985 年第 3 辑。

刘乾：《论道光年间的重刻禁书》，《文物》1986 年第 6 期。

刘家驹：《清高宗纂辑四库全书与禁毁书籍（上、下）》，《大陆杂志》1987 年第 75 卷第 2、3 期。

小乙：《〈四库全书〉与禁书毁书》，《书林》1987 年第 9 期。

刘乾：《清代禁书散记》，《文物》1988 年第 2 期。

岳成：《再谈乾隆的文网》，《书林》1988 年第 4 期。

吴哲夫：《四库全书修纂动机的探讨》，《故宫文物月刊》1989 年第 7 卷第 4 期。

胡道静、林申清：《四库书目家族》，《古籍整理研究学刊》1991 年第 1 期。

林申清：《〈四库全书〉禁书目录考》，《江苏图书馆学报》1991 年第 2 期。

张敏慧：《清代安徽禁书散记》，《江淮论坛》1991 年第 2 期。

黄燕生：《校理〈四库全书总目〉残稿的再发现》，《中华文史论丛》1991 年第 48 辑。

姚伟钧：《旷古虐政：乾隆禁毁历史文献论析》，《华中师范大学学报》1992 年第 2 期。

戚培根、罗志欢：《〈四库书目家族〉补遗——兼与胡道静、林申清两先生商榷》，《古籍整理研究学刊》1992 年第 2 期。

唐玉萍：《清朝康熙、雍正、乾隆时期的文字狱及禁书简论》，《昭乌达蒙族师专学报》1993 年第 2、3 期合刊。

杨震方：《上海明清间人著作禁书录》，《编辑学刊》1993 年第 3 期。

师曾志：《从政府对传媒的管制看中国古代禁书》，《编辑之友》1994 年第 2 期。

赖哲信：《乾隆纂修〈四库全书〉其意初不在铲除异己论》，《辅大中研所学刊》1994 年第 3 期。

陈新：《由宋人别集浅论〈四库全书〉》，载《古典文献研究论集》，北京大学出版社 1995 年版。

张杰：《〈四库全书〉与文字狱》，《清史研究》1997 年第 1 期。

赵志毅：《清代文字狱辨》，《东南文化》1997 年第 3 期。

师曾志：《清代乾隆时期之禁书研究》，《编辑之友》1997 年第 4 期。

李龙如：《清代湖南禁书及其作者考》，《船山学刊》1998 年第 2 期。

丘东江：《文字狱·禁书·〈四库禁毁书丛刊〉》，《图书与资讯学刊》1998 年第 8 期。

淡江大学中国文学系主编：《〈两岸四库学〉第一届中国文献学学术研讨会论文集》，台湾学生书局 1998 年版。

侯月祥：《关于清代广东书禁》，《广东史志》1999 年第 3 期。

任道斌：《明末学者茅元仪及其横遭禁毁的著作》，《四库禁毁书研究》，北京出版社 1999 年版。

徐苇：《清乾隆年间江西省禁毁书查缴始末研究》，《四库禁毁书研究》，北京出版社 1999 年版。

杨海英：《钱谦益及其被禁毁的著作》，《四库禁毁书研究》，北京出版社 1999 年版。

谢正光：《清初的遗民与贰臣》，《汉学研究》1999 年第 17 卷第 2 期。

蔡妙真：《由〈日知录〉谈编纂〈四库全书〉的政治目的》，《故宫学术季刊》2000 年第 17 卷第 4 期。

周积明：《"四库学"：历史与思考》，《清史研究》2000 年第 3 期。

李伯重：《明清江南的出版印刷业》，《中国经济史研究》2001 年第 3 期。

戚福康：《〈四库全书〉乾隆朝谕旨平议》，《古籍整理研究学刊》2001年第6期。

戚福康：《〈四库全书〉乾隆朝谕旨平议（续）》，《古籍整理研究学刊》2002年第3期。

康尔琴：《建国以来〈四库全书〉研究论文概述》，《图书馆学刊》2002年第6期。

叶高树：《乾隆皇帝"稽古右文"的图书编纂事业》，《故宫学术季刊》2003年第21卷第2期。

赵维国：《书籍禁毁：一种文化现象的观照——兼论俗文学范畴的戏曲小说禁毁》，《中国文学研究》2003年第4期。

郭向东：《〈四库全书〉编纂与中国古文献之劫难》，《图书与情报》2004年第2期。

梁太济：《乾隆皇帝与康熙〈御批通鉴纲目续编〉》，《暨南史学》2004年第3辑。

陈东辉：《民国时期的〈四库全书〉研究史稿》，《天一阁文丛》2005年第2辑。

汪受宽、刘凤强：《〈四库全书〉研究的回顾与思考》，《史学史研究》2005年第1期。

寻霖：《乾隆间湖南禁书考》，《船山学刊》2005年第3期。

潘承玉、吴承学：《和光同尘中的骯髒气骨——澹归〈遍行堂集〉的民族思想平议》，《南京师大学报（社会科学版）》2005年第3期。

陈晓华：《〈四库全书总目〉补撰书目源流考》，《江淮论坛》2005年第4期。

王欣夫：《四库全书提要稿书录》，载《翁方纲纂四库提要稿·附录二》，上海科学技术文献出版社2005年版。

杨雨蕾：《传入朝鲜的清代禁毁书籍》，《文献》2006年第2期。

杨念群：《文字何以成狱——清初士人逃隐风格与"江南"话

题》，载《新史学》第一卷《感觉·图像·叙事》，中华书局 2007 年版。

刘玉珺：《四库禁毁唐集考述》，《井冈山大学学报》2010 年第 6 期。

游帅、周静婷：《也谈四库全书禁书标准与禁书实际情形》，《兰台世界》2016 年第 6 期。

〔加〕卜正民著，孙竞昊译：《明清时期的国家图书检查与图书贸易》，《史林》2003 年第 3 期。

四、硕博学位论文

陈旭东：《清修〈四库全书〉福建采进本与禁毁书研究》，福建师范大学硕士学位论文，2004 年。

高远：《清修〈四库全书〉河南采进本与禁毁书研究》，兰州大学硕士学位论文，2007 年。

李漩：《明清两朝的禁书与思想专制》，吉林大学硕士学位论文，2009 年。

李宁：《清代典籍遭厄述略》，曲阜师范大学硕士学位论文，2009 年。

孙文杰：《清代图书市场研究》，武汉大学博士学位论文，2010 年。

后 记

《四库禁书研究》一书是在我的博士论文基础上修改而成的。

2005年，结束了在内蒙古师范大学硕士阶段的学习，我考入中国人民大学清史研究所攻读历史文献学博士学位，师从黄爱平先生。入学之初，读的第一本专著便是先生的《四库全书纂修研究》，丰富的资料、严谨的考证、简洁的文笔，给我留下深刻印象。随后，在图书馆浏览《四库禁毁书丛刊》时，初入清代学术文化领域的我，便萌生了研究"四库禁书"相关问题的想法，这也的确是个相当重要的课题。

在本书的撰写中，无论谋篇布局，还是字斟句酌，黄爱平先生悉心指导，受益匪浅。其言传身教，不仅促使我在学业上成长、生活中成熟，更让我在学术研究中懂得心存敬惜、规避偏颇、警惕臆断的重要。师恩永难忘，谨借书稿出版之际，表达我最诚挚的谢意和衷心的祝福！

感谢我的硕士导师——内蒙古师范大学曹永年先生。先生是我的启蒙良师，既耐心引领我踏入史学研究领域，又时时呵护我成长。书稿的写作与修改，亦得益于先生的指导和启发。每每困惑与迷茫时，先生及时点拨、始终鼓励、无私扶持，让我难以忘怀、感恩在心！

论文答辩会上，北京大学孙钦善教授，中国人民大学王道成教授、张永江教授，中国社会科学院王俊义教授，北京师范大学汝企和教授，以及匿名评审的专家，给予肯定的同时又提出宝贵的意见，让我获益良多，十分感激！

多年来，内蒙古师范大学阎崇东教授、邱瑞中教授在我学习、生活上给予了深切关怀；原清史编纂资料室谢军老师为人热情，为我查阅资料提供了莫大帮助；包头师范学院及其科研处和历史文化学院，对学术发展鼎力支持；本科生张梦玥、唐艺心，硕士研究生胡敏，为本书的文字校对付出辛勤劳动；同学、朋友、同事们，时时关心鼓励，在此一并致以感谢！

感谢商务印书馆文津公司总编丁波先生、责任编辑郭玉春先生和贺茹女士，是他们的美意和辛劳使本书得以顺利出版。

深深感谢家人的陪伴与共同成长，爱与工作，让我的人生更有意义。

无论过去还是现在，都分明感到自己知识与学养的不足，终身学习的道路上，我始终持有空杯心态，让认知不断升级。该书若存欠缺、不当之处，唯有不断完善、修正，并请读者批评！

未来会比今天更好，这是我们每个人应有的信心！

宁侠

2018年6月于鹿城包头